諸祖耿文學語言學遺著系列

諸祖耿○著　寇志強　徐克謙○整理

# 先秦學術與諸子思想

南京師範大學出版社

**圖書在版編目(CIP)數據**

先秦學術與諸子思想 / 諸祖耿著；寇志强，徐克謙整理. —南京：南京師範大學出版社，2022.12
（諸祖耿文學語言學遺著系列）
ISBN 978-7-5651-5047-0

Ⅰ.①先… Ⅱ.①諸… ②寇… ③徐… Ⅲ.①先秦哲學－研究 Ⅳ.①B220.5

中國版本圖書館 CIP 數據核字(2021)第 252728 號

| | |
|---|---|
| 書　　名 | 先秦學術與諸子思想 |
| 著　　者 | 諸祖耿 |
| 整 理 者 | 寇志强　徐克謙 |
| 叢書策劃 | 崔　蘭 |
| 責任編輯 | 付旭陽 |
| 出版發行 | 南京師範大學出版社 |
| 地　　址 | 江蘇省南京市玄武區後宰門西村 9 號(郵編：210016) |
| 電　　話 | (025)83598919(總編辦)　83598412(營銷部) |
| | 83373872(郵購部) |
| 網　　址 | http://press.njnu.edu.cn |
| 電子信箱 | nspzbb@njnu.edu.cn |
| 印　　刷 | 南京愛德印刷有限公司 |
| 開　　本 | 890 毫米×1240 毫米　1/32 |
| 印　　張 | 10.5 |
| 字　　數 | 235 千 |
| 版　　次 | 2022 年 12 月第 1 版　2022 年 12 月第 1 次印刷 |
| 書　　號 | ISBN 978-7-5651-5047-0 |
| 定　　價 | 88.00 元 |
| 出 版 人 | 張志剛 |

南京師大版圖書若有印裝問題請與銷售商調換
版權所有　侵犯必究

# 諸祖耿文學語言學遺著系列編審委員會

主　　任：高　峰

委　　員：（按姓氏音序排列）

　　　　　董志翹　高　峰　江慶柏　李靈年

　　　　　蘇　芃　徐克謙　徐　蕾　趙生群

# 出版説明

諸祖耿(1899—1989)，章太炎先生入室弟子，太炎文學院創始人之一，曾任江蘇省政協委員、江蘇省人大代表，《江海學刊》創刊編委。先后任教於東吳大學正風文學院、太炎文學院、雲南大學、江南大學、無錫社會教育學院、江蘇教育學院(今江蘇第二師範學院)、南京師範學院(今南京師範大學)等。在高校任教五十餘年，長期從事中國古代文學的教學與研究工作，長於中國古代文學史研究，學術研究涉及領域廣泛，有古典詩文、古代漢語、諸子學術、史傳散文等。代表作有《戰國策集注彙考》(1988 年獲江蘇省哲學社會科學優秀成果獎、1992 年獲"全國首屆优秀古籍整理圖書獎"，至今仍是研究《戰國策》的重要參考書)，曾整理出版《太炎先生尚書説》《章太炎國學講演錄》等。

諸先生去世後留下了數百萬字的遺稿，大多尚未出版面世。爲了傳承老一輩學者的學術成果和治學精神，我社邀請了相關專家，組成編審委員會，精心遴選其中適合出版的文學和語言學遺稿六種：《漢墓蘇秦法書説存卷二十七章考釋》《先秦學術與諸子思想》《無錫方言備考》《連語通轉》《雪龕文存》《水明樓詩稿》，並邀請相關學者進行整理，同時命名以《諸祖耿文學語言學遺著系列》。

　　《諸祖耿文學語言學遺著系列》的編輯出版工作，得到了諸先生在世子女、學生及相關學界人士的幫助和支持，在此一一謹致謝忱！

南京師範大學出版社<br>2020 年 10 月

諸祖耿先生像

諸祖耿先生《先秦學術概論》手稿剪影

諸祖耿先生《論縱橫家》手稿剪影

# 凡　例

一、本書底稿情況

本書內容分爲上、下兩編。上編爲"先秦學術概論",底稿是諸祖耿先生20世紀80年代初爲南京師範學院中文系高年級學生開設"先秦學術概論"選修課時編寫的講義,以及與講義內容相關的一些初稿或原稿。整理時是以留有諸先生批注的油印本講義爲底本,參校與之相關的原稿或初稿。下編是諸祖耿先生有關先秦學術及諸子百家思想的一些單篇研究文章,底稿主要爲諸祖耿先生留下的一些未經發表但內容比較完整的單篇論文手稿。另外,諸先生1934年在《蘇中校刊》分三次連載的《文子考》也予收入。全書命名爲《先秦學術與諸子思想》。

二、本書整理情況

本書對諸先生原文的內容及行文風格,均保持原貌,不做改動。所做調整包括如下方面。

1. 標點符號按照通行標準做了調整和補充。
2. 糾正了少數明顯的筆誤。
3. 核對了部分引文並做了必要的勘正,補足了一些引文的出處。
4. 整理中闕文和無法辨識之處以"□"替代。

5. 原手稿繁簡混雜，現統一爲繁體；舊字形改爲新字形；常見異體字、謄抄手誤或不符合現今使用習慣的字，按以下處理（右爲本書用法）。

佔—占、強—强、卻—却、採—采、搖—摇、關繫—關係、那些—哪些、遊—游、跡—迹、為—爲、夠—够、換—换，等等。

6. "那末""其它"等當時習慣用法，適當予以保留。

# 目　錄

凡　例 / 001

## 上　編

**先秦學術概論** / 003
　　陰陽家 / 015
　　儒家 / 024
　　墨家 / 033
　　名家 / 041
　　法家 / 058
　　道家 / 079
　　"老莊" / 081
　　"黃老" / 100
　　縱橫家 / 118
　　雜家 / 126
　　小說家 / 131
　　農家 / 138

## 下 編

**顏氏學發微** / 155

  一、顏回在孔門 / 155

  二、顏回的"德行" / 158

  三、莊周的"內聖外王""玄聖素王" / 164

  四、"中庸"及其它 / 170

  五、結束語 / 176

**論宰我子貢** / 178

**從"中"字想起的一些問題** / 202

**"中庸"考實** / 206

**黃帝傳說概述** / 234

**論縱橫家** / 279

  一、"縱橫"兩字的含義 / 279

  二、縱橫家的由來 / 281

  三、"縱橫家"的代表人物 / 286

  四、"縱橫家"的影響 / 291

**文子其人其書考** / 296

  一、人的問題 / 296

  二、書的問題 / 303

**整理後記** / 318

# 上 编

# 先秦學術概論①

　　先秦這個名詞最早見於《漢書·河間獻王傳》:"獻王所得書,皆古文,先秦舊書。"師古曰:"先秦,猶言秦先,謂未焚書之前。"通常指包括春秋後期一直到秦王朝的統一這段時期。這是我國封建社會制度逐漸代替奴隸社會制度的一個大變革時期。在這段時期裏階級鬥爭一天比一天激烈,當時社會等級十分複雜。由於社會起了急劇的變化,向來掌握在統治者"王官"手裏

---

　　① 《先秦學術概論》係根據諸祖耿先生留下的三份遺稿整理而成,即油印本《先秦學術概論》,手稿本《先秦學術概論》,手稿本《九流論略》。其中油印本《先秦學術概論》是諸祖耿先生在 1980—1981 年度爲南京師範學院中文系高年級學生開設選修課時印發的講義。整理時所使用的是諸祖耿先生自己的保留本,其中"法家"之前各章節留有諸先生本人的校對和更正。手稿本《先秦學術概論》應該是油印本的底稿,內容及文字與油印本基本相同,但不完整,僅存"緒論""陰陽家""儒家""墨家"四個部分。手稿前有諸祖耿先生的說明:"這份講義是 1980—1981 年之間,爲南京師範學院中文系高年級選科編寫的。內容要點:主要依據司馬談《論六家要旨》的意見,說明所謂'道家'是先秦後期出現的學術,莊周道源於孔顏,《老子》一書成於莊周之後,而黃老道德之言更在其後,形成當時思想上的頂峰。由於目疾,講義沒有親自仔細校核,其中定有不少的錯誤。"手稿本《九流論略》也係殘稿,僅存"名家""法家""道家""農家""雜家""小說家"六個部分,與油印本中相關內容比較,詳略及文字皆有較大出入。我們認爲這三份遺稿是同一本書不同時間的文稿,油印本是其最終稿。這次整理,我們以油印本爲底本,參校手稿中的部分內容對油印本進行了補充。

的所謂學術,也就逐漸由散出而下移到人民手裏,原先"政教合一""學在官府"的局面迅速瓦解,民間開始出現了私人講學的風氣:在魯國,既有孔丘的開門授徒,也有少正卯的使得孔丘門人"三盈三虛"只有顏回不去(見《論衡‧講瑞篇》)的事實;又有"兀者王駘從之游者與仲尼(孔丘)相若……與夫子中分魯"的現象(見《莊子‧德充符》);年輩稍晚的墨翟更是"徒聚弟子充滿天下"(見《呂氏春秋‧尊師篇》)①。這些門徒"虛而往,實而歸",各有各的前程,不但學術空氣比前濃厚,奔走干祿、求官仕宦的路徑也逐漸暢開。寧越原是中牟鄙人,學了十五年後做了周威公的老師(見《呂氏春秋》);甘茂"事下蔡史舉先生,學百家之術……(秦惠)王見而說之,使將"(見《史記‧甘茂列傳》)。當時各國諸侯爭先恐後地講究禮賢下士,開始有魏文侯、魯穆公的用賢,接着有齊威王、宣王興起的"稷下學派",後來有燕昭王、平原君、呂不韋等的接待賓客。"處士橫議""百家爭鳴"的局面隨着時代的演變而盛極一時。

　　名為共主的周王朝,在名義上周天子還是最高的統治者,是奴隸主的總代表,其次則有分居各地的列國諸侯及其下屬卿大夫士,那是依次而下的統治者,也是依次而下的奴隸主。當時,"人有十等",王、公、大夫、士、皂、輿、隸、僚、僕、臺(楚芋尹無宇的話,見《左傳》昭公七年);所謂"四民"就是士、農、工、商;而"圉""牧"奴隸則在十等之外。天子和奴隸形成兩個對立的極端。

　　在演變的過程中,奴隸主階級逐漸沒落,地主階級逐漸興起,而成為社會發展的新興力量。先秦學說就是在這一社會階級鬥爭的基礎上開展、活動起來的。

---

① 《呂氏春秋‧尊師篇》未見此句,《有度篇》有"弟子徒屬充滿天下",《當染篇》有"從屬彌衆,弟子彌豐,充滿天下"。

研究先秦學術，首先在我們腦海裏浮起的概念，就是"諸子百家"或"百家爭鳴"。"子"這個名稱，本是周代封建制度中五等爵"公、侯、伯、子、男"裏的第四位，後來到春秋戰國年代引用爲對人的尊稱。《論語》稱孔丘爲"子"，子路、顏回當面對他們的老師也稱"子"，說"子行三軍則誰與"（見《述而》），又說"子在，回何敢死"（見《先進》）。孔丘對人也常稱爲"子"，例如對季康子"患盜""問政"兩次回答，說"苟子之不欲，雖賞之不竊"；說"子爲政焉用殺？子欲善而民善矣"（並見《顏淵》）。《論語》一書是孔丘門徒所記，程頤認爲"成於有子、曾子之門人"，因爲在這部書裏除了"孔子"之外，只有"有子""曾子"這兩個被稱爲"子"。孟軻稱許行爲"許子"，稱夷之爲"夷子"，稱匡章爲"章子"。許行、夷之都是孟軻反對的人，然而他還稱之爲"子"。荀卿寫《非十二子》，沒有把所反對的十二人稱之爲"子"，然而他在《解蔽篇》中却一連串的稱"墨子""宋子""慎子""申子""惠子""莊子"。可見在先秦後期，凡是學者，都有被稱爲"子"的資格。

"家"這個名詞，《論語》已有"三家"的話，稱魯國的權臣孟孫、叔孫、季孫爲"三家"（見《八佾》）。在《莊子》書裏出現"百家衆技"（見《天下》）。《荀子·大略》："此家言邪學之所以惡儒者也。""子"和"家"這兩個名詞綜合起來，就有了後來常說的"諸子百家"了。

研究先秦學術最早的材料有莊周的《天下篇》、荀卿的《非十二子篇》、韓非的《顯學篇》，漢初淮南王劉安的《要略》以及司馬談的《論六家要旨》。《天下篇》提到"舊法世傳之史"，提到"鄒魯之士、搢紳先生"，提到"百家之學"，提到的人名則有墨翟、禽滑釐、相里勤、苦獲、已齒、鄧陵子，這是一；有宋鈃、尹文，這是二；有彭蒙、田駢、慎到，這是三；有關尹、老聃，這是四；有莊周，這是五；有惠施、桓團、公孫龍，這是六。值得注意的是，在《天下篇》裏，只概括提出"百家"這說法，而沒有說明誰是哪一家。荀子

《非十二子篇》提到的人名有它囂、魏牟,有陳仲、史鰌,有墨翟、宋銒,有慎到、田駢,有惠施、鄧析,有子思、孟軻等十二人。值得注意的是,荀卿在這篇裏也沒有提到誰是哪一家,只批評了這"十二子"。在他的心目中,"上則法舜禹之制,下則法仲尼、子弓之義",並特別指斥"子張氏之賤儒""子夏氏之賤儒""子游氏之賤儒",明白標清他所反對的對象是這些賤儒,而他自己則是仲尼、子弓一路的真儒。韓非所著的《顯學》說明"儒"和"墨"是他所處的時代的兩門"顯學","儒"的代表是"孔子","墨"的代表是"墨翟"。後來孔子的門徒"儒分爲八",有子張、子思、顏氏、孟氏、漆雕氏、仲良氏、孫氏、樂正氏之儒。墨翟的門徒"墨離爲三",有相里氏、相夫氏、鄧陵氏之墨。值得注意的是他只說"儒墨",沒有提到"家"字。西漢初年,淮南王劉安召集賓客著《淮南鴻烈》,在最後一篇《要略》裏爲了要"通古今之事",敘述了學術的情況,說:"文王之時,……太公之謀生焉。……孔子……述周公之訓……故儒者之學生焉。墨子……背周道而用夏政……故節財、薄葬、閑服生焉。齊桓公之時……管子之書生焉。齊景公內好聲色……故晏子之諫生焉。晚世之時……縱橫修短生焉。申子者,韓昭釐之佐……故刑名之書生焉。秦國之俗……故商鞅之法生焉。"這裏開列了一些學術思想的情況,也沒有指出誰是什麽"家"。司馬談"仕於建元、元封之間"(前140—前111)。《論六家要旨》首先提出"六家"這名字,第一個標舉"陰陽、儒、墨、名、法、道德"這六家,說"陰陽之術、儒者、墨者、法家、名家、道家",在這裏,有的稱"術",有的稱"者",有的稱"家",還沒有明確說爲"儒家""墨家",可見"儒家""墨家"之稱在當時還不通行。雖然明標着"六家",但還沒有完全使用"家"字來作"六家"的稱呼。明白指稱各家爲"家"是劉向父子校書編寫《七略》時候的事。他們對於圖書的整理,既有《六藝略》,又有《諸子略》,於是定出"九流十家"的名稱。這裏必須交代清楚的是在較早的一些材料中，看不到"九流十家"，或"諸子百家"這樣的名稱。"九流十家""諸子百家"是劉向、劉歆整理書籍時區別分類的名目，後來給編寫《漢書・藝文志》的班固沿用了。其實，這不是先秦時期這一階段歷史上學術派別存在着的真實情況，這一點，必須認識清楚。

戰國時期學術界最大派別，據韓非所說只有儒、墨兩派。韓非之前，莊周著書"指事類情，用剽剝儒、墨"（《史記・老子韓非列傳》），所攻擊的對象，也就是儒、墨兩派的末流，說"故有儒墨之是非，以是其所非，而非其所是"（見《齊物論》）。儒、墨都是自己標舉的稱號。儒說："女爲君子儒，毋爲小人儒。"（《論語・雍也》）墨說："不能如此，非禹之道也，不足謂墨。"（《莊子・天下》）這兩派都没有自稱爲"家"。在這兩派"顯學"之外，在韓非那時，還有其它新發生的派別，這些派別，自己也都没有明白標舉說自己是哪一家。安上一個"家"字作爲名詞來說，這是後來處理文獻資料，研究學術流別的人們給他們戴上的帽子，並非他們自己的稱呼。

司馬談《論六家要旨》排列六家爲"陰陽、儒、墨、名、法、道德"。這次序，該是周末到漢初中國學術界流派發生、發展的先後次序。先有原始社會人與自然鬥爭，從生產勞動實踐中觀察自然而知道的"四時之大順"的陰陽曆算；後有從階級分化而成爲奴隸社會統治思想的"序君臣父子之禮，列夫婦長幼之別"的一套儒家思想；繼而在奴隸社會轉變爲封建社會的開始階段，儒家中出現了反對派，於是產生了"強本節用，則人給家足之道"的墨家，這兩家在戰國末期成爲勢均力敵的"顯學"，代表了兩個不同的階級。

學術思想，不是固定呆板、一成不變的東西，它不可能停留在某一點上，從此不再發展，它總是互爲影響、彼此滲透、派生演變而形成分裂的。從陰陽、儒、墨之中又產生了名家、法家，最後到戰國末期秦漢之際,才產生了道家。名家、法家、道家這些人,自己都沒有說過自己是哪一家。惠施、公孫龍沒有自己標榜説是名家,吳起、申不害、商鞅、韓非沒有自己吹噓説是法家,就是歎傷"道術將爲天下裂"(《莊子·天下》)的莊周也沒有給自己戴上"道家"的帽子,反而在《説劍》的時候還是"儒服而見王"。從莊周一向推崇顏淵來看,可見本來是和儒家有關的。"列仙"自是"道家",然而司馬相如《大人賦》有"列仙之儒"的話,"列仙"亦得稱"儒",甚至《韓詩外傳》以老墨爲"俗儒",推而廣之,僧祐《弘明集》乃有"九流皆儒"之説,則是凡有學問的人都可說之爲"儒"。可見諸子派別的名稱本是後人給它加上的,本來不是他們自己的稱號。

劉向、劉歆、班固爲了圖書分類,區分九流十家,這個區分一經固定,就像門户各別,互不相關,條條框框有如刀切。學術界的生動活潑、相生相克的真實情況,蒙上了一層烟霧,教人難以窺探,簡直把真相全掩蓋了。這是一具枷鎖,必須砸爛這具枷鎖,先秦學術的真實情況才能如實地顯現出來。

然而這具枷鎖已經套了二千多年,一向習非勝是,很難獲得解放。因而,我們今天要認真而嚴肅地探討先秦學術,還必須從這具枷鎖入手談起。

枷鎖是怎樣加上的?當時學術發展的本身是怎樣的?在這枷鎖未加以前當時的評論是怎樣的?學者們的活動是怎樣的?把這些理清,先秦學術的真實情況就能明白清晰地顯現在我們的眼前。

劉向校中秘書,在漢成帝河平三年(前25)秋八月(見《漢書·成帝紀》),上距秦始皇三十四年(前213)聽從李斯的建議下令焚書已經相去近二百年,上距漢惠帝劉盈四年(前191)"除挾書之令"也有一百六十六年之久。在這段漫長的時間裏,書籍陸續出現,到河平三年,成帝派陳農求遺書於天下,漢皇朝"中秘書"的收藏已經頗爲可觀了。當時書籍的整理工作,有幾個專家分別任職,"步兵校尉任宏校兵書,太史令尹咸校數術,侍醫李柱國校方技",而"光祿大夫劉向"則"校經傳諸子詩賦"(見《藝文志》)。除此之外,還有其它助手,杜參、班斿等分別襄理,而劉向則最後總其成,"每一書已,向輒條其篇目,撮其旨意,錄而奏之"(見《藝文志》)。劉向的"錄而奏之"是說每一部書整理完畢,寫成清本,另在清本之前,寫了一段"叙錄",例如現存的《管子》《晏子春秋》《戰國策》前面都有"叙錄"一樣,然後把清本和"叙錄"一同上交給漢成帝。校過的許多書都有"叙錄",把這些"叙錄"收集在一起,裝訂保存則是所謂的《別錄》。劉向校書,沒有最後完成,成帝綏和二年(前7)劉向去世,哀帝劉欣即位,使向子侍中奉車都尉歆卒父業,典領五經,"歆於是總群書而奏其《七略》,故有《輯略》,有《六藝略》,有《諸子略》,有《詩賦略》,有《兵書略》,有《術數略》,有《方技略》"(見《藝文志》)。這個《七略》就是後來班固編寫《漢書·藝文志》的唯一依據,班固自己說:"今删其要,以備篇籍。"

劉向的《別錄》,劉歆的《七略》,南宋之後,久已失傳,現在可以作爲研究先秦學術的依據的,只有這《漢書·藝文志》,所以我們還必須從這《藝文志》談起。

《漢書·藝文志》在開首序端之後,首六藝略,次諸子略,三詩賦略,四兵書略,五數術略,六方技略。和《七略》相比,六略的名目和次序與之完全相同,只少了前面的《輯略》。關於《輯略》,阮孝緒認爲開端一篇"即六篇之總最,故以'輯略'爲名"(見《七錄序》)。一般學者認爲"班志每略叙錄之詞,即歆之《輯略》也。故雖六略而實七略具足也"(見顧實《漢書藝文志講疏》)。不過,《漢書·藝文志》雖然根據《七略》,畢竟不是《七略》的本來面目,加上年代久遠,傳寫脱誤,無以詳知(顔師古語,見《漢書·藝文志》注),所以存在着很多問題,有的可以解決,有的還無從解決。

由於校書的人不止一個，劉向、劉歆父子雖總其成，也不能完全瞭解清楚，故籍散記，頭緒紛繁，其中交互參錯，勢所難免，因此不能徹底地儘量做到条分縷析，路路清疏，必須有待於後來的人仔細研究。

首先應該重視，必須予以搞清的是"六藝略"和"諸子略"的關係。司馬遷說"中國言六藝者折中於夫子"（見《孔子世家贊》），孔丘"以詩、書、禮、樂教弟子，蓋三千焉，身通六藝者七十有二人"（見《孔子世家》）。話雖有些誇張，可能也實有其事，所以後來的莊周還說："其在於《詩》《書》《禮》《樂》者，鄒魯之士、搢紳先生多能明之。《詩》以道志，《書》以道事，《禮》以道行，《樂》以道和，《易》以道陰陽，《春秋》以道名分。"（見《天下篇》）孔丘和他的門徒當然是"鄒魯之士、搢紳先生"的代表，可見"六藝"和儒家是分不開的。

孔丘、墨翟"俱道堯舜，而取舍不同，皆自謂真堯舜"（見《韓非子·顯學》），"孔丘、墨翟修先聖之術，通六藝之論"（《淮南子·主術訓》）。現存的《墨子》引《詩》與孔丘刪存的三百篇相同，引《書》有《甘誓》《仲虺之誥》《說命》《大誓》《洪範》《呂刑》，也與百篇之書相同。墨翟自說"吾嘗見百國春秋"，在《明鬼篇》裏又提到"周之春秋""宋之春秋""齊之春秋""燕之春秋"，和孔丘同樣十分重視《春秋》。雖然對於禮樂兩派主張不同，孔丘主張夏禮，墨翟主張非樂，但是對於六藝却不完全相反，可見六藝和"墨"也有一定的關係。

"六藝略"與儒墨的關係是這樣，"諸子略"方面，儒墨之間的關係，道和儒墨的關係，名和儒墨法的關係，法和儒道墨的關係，農和墨的關係，陰陽和儒道墨的關係，小説和名道墨的關係，家與家之間交互旁通，既有排斥，又有融洽，必須具體考察才能窺見真相。

"形而上者謂之道，形而下者謂之器。"道是抽象的原理，器是具體的事物。抽象的原理和具體的事物，精粗隱顯確有不同，總是一件事的兩面，具體上升爲原理，原理影響成具體，本身存在着一定的關係。

"六藝略""諸子略"和其它四略的關係也有它内在的共通之點，例如"六藝略"詩的部分和"詩賦略"完全是一回事，"諸子略"裏的法家和"六藝略"裏的禮，陰陽家和"數術略"裏的天數、曆譜、蓍龜雜占都是有它的共通之點。我們如果把藩籬拆除，進而觀察它們相互之間的關係，必然能夠瞭解一些事實的真相。

爲此，我們研究先秦學術，還是必須依照《漢書·藝文志》的框框來進行考察。

《漢書·藝文志》第一部分就是"六藝略"，這裏說的六藝，不是《周禮·地官·大司徒》一項所提出的"以鄉三物教萬民……三曰六藝，禮樂射御書數"的六藝。"禮樂射御書數"是六種事別的項目，而《藝文志》裏的"六藝"是《易》《書》《詩》《禮》《樂》《春秋》六種書名。其中所提到的《禮》《樂》，都是關於禮、樂這兩方面的書名、篇名，和大司徒所執掌的禮、樂這兩件事，内容範圍是不同的。《藝文志》這"六藝略"的名稱，雖然沿用了大司徒"六藝"的名稱，却没有"射御書數"而加進了"《易》《書》《詩》《春秋》"四種書名，這和《大司徒》所說的"六藝"性質全不相同了。

禮、樂這兩件事，是古代統治者維護社會秩序的兩個法寶，《白虎通》說"太平乃制禮樂"，"王者功成作樂，治定制禮"（見《禮記·樂記》）。這是從古代原始社會進入奴隸制社會經過長時期的演變，逐步改造而形成的統治者所利用的兩套政治工具。禮的作用，在於維持外表的等級；樂的作用，在於取得内心的和諧，二者的目的是一致的。關於這一點，作爲没落的奴隸主階級的代表孔丘，是非常重視的，他曾經說過："安上治民，莫善於禮；移風易俗，莫善於樂。"（《孝經·廣要道章》）他忙忙碌碌的一生最大的目的，就是要恢復和維護古代的禮樂。他教育門徒，就是從這兩項入手。司馬遷說：

> 孔子之時，周室微而禮樂廢，《詩》《書》缺。追迹三代之禮，序《書傳》，上紀唐虞之際，下至秦繆，編次其事。（《孔子世家》）

> 自衛返魯，然後樂正，《雅》《頌》各得其所。（《儒林列傳》）

> 詩三百，孔子皆弦歌之，以求合《韶》《武》《雅》《頌》之音。禮樂自此可得而述，以備王道，成六藝。（《孔子世家》）

看來，禮、樂這兩件事，《書》《詩》這兩部書，在孔丘一生是非常重視的。孔丘生於魯國，"魯有天子禮樂"（見《魯周公世家》）。吳公子季札聘魯，"請觀於周樂"，歎爲觀止（《左傳》襄公二十九年）；韓宣子適魯，"觀書於太史氏，見《易象》與魯《春秋》，曰"周禮盡在魯矣"（《左傳》昭公二年）。《詩》《書》《禮》《樂》《易》《春秋》，在魯國都有，這就給孔丘具備了條件。禮、樂是要具體演習的，《詩》《書》是要弦歌誦讀的。看來孔丘的教育門徒，就是這四件事。"春夏教《詩》《書》，秋冬教《禮》《樂》"（見《禮記》），孔丘以《詩》《書》《禮》《樂》教弟子，蓋三千焉。這四項就占了"六藝"的六分之四了。

"六藝略"裏最先的一項是《易》，最後的一項是《春秋》。這個次序值得研究，《詩》《書》《禮》《樂》《易》《春秋》在孔丘之前都已存在，但是《易》和《春秋》在孔子早年還沒有注意，不曾用來教育門徒。司馬遷說孔丘"晚而喜《易》……讀《易》韋編三絕"。《論語》一書沒有涉及到《易》，《魯論·述而篇》有"子曰：加我以數年，五十以學，亦可以無大過矣"（說見惠棟《論語古義》）。一般的《論語》"亦"字寫成"易"字，遂有"五十學《易》"的誤傳，又有孔丘"作《十翼》"的附會。孔丘當時只有《詩》《書》《禮》《樂》的名稱，沒有所謂的"六經"。"六經"的名稱，開始見於《莊子·天運

《易》本,偶筮其命,得旅,請益於商瞿氏。"那末,商瞿是孔丘請教的前輩了,哪有反而向孔丘受《易》的事呢? 這顯然是後來捏造的話,不足取信。

莊周《天下篇》所說的次序:"其在於《詩》《書》《禮》《樂》者,鄒魯之士、搢紳先生多能明之。"莊周在這話之後,接着又說:"《詩》以道志,《書》以道事,《禮》以道行,《樂》以道和,《易》以道陰陽,《春秋》以道名分。"在《詩》《書》《禮》《樂》之後加上了《易》和《春秋》,可見"六經"的次序自有它的先後,這是劉、班兩家之前的記載,當然是可靠的。

"六藝略"標了"六藝"的名稱,然而"序六藝爲九種","六藝"怎樣成了九種了呢? 劉、班兩家於《春秋》之後又加上《論語》十二家,《孝經》十一家,《小學》十家,使得在"六藝"之外,多出這三個項目,因此成爲所謂"九種"。《論語》是孔氏門徒的筆記,《孝經》是孔丘、曾參師弟問答的話。下面"諸子略"裏開首就是儒家,《論語》和《孝經》不應在"六經"之內,因爲它們和"六藝"本身無關,應該加入"諸子略"的儒家,怎麼能混進"六藝略"呢? 更其不合理的是,《孝經》之後,附收講求與名物訓詁有關的文字之學原在《禮記》中的《爾雅》三卷二十篇,又附收原在《管子》書裏的《弟子職》一篇。把這些都塞進"六藝略",很是不倫不類。大司徒職掌的"六藝":禮樂射御書數,禮樂是文,射御是武,書數是一切學問的基礎。其中特別是"書"這一項,是指文字學的小學一類。《藝文志》"六藝略"既不是大司徒職掌的"六藝",却在"六藝略"中最後收進專講文字書寫的《小學》十家,既然有這《小學》一類,《爾雅》一書,就應該歸入《小學》這一類中才符合"書數"的"書"的一項。然而,劉、班兩家不這樣幹,這真是莫名其妙的事。

《漢書》中《藝文志》開始的"六藝略"一出場,就發生了這許多問題,這實在是逼得我們需要仔細考慮的事。

總而言之,"禮樂射御書數"和《詩》《書》《禮》《樂》《易》《春秋》是兩碼事，雖同稱"六藝"，但內容性質全不相同。"六藝"既然和孔丘關係很深，就應該考慮和"諸子略"裏的"儒家"合并在一起。《小學》一類，是語言文字訓詁方面的一個重要項目。我們知道，語言文字是古代先民在生活勞動中創造的，應該單獨提出，作為一個專門項目來研究。它是一切學術發生發展的重要工具，貫穿於"六藝""諸子"等等而統攝一切，哪裏可以作為六藝的附庸，而排列在《孝經》的後面呢？劉、班二家没有重視這一點，確是犯了一個極大的錯誤。

研究先秦學術，離不開"諸子百家"。《漢書·藝文志》"諸子略"是現存的研究先秦學術的重要參考資料。在"諸子略"中，班固根據劉向父子分别叙述了儒家者流、道家者流、陰陽家者流、法家者流、名家者流、墨家者流、縱橫家者流、雜家者流、農家者流、小説家者流十項書目，然後概括地説"諸子十家，可觀者九家而已"。班固明明舉了十個"者流"，接着説為"十家"，而這十家却認為只有九家可觀，另外一家是不足觀的。這不足觀的一家是哪一家呢？他的意思，指的是"如或一言可采，此亦芻蕘狂夫之議"的小説。他們認為當時流行的《虞初周説》之類的小説是不足觀的。因此十流成為九家，從而產生了"九流"的名稱。張衡所謂"劉向父子，領校秘書，閲定九流"（見《後漢書·張衡傳》），"九流"這名稱，一直沿用到現在。

現在我們研究先秦學術就得從這"九流十家"談起。按照次序，先談陰陽家。

## 陰 陽 家

陰陽家"欽若昊天，曆象日月星辰，敬授民時"（《尚書·堯典》），這是唐虞時代羲和的專職，是一門掌握天文曆譜、五行術數的一套大學問。畫夜循環,一暗一亮,這就是《周易·繫辭傳》所說的"一陰一陽之謂道"。古代先民在生活實踐中和大自然打交道,首先懂得外界的變化,從而逐漸取得對天文曆數方面的正確認識,產生了一門樸素的、唯物辯證的、踏踏實實的學問。它最早掌握在巫祝手裏,而"文史星曆,近乎卜祝之間"的史官,所謂"舊法世傳之史",也是懂得這一套學問的。司馬遷的父親太史公司馬談"學天官於唐都","既掌天官,不治民",自說:"余先,周室之太史也,自上世嘗顯功名於虞夏,典天官事。"(以上均見《太史公自序》)

天文曆數這一套天官所掌,是司馬氏歷代相傳的家學。司馬談《論六家要旨》,首先提出的就是陰陽家,他說:

> "天下一致而百慮,同歸而殊塗。"夫陰陽、儒、墨、名、法、道德,此務為治者也,直所從言之異路,有省不省耳。嘗竊觀陰陽之術,大祥而眾忌諱,使人拘而多所畏。然其序四時之大順,不可失也。(見司馬遷《太史公自序》)

又說:

> 夫陰陽四時八位十二度二十四節,各有教令,順之者昌,逆之者不死則亡,未必然也,故曰使人拘而多畏。夫春生夏長,秋收冬藏,此天道之大經也,弗順則無以為天下綱紀,故曰"四時之大順,不可失也"。(同上)

他把陰陽家排在其它五家的最前列,這是符合歷史發展的事實的。他指出陰陽家的缺點,這是由巫祝(即卜祝)帶來的神權時代的迷信,在我們今天是可以理解的。

劉向校書,編訂《七略》,把陰陽家收入《諸子略》,把"天文、曆譜、五行、術數"的一套收入《數術略》。收入《數術略》的,都是細碎、繁瑣、關於占驗方面的一套,就是司馬遷所說的"卜祝"方面的事。而收入"陰陽家"的,則自有一套窮高極深的理論,和僅僅是占驗卜祝的數術不同,特別是鄒衍、鄒奭,有一套自己的看法,因此可以作爲一個學派來看待,這也是能够理解的。

由於給從陰陽家派生出來的方士們所誇張傳説,鄒衍的年代也給搞糊塗了。現在我們知道鄒衍是戰國後期的人,鄒奭更在其後。大約鄒衍生活的時期,當在公元前305—前240年,即燕王喜、齊王建的時代,上不及燕昭、齊宣,更不及齊威、梁惠(説本錢穆,見《先秦諸子繫年考辨·鄒衍考》)。《史記·封禪書》説:"鄒衍以陰陽主運顯於諸侯。"大概鄒衍的學説,最主要的一點,在於主張變化。看後來的揚雄所作的《法言》,有兩處鄒衍和莊周並提(見《問道篇》《問神篇》),可見對他的重視。西漢嚴安上書説:

> 臣聞鄒衍曰:"政教文質所以云救也。當時則用,過則舍之,有易則易之,故守一而不變者,未睹治之至也。"(《漢書·嚴安傳》)

"運"和"易"都是講變化,而它的理論根據,主要在於五行。"五行"並不始於鄒衍,荀卿説:

> 略法先王而不知其統,猶然而材劇志大,聞見雜博。案往舊造説,謂之五行。……子思唱之,孟軻和之。(《非十二子篇》)

既然是"案往舊造説",那也並不始於子思、孟軻。《尚書·甘誓》禹的兒子夏啓指責"有扈氏威侮五行,怠棄三正";《洪範》箕子對周武王講:

> 初一曰:五行。一曰水,二曰火,三曰木,四曰金,五曰土。水曰潤下,火曰炎上,木曰曲直,金曰從革,土爰稼穡。

五行確是舊說。在墨翟的《墨經》裏，也有"五行無常勝，說在宜"的一句，這些都是舊說。子思、孟軻所案往舊所造的五行說，後代失傳，我們無從窺見。《禮記》中的《表記》，相傳出於子思之手，其中有這幾句：

> 水之於民也，親而不尊；火，尊而不親。土之於民也，親而不尊。……命之於民也，親而不尊；鬼，尊而不親。

這幾句，可以看作是子思對於"五行"中涉及水、火、土方面的話。孟軻主張"百畝之田，勿奪其時"，主張"不違農時，穀不可勝食"。時，這件事，是天文曆數方面所研究的對象，是從屬於陰陽家學說範圍之內的事。春、夏、秋、冬四時轉移，《月令篇》《時則訓》等書都是用五行相配。孟軻重視農時，當然會和五行之說發生關係。

這些都是在鄒衍之前。鄒衍以"談天"著名，號稱"談天衍"（《史記·孟荀列傳》），這"談天"兩字，一直沿用到我們現在。關於天地這一件事，一向被我們古代先民所重視，就在鄒衍那時，南方有奇人黃繚，向惠施"問天地所以不墜不陷，風雨雷霆之故"（見《莊子·天下篇》）；屈原也有著名的《天問篇》；莊周有《天運篇》（注：司馬作《天員》）；荀卿也有《天論篇》，說明當時十分重視關於天地的討論。《周易·泰卦》說："無平不陂，無往不復。"《象》曰："無往不復，天地際也。"曾子也說："如誠天圓而地方，則是四角之不揜也。"（見《曾子·天圓》）可見地圓如球這個概念，在先秦時期已經有人揣測到了。這些都是鄒衍以前的事。

鄒衍主張變化，講五行，前後兩說不同。一、五行相生；二、五行相勝。《漢書·藝文志》著錄鄒衍的書，一"《鄒子》四十九篇"，二"《鄒子終始》五十六篇"。前者，班固注說："名衍，齊人，為燕昭王師，居稷下，號談天衍。"後者，顏師古注說："亦鄒衍所說。"這兩種書，都已久不傳。從班、顏兩家注釋來看，可能前一篇》。《天運篇》既說"六經",又說"十二經","十二經"包括"六經""六緯",這明明是後來漢代流行的語言,不是莊周那時的實際情況。時代在莊周之後的荀卿,在他所著《儒效篇》裏提到"《詩》《書》《禮》《樂》之歸",說"《詩》言是其志也,《書》言是其事也,《禮》言是其行也,《樂》言是其和也,《春秋》言是其微也"。這裏列舉"五經",只是沒有提到《易經》,可見在荀卿那個時候,《易》還沒有歸入"六經"之內。那時,所謂"六藝"實際上是"禮樂射御書數",孔丘用《詩》《書》《禮》《樂》教人,沒有涉及《易》。劉、班兩家誤認《易》是"人更三聖,世歷三古"(《藝文志》),以爲《易》是最早的書,所以把《易》放在"六藝略"的首位。其實這是錯誤的,至於《春秋》,孟軻在《滕文公》篇裏有"孔子懼,作《春秋》。《春秋》,天子之事也,是故孔子曰'知我者,其惟《春秋》乎;罪我者,其惟《春秋》乎'"的話。淮南王劉安也說孔丘"作爲《春秋》,不道鬼神,不敢專己"(《淮南子·主術訓》),這說明《春秋》是孔丘作的。其實"春秋"這名詞,不是在孔丘之後才有的,在孔丘之前早就有了。"晉之《乘》,楚之《檮杌》,魯之《春秋》",《晉語》司馬侯稱"羊舌肸(即叔向)習於《春秋》",悼公即召傅太子;《楚語》莊王使士亹傅太子箴問於申叔時,叔時曰:"教之《春秋》。"這都在孔丘修《春秋》之前。孔丘對於《春秋》,不過是根據"魯之《春秋》"加以修改而已,司馬遷說"至於爲《春秋》,筆則筆,削則削,子夏之徒不能贊一辭"(《孔子世家》)。這是孔丘晚歲將近逝世之前一年的事,門徒中知道這事的實際上沒有幾個。魯國的史官左丘明或許參加其事,所以留下了一部《左傳》。《詩》《書》《禮》《樂》加上了《春秋》和《易》,才成爲"六經",也就沿用了"六藝"的名稱。孔丘當年開門授徒,實際上教的只是《詩》《書》《禮》《樂》,沒有涉及《易》和《春秋》。修《春秋》是孔丘晚年的事,左丘明傳《春秋》可能是事實,但現存的《左傳》決非全出於左丘明之手。至於商瞿傳《易》,據《易緯·乾坤鑿度》說:"仲尼生不知種是鄒衍自著，後一種則是後人所記。書已失傳，根據前人援引，知道兩書所說不盡相同。

一，五行相生，次序是木火土金水，意思是木生火，火生土，土生金，金生水。《鄹子》曰："春取榆柳之火，夏取棗杏之火，季夏取桑柘之火，秋取柞楢之火，冬取槐檀之火。"（《周禮》"大司馬司爟四時變國火"鄭司農注引）《周禮》說的"四時變國火"，就是《論語》裏《陽貨篇》所說的"鑽燧改火"。"鑽燧改火"是說人民取火，春夏秋冬四時所用的樹木各不相同。鄭司農所引的《鄹子》，王應麟說就是鄒衍的"《鄹子》四十九篇文"。"鄹"就是"鄒"字。《論語》"鑽燧改火"這句，馬融注說：

> 《周書·月令》有更火之文，春取榆柳之火，夏取棗杏之火，季夏取桑柘之火，秋取柞楢之火，冬取槐檀之火。一年之中，鑽火各異木，故曰改火也。

皇侃疏說：

> 改火之木，隨五行之色而變也。榆柳色青，春是木，木色青，故春用榆柳也。棗杏色赤，夏是火，火色赤，故夏用棗杏也。桑柘色黃，季夏是土，土色黃，故季夏用桑柘也。柞楢色白，秋是金，金色白，故秋用柞楢也。槐檀色黑，冬是水，水色黑，故冬用槐檀也。

鄭司農所引《鄹子》的一段文字，和馬融、皇侃的注疏完全符合。這個內容，又和《月令篇》《時則訓》相類。這裏五行的次序，是木、火、土、金、水，是五行相生說。

二，五行相勝，次序是土、木、金、火、水，意思是水勝火，火勝金，金勝木，木勝土，土勝水。

> 鄒子有終始五德，從所不勝。土德後，木德繼之，金德

次之,火德次之,水德次之。(《文選・魏都賦》注引《七略》)

五德之次,從所不勝,故虞土、夏木、殷金、周火。(《淮南子・齊俗訓》高誘注引《鄒子》曰)

這兩段,從五行講到五德,而以虞夏殷周四代的更換,說明不勝和相勝的道理,指出的次序是土、木、金、火、水。用五行來配時節、方位、顏色,這是較早的事。從五行到五德,是一個發展。用五德來配虞、夏、商、周,更是後出的事。在《呂氏春秋・應同篇》中,才出現這種說法。《史記・封禪書》說"鄒子之徒,論著終始五德之運,及秦帝,而齊人奏之,故始皇采用之"。秦繼周後,自以為水德,以水滅火,這已經在秦始皇的時候了。有人說是"鄒衍所說",有人說是"鄒子之徒",大概不是出於鄒衍自己所著,可知。

鄒衍的書,"論著終始五德之運",主要是《主運篇》。司馬貞索隱謂《主運》是"鄒子書篇名也"。集解引如淳曰:"今其書有《主運》,五行相次轉用事,隨方面為服。"又說:"今其書有《五德終始》,五德各以所勝為行,秦謂周為火德,滅火者水,故自謂水德。"

鄒衍這一條路,淵源來自子思、孟軻的"案往舊造說,謂之五行",而主要在於變化。莊周說"《易》以道陰陽,《春秋》以道名分"(見《天下篇》)。鄒衍深明《易》理,懂得"政教文質""有《易》則易",而又精於《春秋》。司馬遷說:

騶衍睹有國者益淫侈,不能尚德……乃深觀陰陽消息而作怪迂之變,《終始》《大聖》之篇十餘萬言……先序今以上至黃帝,學者所共術,大並世盛衰……稱引天地剖判以來,五德轉移,治各有宜,而符應若茲。(見《史記・孟子荀卿列傳》)

《漢書·古今人表》中，在善《春秋》的魯人沈子之前，有軋子、烎子兩人，"烎"，顏師古說是"聚"字，錢大昕認爲軋子、烎子"即治《春秋》之夾氏、鄒氏。軋與夾音相近，烎即聚字，鄒與聚聲亦不遠"（見《三史拾遺》）。沈欽韓亦說，"烎子，乃鄒子之誤，《藝文志》有《春秋鄒氏傳》，蓋《孟荀列傳》所稱三鄒子之一"（見《前漢書疏證》）。現在看《漢書·藝文志》"六藝略"春秋類在《左氏》《公羊》《穀梁》之後有"《鄒氏傳》十一卷、《夾氏傳》十一卷"，這兩部書沒有保存下來，但在漢宣帝時，王吉能治《鄒氏春秋》，東漢年間書還存在，《後漢書·范升傳》說："《春秋》之家，又有鄒、夾，今左氏得置博士，鄒、夾並復求立。"可見在范升那時，《鄒氏春秋》還沒有失傳。沈欽韓認爲"鄒氏"就是"三鄒子之一"。三鄒子，一是鄒忌，二是鄒衍，三是鄒奭。鄒忌、鄒奭和《春秋》沒有關係，鄒衍的學說，要點在"陰陽消息""五德轉移"和《公羊傳》"通三統""質文改制"，所說相近。公羊齊學，鄒衍齊人，《鄒氏傳》雖失傳，但從司馬遷的叙述看來，公羊一家之說，或許來自鄒衍，這也不是完全沒有根據的。

鄒衍是從儒家派生出來的，他是在子思、孟軻《易》《春秋》的基礎上，"猶然而材劇志大，聞見雜博"，卓然自成一家。他既是陰陽家，又是縱橫家，又是後來一批神仙家所謂"方士"的祖師爺，他在當時，相當闊氣。《鹽鐵論·論鄒篇》說他：

> 鄒子疾晚世之儒墨，不知天地之弘，昭曠之道，將一曲而欲道九折，守一隅而欲知萬方，猶無準平而欲知高下，無規矩而欲知方圓也。於是推大聖終始之運，以喻王公。

司馬遷說他：

> 是以鄒子重於齊。適梁，惠王郊迎，執賓主之禮。適趙，平原君側行撇席。如燕，昭王擁彗先驅，請列弟子之座

而受業,築碣石宮,身親往師之。作《主運》。其游諸侯,見尊禮如此,豈與仲尼菜色陳、蔡,孟軻困于齊、梁,同乎哉!(見《史記·孟子荀卿列傳》)

梁惠郊迎、燕昭先驅,話雖有些誇大失實,但這位善於口辯的"談天衍"能夠嘩衆取寵、聳人聽聞,是可以想見的,無怪揚雄也要說他"鄒衍以頡亢而取世資"(見《解嘲》)。

鄒衍的書盛行于齊燕之間,由此產生了海上求仙的方士。《史記·封禪書》說:

> 宋毋忌、正伯僑、充尚、羡門高最後,皆燕人,爲方仙道,形解銷化,依於鬼神之事。騶衍以陰陽主運顯於諸侯,而燕齊海上之方士,傳其術不能通,然則怪迂阿諛苟合之徒自此興,不可勝數也。

《史記·酷吏列傳》說"張湯以知陰陽,人主與俱上下,時數辯當否",又說"湯爲人多詐,舞智以御人"。這是西漢初年的所謂"知陰陽",而張湯"多詐舞智",則已是陰陽家的末流了。

出於"鄒子之徒"的那部書,到了"秦帝,齊人奏之",這就是司馬遷所說的"怪迂阿諛,苟合之徒"的行爲。《封禪書》說:

> 秦始皇既并天下而帝,或曰:"黃帝得土德,黃龍地螾見。夏得木德,青龍止於郊,草木暢茂。殷得金德,銀自山溢。周得火德,有赤烏之符。今秦變周,水德之時。昔秦文公出獵,獲黑龍,此其水德之瑞。"

這裏的"或曰",當然出於"鄒子之徒",已經和鄒衍的原意有了距離,從這條路發展下去,導致秦始皇、漢武帝的求仙,這更不是鄒衍的初意所能計及的了。

戰國末期,鄒衍的一套學問,在惠施、黃繚之外,更有他的進步意義。在時間方面，他所覺察到的"陰陽消息"，古今盛衰之變，從歷史發展這一點來看，是符合科學真理的。在空間方面，他從《曾子·天圓篇》的認識基礎上發展而爲"九州大瀛海"的理論，這實在是空前的發現。司馬遷的介紹說：

> 其語閎大不經，必先驗小物，推而大之，至於無垠。……先列中國名山大川通谷禽獸，水土所殖，物類所珍，因而推之，及海外人之所不能睹。……（以爲）中國者於天下乃八十一分居其一分耳。中國名曰赤縣神州。赤縣神州內自有九州，禹之序九州是也，不得爲州數。中國外如赤縣神州者九，乃所謂九州也。於是有裨海環之，人民禽獸莫能相通者，如一區中者，乃爲一州。如此者九，乃有大瀛海環其外，天地之際焉。其術皆此類也。（見《孟子荀卿列傳》）

區域廣大，世事萬變，這真是拓開萬古心胸的議論，無怪當時"王公大人初見其術，懼然顧化"（見《孟子荀卿列傳》）。

鄒衍之後有鄒奭。司馬遷說，鄒奭頗采鄒衍之術以紀文，齊人頌之曰"談天衍，雕龍奭"。《藝文志·陰陽家》有"《鄒奭子》十二篇"，劉向《別錄》說："鄒衍之所言，五德終始，天地廣大，盡言天事，故曰談天。鄒奭修衍之文，飾若雕鏤龍文，故曰雕龍。"（見《史記·孟荀列傳》集解引）可見鄒奭是鄒衍的後輩，繼承鄒衍的學說。

陰陽家一派，後來演變爲讖緯之學。《藝文志》有"《南公》三十六篇"，這就是《史記·項羽本紀》所說"故楚南公曰：楚雖三戶，亡秦必楚"的楚南公，這就成爲一般所說的預言了。然而"五百歲而聖人出"（見《法言·五百篇》），注家說："孟軻、史遷皆有此言。"吳秘引趙岐的話說："五百歲聖人一出，天道之常也。"那末，儒家亦是喜歡造作預言的，無怪從儒家演變而來的鄒衍一派,會成爲讖緯之學的先驅了。

# 儒　　家

　　前面,我們初步談了一些"六藝"和儒家的關係,這裏我們在談了陰陽家之後,展開對儒家的討論。
　　首先,應該對這儒家的"儒"字作一些必要的説明。"儒"這個字,從人從需,説明這是人的需要。"儒"這個字,和"奴、糯、能、耐"等字聲音相同。這個聲音的含義,包括順從、忍耐、柔弱、能幹等意思。它的對立面是剛暴、粗糙、蠻橫、拗强等等。作爲"術士之稱"的"儒"(見《説文》),本來是以"柔"這個特點而作爲標志的,文化人是野蠻人的進步,所以儒是爲人所需,特別是在舊社會裏爲統治者所需。換句話説,就是統治者需要有這樣的馴服工具,以便統治他的奴才,這就是"儒"字的含義。
　　《漢書·藝文志》説:

　　　　儒家者流,蓋出於司徒之官,助人君順陰陽明教化者也。游文於六藝之中,留意於仁義之際,祖述堯舜,憲章文武,宗師仲尼,以重其言,於道爲最高。

　　劉向、班固這幾句是完全説對了的,助人君明教化,這就是儒者的本領。《周禮·地官·大司徒》:以鄉三物教萬民,一曰六德,二曰六行,三曰六藝。"六藝"就是"禮樂射御書數"。學好"禮樂"可以入相,學好"射御"可以出將,學好"書數"可以開展百工技藝,可以處理一切事情,這就是儒"蓋出於司徒之官"的根據。《周禮·天官冢宰》:"以九兩繫邦國之民……三曰師,以賢得民。四曰儒,以道得民。"儒和師並列,它的作用,無非在於聯綴萬民、馴擾萬民,這實在是統治者即所謂"人君"的最重要最得力的助手。"於道爲最高",高就高在這裏。然而,在舊社會裏,你看有沒有一個儒者做過皇帝呢?沒有!充其量,也只有像周武王的弟弟姬旦那樣,雖被後世稱爲"大儒"(荀子《儒教》),然而在當時只能充當自己侄子周成王的輔相,決不是統治者的第一把手。王莽、蕭衍雖然做了皇帝,只不過是披着儒者外衣的野心家罷了。

姬旦之後,和孔丘同時,齊有晏嬰,衛有蘧瑗,說來都是儒者。晏嬰"獨立不慚于影,獨寢不慚于魂"(《晏子春秋·外篇第八》);蘧瑗"欲寡其過而未能"(《論語·憲問》),"行年六十而六十化"(《莊子·則陽》)。兩個都和孔丘有關,而儒家的名稱却被孔丘所占,這是什麼緣故呢?這是因爲趨時干祿,孔丘另有一套本領,而且他利用史官所留傳下來的"六藝"聚徒結幫,形成一股勢力,影響很大的緣故。

儒的特點,外表方面,在於儒服,"冠圜冠,履句屨,緩佩玦"(見《莊子·田子方》),褒衣博帶,所謂"搢紳先生",自有一種雍容舒泰的風度,這是一。內心方面,在於儒行,上"知天時",下"知地形","事至"而"能斷"(同上),所謂"留意於仁義之際"。《禮記·儒行》特出地標舉了十五種風格,這是二。主要精神則在於折中於"六藝",講求修身治國的道理。

"儒家"的"六藝",《詩》《書》《禮》《樂》《易》《春秋》,都是過去現成的材料,這些材料,都是古代統治者手裏所掌握的,主要掌握在史官手裏,一般平民是無緣過問的。吳國的公子到了魯國,才接觸到四代的聲樂和舞蹈;韓國的宣子到了魯國的史官那裏,才看到周禮。可見當時有關學術方面的材料,一般平民還是不會知道的。只有史官,掌握了古代的史料,壟斷了古代的學術。夏王朝將亡,"夏太史令終古,出其圖法,……出奔如商";殷王朝將亡,"殷內史向摯,……載其圖法出亡之周"(並見《吕氏春秋》)。楚國的左史倚相,能讀"三墳五典,八索九丘"(見《左傳·

昭公十二年》），由此可見，學術的總匯在於史官。孔丘出身於没落的奴隸主貴族，原是"鄒魯之士""搢紳先生"，對於魯國史官職掌的《詩》《書》《禮》《樂》以及《易》《春秋》，是近水樓臺，條件優越，因此儒家這一派的學問，從它的淵源來看，應該説是從史官手裏轉移過來的。魯國的史官左丘明，孔丘認爲同道，説"左丘明恥之，丘亦恥之"（見《論語・公冶長》），可見他和史官有深切的關係。就是因爲他用"六藝"中的《詩》《書》《禮》《樂》教人，才成爲"儒家"的宗師。

孔丘那一套"祖述堯舜、憲章文武"，所謂修身治國的道理，淵源斿唐虞三代的政治，司馬遷在《史記・孔子世家》裏叙述孔丘對於"六藝"的關係時，是這樣説的：

> 孔子之時，周室微而禮樂廢，《詩》《書》缺。追迹三代之禮，序《書傳》，上紀唐虞之際，下至秦繆，編次其事。……故《書傳》《禮記》自孔氏。
>
> 自衛返魯，然後樂正，《雅》《頌》各得其所。……三百五篇，孔子皆弦歌之，以求合《韶》《武》《雅》《頌》之音。禮樂自此可得而述，以備王道，成六藝。
>
> 晚而喜《易》，序《彖》《繫》《象》《説卦》《文言》，讀《易》韋編三絶。
>
> 孔子以《詩》《書》《禮》《樂》教，弟子蓋三千焉，身通六藝者七十有二人。
>
> "吾道不行矣，吾何以自見於後世哉？"乃因史記作《春秋》，上至隱公，下訖哀公十四年，……曰："後世知丘者以《春秋》，而罪丘者亦以《春秋》"。

我們看這幾條簡單的摭録，知道孔丘傳授的這一套，離不開政治，所謂修身、治國這兩個方面，也都是從屬於政治的。

六經離不開政治，六經皆史，都是過去的陳迹。就在這過去的陳迹中,取得修身治國的借鑒,從而爲政治服務。從孔丘之後,儒家就重視這一套。在孔丘之前,文獻裏所遺留的記載,大概側重於統治者——帝王的業績,很少是平民方面的語言。自從孔丘開門授徒,門弟子記錄了當時師徒之間以及時人有關方面的問答,成爲《論語》傳世。那時比較接近平民方面的語言,才有本子流傳下來。《論語》,不問可知是儒家言,可以說是儒家思想的代表,其中最多的是教人如何修身養德的話,當然,論及政治的話,也是不少的。總之,是儒家教人如何修身治國的重要語錄。儒家所以重要,就因爲有這一書。值得注意的是,這《論語》裏的主角孔丘,"吾少也賤,故多能鄙事"(見《論語·子罕》)。他一生經歷困厄,政治地位決定了他比較和平民接近。所以說的話,能夠自道甘苦,平易近人,親切有味,能夠發生良好的影響,這是他特出的優點。後來孟軻、荀卿繼續著書,對於修己安人的道理發揮盡致,儒家這一派,占了很高的地位。所以我們今天討論先秦學術,講說諸子百家,重點特出地講孔丘,這是歷史的決定,毫無問題的。

《論語》裏有一件事,必須提出來注意一下,這就是孔丘對管仲的評價。大家知道,孟軻曾經說過"仲尼之徒,無道桓文之事者"(見《梁惠王》),又說"管仲,曾西之所不爲也,而子爲我願之乎?"(見《公孫丑》)齊桓、晉文和管仲,在孟軻是瞧不起的,而在孔丘却不是這樣。孔丘修《春秋》,"其事則齊桓、晉文,其文則史,其義則丘竊取之矣"(見《離婁》)。孔丘對於齊桓、晉文,並未加以輕視;對於管仲,也有一分爲二的看法,既有指責的一面,也有佩服的一面。孔丘曾經批評管仲,說"管仲之器小哉!"說"管氏焉得儉?"說"管氏而知禮,孰不知禮?"(見《八佾》)但是掉過頭來,却竭力吹捧"管仲相桓公,霸諸侯,一匡天下,民到於今受其賜。微管仲,吾其被髮左衽矣!"又說:"桓公九合諸侯,不以兵車,管仲之力也,如其仁,如其仁。"(見《憲問》)他把平時不肯輕易贊許的一頂"仁"的桂冠,高高的加在管仲頭上,這是一件非同小可的事。爲什麼要這樣?且看歷史的記載。

《春秋》:

> 閔公元年,春。王正月。齊人救邢。

《左傳》:

> 狄人伐邢。管敬仲(即管仲)言於齊侯(齊桓公)曰:"戎狄豺狼,不可厭也。諸夏親暱,不可棄也。宴安酖毒,不可懷也。《詩》云:'豈不懷歸,畏此簡書。'簡書,同惡相恤之謂也。請救邢以從簡書。"齊人救邢。

這是管仲堅持正義的表現。他主張"同惡相恤",主張"親暱諸夏",共同抵抗外來的戎狄。齊桓公采用了管仲的主張,以此救邢,救衛,一直到葵丘之會,以霸功見稱於世。對於這一點,孔丘表示十分敬佩,自己以免於"被髮左衽"爲幸,這不僅是自己個人的幸,而且還說:"民到於今受其賜。"他這樣肯定管仲在抵抗外族、保衛中國這一點上立了大功,所以他要極口稱贊,說"如其仁,如其仁"了。

管仲的功績,孔丘的贊揚,這是我們中華民族史上的一件大事,意義相當崇高而深遠,我們萬萬不能加以輕視,看孔丘的高度敬重管仲,聯想到他自己在夾谷之會上,事前作好準備,臨時幫助魯定公應付齊景公取得一系列的勝利(見《史記·孔子世家》定公十年)。這些杰出的表現,是足夠我們向往的。《儒行》標舉十五儒,充滿了蓬勃峥嶸的生氣、磊落光明的魄力,歸結在於"戴仁而行,抱義而處""溫良""敬慎""寬裕""孫接",處處站在"仁"字這一邊。這樣講究人與人之間的道德修養,應該說是不可厚非的。

儒家"考信於六藝"(司馬遷語,見《史記·伯夷列傳》),孔丘稱道管仲，經常"夢見周公"（見《論語·述而》），自說"吾其爲東周乎"（見《論語·陽貨》）。人家說他"祖述堯舜，憲章文武"（見《中庸》）。儒家重視經史，主要是講求修身治國，這是值得重視的。

孔子有沒有缺點呢？有的。

大約在公元前517年，孔丘三十五歲的時候，他在齊國，懷恨齊景公聽了晏嬰的話不用自己，因此他陰謀對付齊國。在他歸魯之前，把鴟夷子皮、范蠡介紹給田常，而把自己的意圖告訴了南郭惠子。歸魯之後，聽到齊將伐魯，急忙派子貢到齊，通過南郭惠子去見田常，勸田常伐吳；另一方面教唆齊國的世族高國鮑晏四大家，不要阻撓田常的行事（見《墨子·非儒下》），因此造成田常弒君的事。田常弒君的消息傳到魯國，孔丘假惺惺地"沐浴而朝，告於哀公"，說"陳桓（即田常）弒其君，請討之"（《論語·憲問》）。《莊子·盜跖篇》還有"田成子常弒君竊國而孔子受幣"的話。這一件事，說明孔丘是怎樣地工於謀詐，使用了兩面派手法。

另一件事，孔丘窮於陳蔡之間，十天沒有東西吃，子路搶了人家身上的衣服，換些酒來給他呷，他不問來由地呷了。子路偷了人家的小猪，蒸熟了給他吃，他也不問來由地吃了。後來回到魯國，魯哀公一本正經地款待他，這時孔丘却搭足架子"席不端弗坐，割不正弗食"。子路私下問他說"這算什麼道理"，他回答："吾語汝：曩與汝爲苟生，今與汝爲苟義。"（見《墨子·非儒》）這又是怎樣說明他自己一貫的虛偽了呢！

孔丘講求修身治國的道理，一方面重視歷史，一方面注意教育，修訂書籍，培養人才，在文化上，在政治上，發生很大的影響。一生積極推行自己的主張，"三月無君則皇皇如也"（見《孟子·滕文公》），這些當然是值得肯定的、好的。但由此造成了後世於進務入官迷祿蠹的風氣，也就不可不加以批評了。

就在孔丘同時，微生畝看到孔丘"席不暇暖"的老是東奔西跑，當面諷刺他，指斥他："無乃爲佞乎？"實際上孔丘自己的行動，以及他教唆子貢"存魯，亂齊，破吳，彊晉，霸越"（見《史記·仲尼弟子列傳》及《越絕書》内傳《陳成恒篇》）的那一套，已經是後來縱橫家的開端了。

孔丘之後，墨翟"學儒者之業"，後來"背周道而用夏政"（見《淮南子·要略》），自己另立一個學派，被稱爲墨家，這是後來的事。在韓非時，"顯學"只有兩派，一是儒，二是墨。韓非説：

> 自孔子之死也，有子張之儒，有子思之儒，有顏氏之儒，有孟氏之儒，有漆雕氏之儒，有仲梁氏之儒，有孫氏之儒，有樂正氏之儒。

"儒分爲八"（見《韓非子·顯學》篇），孟氏當即孟軻，孫氏當即荀卿。在這之前，韓非的老師荀卿，曾經區分儒爲十種：

一、大儒（見《儒效》《成相》）

二、小儒（《儒效》）

三、雅儒（《儒效》）

四、俗儒（《儒效》）

五、散儒（《勸學》）

六、陋儒（《勸學》）

七、賤儒（《非十二子》）

八、誦數之儒（《正名》）

九、腐儒（《非相》）

十、世俗之溝猶瞀儒（見《非十二子》）

荀卿特地寫了一篇《儒效》，推崇周公（即姬旦）、仲尼、子弓稱爲大儒，又特地指斥子張、子夏、子游的一批門徒，説是賤儒。又重點特出地對子思、孟軻作了一番批評，而自己則很嚴肅地重視儒學。在《王霸篇》裏説:"論德使能,而官施之者,聖王之道也。儒之所謹守也。"他首先肯定了儒者的謹守聖道而建立百官,施布職事。又在《王霸篇》的最後提出"傷國""不隆禮義而好貪利"的情況,接着又説:"儒者爲之不然,必將曲辨。"什么是"曲辨"呢? 意思是要細致委曲地使歸於理,所以他説:

> 政令行,風俗美,以守則固,以征則彊,居則有名,動則有功。此儒之所謂曲辨也。

他這樣地肯定了儒,可見他是儒的崇信者、實行者。説到這裏,我們順便提醒一下,關於儒的被稱爲"家",究竟應當從哪一個算起? 儘管後來的人推崇周公、孔丘,説是儒家,其實在當時,周公没有自稱爲儒,孔丘也没有自稱爲儒。非但周公、孔丘都没有,連"距楊墨,放淫辭"的孟軻,只説自己"願學孔子",也没有承認自己是儒家。只有荀卿,這樣大張旗鼓地替"儒"這一字高度贊揚。所以我們認爲關於"儒家"這名詞,應該是説到了荀卿才算成立的,説荀卿是儒家,孟軻"距楊墨"没有問題,當然也是儒家。孟荀兩家之外,和孔丘同時的晏嬰有《晏子春秋》,《七略》説"在儒家",《藝文志》編在儒家一類的最前列。我們看《史記·孔子世家》記載齊景公以尼谿田封孔丘,晏嬰止之的事。當時晏嬰對齊景公説:

> 儒者滑稽而不可軌法;倨傲自順,不可以爲下;崇喪遂哀,破產厚葬,不可以爲俗;游説乞貸,不可以爲國。

這明明反對儒術的人,怎樣把他列入儒家呢? 荀卿之前,和儒家有關的是李克、吴起、寧越。荀卿之後,李斯、韓非都是從儒家派生出來的,吴起、李斯都有傑出的表現,事功方面,超出七十子之上。同時,自從"六藝"變爲"六經"之後,傳經的人,"支葉蕃滋,一經説至百餘萬言,大師衆至千餘人"(班固語,見《漢書·儒林傳》贊)。看《史記》《漢書》"儒林傳"所載,絕大多數是"經生",有的官位雖高,然而沒有什麼傑出的表現,對於"修身治國"方面的貢獻,實在不是太大的,充其量不過抱殘守缺、咬嚼幾句文字而已。當然,這在文化上也有幾分勞績,然而距離"儒家"這個名實,簡直是不甚相稱的了。

孔丘"四體不勤,五穀不分"(見《微子》),自說"吾不如老農"(見《子路》),也曾受到過老農的指責。但是,他的八世孫孔甲名鮒却"年五十七,爲陳王涉博士,死於陳下"(見《孔子世家》)。司馬遷說:

> 陳涉之王也,魯諸儒持孔氏之禮器,往歸陳王,於是孔甲爲陳涉博士,卒與涉俱死。

孔丘輕視"學稼"(見《子路》),而他的子孫、門徒却能冒着生命危險,和農民一道起義,同生共死,這說明了什麼呢?這不是說明儒是人民所需,農民既沒有輕視儒術,儒也並不高自標舉,認爲自己是高出於農民之上嗎?

歷代封建帝王,從劉邦開始,推尊孔丘,他們爲企圖達到加強思想統治的目的,利用儒家學説,收買一批人才,以便於自己的統治,於是先後追封孔丘爲"褒成宣尼公""褒尊侯""文聖尼父""大成至聖先師文宣王"等等,而對於荀卿,則歧視爲異端。實際上秦漢以後一切禮俗制度,都離不開荀學的影響。推尊孔丘,不過是嚇唬人民的一種騙術罷了。兩漢以後,從隋唐一直到宋元明清,封建社會由鞏固腐朽而轉爲衰落,在這段漫長的時間裏,儒家之學,老是定於一尊地,占着統治地位,所有知識分子,總是在儒家的籠罩下過生活。宋代的儒家,大倡其所謂"理學",淳熙年間,程頤、朱熹把《大學》《中庸》《論語》《孟子》定爲四書,由《論》《孟》並稱,一改唐以前的"周孔"並稱,成爲"孔孟"並稱。周孔的範圍廣,孔孟的範圍狹,所以宋以後號稱儒家而能具有傑出幹略的，便日見其少了。

韓非子《顯學篇》說的"八儒"之中，"有漆雕氏之儒"，說"漆雕之議，不色撓，不目逃，行曲則違于臧獲，行直則怒于諸侯"。漆雕氏這個作風，在孟軻書裏也有類似的記載：

> 北宮黝之養勇也：不膚撓，不目逃，思以一豪挫於人，若撻之於市朝；不受於褐寬博，亦不受於萬乘之君；視刺萬乘之君，若刺褐夫，無嚴諸侯；惡聲至，必反之。孟施舍之所養勇也，曰："視不勝，猶勝也。量敵而後進，慮勝而後會，是畏三軍者也。舍豈能爲必勝哉？能無懼而已矣。"孟施舍似曾子，北宮黝似子夏。（見《孟子·公孫丑》）

這種"無嚴""無懼"的精神，和《儒行》十五儒之一說的"雖危起居，竟信(伸)其志""引重鼎不程其力""鷙蟲攫搏，不程勇者"的俠義精神，是相近的。這種精神，足以補救"儒者柔也"的缺點，這是值得重視的。

## 墨　　家

墨家的創始人墨翟，原是孔丘的同鄉晚輩，大約和孔丘孫孔伋(子思)同時。在這時候，"諸侯力征，南有楚、越之王，北有齊、晉之君"（見《節葬下》），"齊晉楚越……四分天下"（見《非攻下》），都是"天下好戰之國"（同上）。好戰的目的，無非是爲了兼并掠奪。當時受害最深、痛苦最烈的，不問可知是最大多數的勞動人民，特別是農奴和奴隸。墨翟爲了解除人民的痛苦，一生盡力主張"非攻"。他不可能直接和孔丘有關，可是和孔丘一樣與史官有一定的淵源。他曾經在周天子派到魯國來的史官史角那裏學習（見《呂氏春秋·當染篇》），後來又學"儒者之業"（見《淮南子‧要略》),對於孔門講的那一套,他是非常熟悉的。他認爲"其禮煩擾而不說,厚葬靡財而貧民,久服傷生而害事,故背周道而用夏政"(見《淮南子‧要略》)。他清楚地看到了孔門的"倍本棄事而安怠傲"(見《非儒》),於是反其道而行之,腳踏實地,另搞一套,和孔丘的門徒對抗,和公孟、程繁辯論,留下了《非儒》一篇,揭發孔丘的老底,指責孔丘本人是言行相背。他特別主張勞動節約,兼愛尚同,極力反對鋪張浪費,貪吃懶做。

孔丘提倡的是文武周公之道,所謂"祖述堯舜,憲章文武"(見《中庸》)。墨翟雖然"亦尚堯舜道"(見《論六家要旨》),也講堯舜,但重點突出却在推尊"禹之道",說:

> 昔者禹之湮洪水,決江河而通四夷九州也,名川三百,支川三千,小者無數。禹親自操橐耜而九雜天下之川;腓無胈,脛無毛,沐甚雨,櫛疾風,置萬國。禹大聖也,而形勞天下也如此。(見《莊子‧天下篇》)

墨翟爲了要解除像"洪水"那樣給予人民的痛苦,所以主張要效法禹那樣的"形勞天下"。提出要"兼相愛,交相利",顯然這是用"禹之道"來突出"文武周公之道"的棋高一著。因爲要講"兼相愛",所以要"尚同",要"尚賢",又要"天志""明鬼""非命"。因爲要"交相利",所以要"節用""節葬""非樂""非攻",而最主要的,則是"非攻"。如果我們仔細考慮一下,他所主張的這一系列的內容,一經實施,那末,在當時周末,文勝的社會將起怎樣的變化?那些世襲貴族,又將怎樣的失去已得的權利?這就可以窺見他意義的偉大了。

墨翟提倡的是"夏道",是"禹之道",是要像禹那樣形勞天下而兼利天下。班固論墨家說:"以孝視天下,是以上同。"孫詒讓《墨學通論》也說:"墨氏兼愛,固諄諄以孝慈爲本。"上同於天,民復孝慈,墨翟認爲這是人類社會最好的道德。古人"孝""好"同音，"效""教"聲近。《孝經》説："先王有至德要道，以順天下。""先王"指的就是夏禹。墨翟提倡效法夏禹，非但有了主張，而且見之行動，莊周特地用了一個"好"字來稱贊他，説："墨子真天下之好也，將求之不得也，雖枯槁不舍也，才士也夫！"（見《天下篇》）這確是推崇到了極點了。

墨翟這個人的出身，不像孔丘那樣是没落的奴隷主階級，看樣子像是一個搞手工業的勞動服役的奴隷。他的學生，從他們的名字來看，禽滑釐、腹口、勝綽、苦獲、已齒、跌鼻（見《公孟》）等等，分辨不出他們是什麽姓氏。南郭惠子問子貢，駭怪"夫子之門何其雜也"，孔丘貧困，"自行束脩以上"收集門徒，貴族從游的，只有魯國的南宫敬叔、宋國的司馬牛，其它絶大多數是寒微出身，但是没有看到有一個奴隷來拜他的門。而墨翟的學生，盡是那些怪名字，可見他這一批門人，決不像孔丘門徒那樣比較接近於貴族。

孔丘門徒"受業身通者七十有七人"（見《史記·仲尼弟子列傳》），墨翟的"服役者百八十人"（見《淮南子·泰族訓》）。當他親自爲了貫徹自己的主張，從魯南行到楚，止楚攻宋，説："臣之弟子禽滑釐等三百人在宋城上。"（見《公輸篇》）看來墨翟這一派實行家，自己結成了一個集團，人數、實力超過孔丘這個集團。既有主義，又有組織，又有行動，在社會上的勢力，看來是不小的。戰國末期，吕不韋賓客著書的時候，説"孔丘、墨翟無地爲君，無官爲長"（見《吕氏春秋·順説篇》），説"孔墨徒屬彌衆，弟子彌豐，充滿天下"（見《吕氏春秋·當染》）。莊周寫《列御寇》的時候，已經有"儒墨相與爭"的話。同時，孟軻書裏也顯露了儒墨之爭的痕迹，孟軻不僅痛罵了"無父無君，是禽獸也"（見《滕文公》），而且在他自身拒絶"墨者夷之"的求見，通過自己的學生徐辟説服夷之（見《滕文公篇》）。從這件事也可以看出他對墨翟一派的壁壘森嚴。儒墨在戰國後期，分道揚鑣，成爲兩門"顯學"

(見《韓非子》)，直到西漢初年，淮南王劉安著書，還經常"儒墨"並提(如《齊俗訓》)，有時則説"孔丘、墨翟"(《主術訓》《道應訓》《修務訓》)，可見這兩派的勢力在社會上是相當久長的。

墨翟壯年學成，活動的時期，正當魯穆公、魏文侯禮賢下士。孔丘門徒卜商、曾參，一個在魏，一個在魯，正以年高德勛被尊爲大師，安安逸逸地傳食於諸侯。田子方、段干木、李克、吳起繼續在魏，子思、曾參繼續在魯，都是儒家，比較得志。而墨翟呢，一面在齊、宋、衞、楚、越等地游揚他的學徒，爲他們謀求祿仕；一面却百舍重繭，不辭勞瘁地親身去做切實的工作。在他四十歲以前，有一次安排自己的學生禽滑釐等三百人，爲宋守城，自己趕到楚國，根據自己的主張和技術，説服公輸般、楚惠王不要攻宋。宋昭公任他爲大夫。後來回到魯國，又曾經到齊，像止楚攻宋那樣勸齊田和不要攻魯。就是這樣，始終貫徹他自己兼愛非攻的主張，和孔丘一派的表現，顯著地不同。

墨翟門徒，比孔丘門徒要多。時代不斷前進，人民迫切需要知識，學成求仕的風氣，也越來越濃厚。

孔丘門徒，有"學干祿"的(見《爲政》)，孔丘自己也曾經使學生漆雕開仕(見《公冶長》)，然而似乎並不希望學生亟亟出仕，説："三年學，不至於穀，不易得也。"(見《泰伯》)

墨翟門徒，有"學期年而責仕"的(見《公孟篇》)，墨翟自己也曾"游公尚過於越"(見《魯問篇》)，其餘如高石子、耕柱子、曹公子等，都經墨翟推薦。"河潤九里，澤及三族"(見《莊子‧列御寇》)，當時"學而優則仕"的風氣如此。然而墨翟却還説："道不行不受其賞，義不聽不處其朝。"(見《渚宫舊事》二)曾經兩次辭封不受，一辭"書社五百里"(見《渚宫舊事》二)，一辭"故吳之地方五百里"(見《魯問篇》)，風格比較高尚。

孔丘之徒公孟、程繁，和墨翟當面展開辯論。《公孟篇》裏談論的三點，是儒墨異同的關鍵(説見梁啓超《墨學微》四四頁引

"吾友章太炎之儒術真論")。墨翟身後,孟軻、荀卿又加以排斥,只有莊周,在批判了墨翟、禽滑釐的缺點之後,指出他們"其生也勤,其死也薄,其道大觳……其行難爲……日夜不休,以自苦爲極",最後,稱贊墨翟是"才士","真天下之好也"(並見《天下篇》)。在莊周的語言裏,鮮明地描繪出一群志士奮不顧身的形象,真是難能可貴!

儒墨兩家的區別,究竟在哪裏呢?歸根結底,我們從今天來看,實在代表着兩個不同的階級。別的不說,先從外表服裝來看:墨者是"以裘褐爲衣,以跂蹻爲服"(見《莊子·天下篇》);再傳弟子許犯即許行,"其徒數十人,皆衣褐,捆屨、織席以爲食"(見《孟子·滕文公》)。儒者是"逢衣淺帶"(見《荀子·儒效》),"戴章甫,搢笏"(見《墨子·公孟》),"冠圜冠,履句屨,緩佩玦"(莊周語,見《田子方篇》),"冠枝木之冠,帶死牛之脅"(盜跖説孔丘,見《莊子·盜跖篇》)。孔丘代表的是上層貴族,是士君子;墨翟代表的是下層庶民,是奴隸。由於代表的階級不同,目的要求就不同,行動、主張也不同。韓愈説:"儒墨同是堯舜,同非桀紂。"(見《讀墨子》)這是折中調和的説法,其實並不這樣簡單。墨者反對儒家,要點在於《非儒篇》,内容是:繁飾禮樂,久喪僞哀,立命緩貧,倍本棄事,貪於飲食,惰於作務。儒家反對墨者的主要是孟軻、荀卿兩家,孟軻《滕文公篇》説:

> 楊朱、墨翟之言盈天下。天下之言,不歸楊則歸墨。楊氏"爲我",是無君也;墨氏"兼愛",是無父也。無父無君。是禽獸也。

荀卿《富國篇》説:

> 墨子之言,昭昭然爲天下憂不足。夫不足,非天下之公患也,特墨子之私憂過計也。

天下之公患,亂傷之也。
　　我以墨子之非樂也,則使天下亂;墨子之節用也,則使天下貧。非將墮之也,說不免焉。
　　故墨術誠行,則天下尚儉而彌貧,非鬥而日爭,勞苦頓萃而愈無功,愀然憂戚,非樂而日不和。

《王霸篇》說:儒之所守也,聖王之道也。墨子之說,役夫之道也。①

　　孟軻批評的是"兼愛",荀卿批評的是"非樂""節用",一個着眼於倫理道德方面,說了一句大話,一個雖然從勞動生產精神生活方面着眼,細致地作了一些分析,實際上也不能折服墨家。只有"役夫之道"一句,搔着癢處,證實墨家這一套,是代表勞動人民、奴隸們的要求的。

　　墨,禹之道,大儉約,尚功用,非禮樂,主張勞動,日夜不休,以自苦爲極。

　　儒,文武周公之道,遵循貴族相沿的成法,四體不勤,五穀不分。

　　雙方距離如此之大,鬥爭在所難免,而主要的焦點,則在於儒講自利的成份多,墨講利他的成份多。

　　孔丘"子罕言利"(見《論語·子罕》),孟軻"何必曰利,亦有仁義而已矣"(見《孟子·梁惠王》),"然而不王者未之有也,何必曰利"(《告子篇》)。儒家口頭上不講利,骨子裏是在"義"的幌子下,秘密謀利。墨翟公開提出利字,說"兼相愛,交相利",莊周說他"墨子氾愛兼利而非鬥"(見《天下篇》),孟軻說他"墨子兼愛,摩頂放踵,利天下爲之"(見《孟子·盡心》)。利,是犧牲自己,利益人群,勞動創造,增進幸福。這樣利他的利,哪裏可以和孔孟

---

①《荀子·王霸》原文爲:"一四海,何故必爲之,爲之者役夫之道也,墨子之說也。論德使能而官施之者,聖王之道也,儒之所謹守也。"

所說的利己的利同年而語呢？"兼相愛，交相利"，正因爲是這樣的利，所以產生一系列的措施，凡是尊天尚同，明鬼非命，非樂非攻，節用節葬，都是圍繞了這個目的。"以繩墨自矯而備世之急"，"形勞天下"而"日夜不休"，都是爲了貫徹這個主張。這種充滿宗教氣味的公而忘私的積極精神，儒家哪裏能夠和墨家相提並論？

墨翟"上功用，大儉約，而僈差等"（《荀子·非十二子篇》），"墨子蔽於用而不知文"（《荀子·解蔽篇》），"墨子有見於齊，無見於畸"（《荀子·天論》），看了荀卿對於墨翟的評論，我們更加可以從他的評論的反面，瞭解墨學的一些真實。

墨翟掌握了各種技巧，積累了各種知識，特別在於備戰方面，有很高的本領。爲了堅決貫徹"非攻"的主張，所以積極做好戰爭的準備。現在我們看《備城門》等六篇兵技巧家言，可以知道他是怎樣依靠實力來反對戰爭，決不是僅僅說一句"禁攻寢兵"的空話。後來專講"禁攻寢兵""救世之戰"的尹文、宋鈃，該是墨家的一派，他們要求平等，"作爲華山之冠以自表"，"上說下教，強聒而不舍"，終於不爲天下所取（《莊子·天下篇》），看來就是因爲口說無憑，沒有實力作爲後盾的緣故。

在先秦學術界中，墨家有一個特出的制度，爲其他各家所沒有的，這就是"巨子"，也寫作"鉅子"。"巨子"是墨家學徒中的最高領導。郭象說"巨子最能辯其所是以成其行"，向秀說"墨家號其道理成者爲鉅子，若儒家之碩儒"（並見《莊子·天下篇》注），孫詒讓說："墨家鉅子，蓋若後世儒家大師，非學行純卓，不足以當之。"（見《墨子後語》）墨翟在世的時候，他自己當然用不着這名詞。大概在他晚年居楚魯陽的一段時間裏，曾經指派他留在楚國的學徒孟勝，作爲鉅子。孟勝在楚，楚悼王死，君臣攻吳起，孟勝死難。臨死之前，派自己兩個學生"傳鉅子於"宋國的田襄子（事詳《呂氏春秋·上德篇》）。秦惠王時，"墨者有鉅子腹䵍，居秦"(見《呂氏春秋・去私篇》)。歷史上文獻所載墨家鉅子,可以知道名字的有這三個。莊周說墨家"以巨子爲聖人,皆願爲之尸,冀得爲其後世"(見《天下篇》)。作爲一個最高領導的墨者巨子,執行"墨子之法"是非常嚴格的,孟勝、田襄子、腹□都有傑出的表現,足以窺見墨家公而忘私、一絲不苟的精神。

講到這裏,有一個問題,值得提出來引起注意。在現存的《墨子》裏,曾經看到"盜賊寇亂"等語句,却沒有出現"盜跖"這名字。盜跖"吟口,名聲若日月","其徒誦義無窮",跖這個人"鄹聚齊旺以九千人橫行天下"(見《檢論・儒俠》),這件事和墨家這一派有沒有關係呢?何以"摩頂放踵,利天下爲之"的墨家,明擺着有"放踵"的事實,而"跖"這名字,切切就是"蹠"字,意義等於"放踵"的"踵"。後來在楚國,還有莊蹻的"蹻"字,義也接近於"踵"。蹻跖並稱,總有一些關係,這和墨家是否有些淵源呢?值得考慮。

戰國末期,"墨離爲三,取舍相反,而皆自謂真墨","有相里氏之墨,有相夫氏之墨,有鄧陵氏之墨"(見《韓非子・顯學篇》)。今本《墨子》"尚賢、尚同、兼愛、非攻、節用、節葬、天志、明鬼、非樂、非命",每題都有上中下三篇,文字大同小異,而都稱"子墨子曰",這是"墨離爲三",傳本不同的證據。"相里勤之弟子,五侯之徒,南方之墨者若獲、已齒、鄧陵子之屬,俱誦《墨經》,而倍譎不同,相謂別墨。以堅白同異之辯相訾"(《莊子・天下篇》);"鼠句游心於堅白同異之間,楊墨是已"(《莊子・駢拇篇》)。"相謂別墨",這是大家相互承認,所有的對方是真"墨"的另一派。現在看《墨經》上下,辨析精微,所載的堅白同異等等,就是名家惠施、公孫龍的開端,這一派就是魯哀公所要學的"小辯",既是聾人聽聞,又可以嘩衆取寵,人們喜聞樂道,也就是所謂"詭辯"。墨學的另一派,墨翟之後,"以巨子爲聖人,皆願爲之尸"(見《莊子・天下》),巨子有孟勝、有田襄子(《吕氏・上德》篇),又有腹薜(見《呂氏・去私》),走了這一條路,也就説明已經走到窮途末路了。從此之後,墨翟這一派,後來逐漸分化以至於衰微,"鉅子之傳,至秦漢間而斬"(見《檢論・原墨》),然而墨翟的聲望,還是歷來爲人們所景仰。西漢初年,劉安的一批門徒説:"今取新聖人書,名之孔墨,則弟子句指而受者必衆矣。"(見《淮南子・務修訓》)假的墨翟,還能引人重視,可見他的影響之大了。

墨翟的教義,不是一句嘩衆取寵的空話,而是在於身體力行,改造當時的社會,這在歷史發展的過程中,富有積極的推動作用。但是所遇到的阻礙,也必然很是嚴重。存在於他自己的本身弱點,則是"以自苦爲極",盡力反對娛樂,"其生也勤,其死也薄……反天下之心,天下不堪"(莊周語,見《天下篇》)。所以他這股力量,沒有多久,逐漸歸於消滅,由集團而向個人這一條路轉化。文的方面,由《墨經》而爲名家詭辯;武的方面,由《非攻》而爲俠客行刺。"儒墨"轉而爲"儒俠"。然而真理畢竟是經得起考驗的,他的精義一定會給勞動人民所接受。後來歷次的農民起義,雖然沒有沿用墨翟的旗號,而精神義氣,則是先後一致的。南宋及其後來,以方臘爲首的香軍,主張"吃菜事魔",提出"法平等,無高下"的口號,不就是和墨翟的教義如出一轍的嗎?從這一點來看,可以幫助我們理解墨翟教義的偉大。

## 名　　家

名家最著名的代表是惠施、公孫龍,還有鄧析、尹文,但是,劉向説"鄧析好刑名"(見《荀子》楊倞注引),近於法家。莊周把尹文與宋鈃並稱"周行天下,上説下教"(見《莊子・天下》),既近於縱橫家,又近於小説家。《漢書・藝文志》列名家著作共七家:鄧析、尹文、公孫龍、成公生、惠子、黃公、毛公,情況各不相同。

這幾家之外,沒有被稱爲名家的。儒、墨、道、法,都很重視名和實的關係,所以名家這名詞,不應該專屬於《漢書·藝文志》所列的七家,這個名詞的含義,這個名詞所指的人物,都是應該根據具體情況作具體的分析。

"名"的背後,一定伴隨着一個"實際",所謂"名者,實之賓也"(見《莊子·逍遥游》)。這個"實"際,如果不是一件實物,必然是一件實事,或者是一番實在的道理。即使是看不見摸不着的東西,也必然是人們頭腦裏一種思想領域方面的從實際存在着的一件東西的反映。名,這件事,在没有共同公認"約定俗成"之前,本來是各人各說,不相一致的。這樣,這就造成種種困難。如果一致公認,"約定俗成",那末這個名,就成爲鋼鐵一般牢固的共用事實,不允許任何一人隨便混淆。如果"指鹿爲馬",勢必造成混亂,産生不良的後果。

客觀存在的各種事物實際,是多種多樣的,這個實際,區别於那個實際,名,就在這區别上發生作用。有所區分,才能進一步可以辨别,這樣既便於稱説,又便於處理,使得萬事萬物秩然有條,不致混亂,這就是所謂"名分"。所以"名"和"名分",是人群社會生活的一件大事,一件十分重要的大事,關係非常重要,自古以來,一向爲人們重視。尤其搞政治、學術,首先必須注意這一點。

人們的日常生活,對於萬事萬物,離不開"名",而"名"這件事,也離不開萬事萬物。原始人們在生活發展的過程中,産生了"名",利用這個"名"來區别、處理萬事萬物,這就是語言文字的産生及其運用。春秋時期,魯國的展禽,知道"黄帝能成命百物,以明民共財",韋昭説:"命,名也。"(見《國語·魯語上》)《禮記·祭法》引用這句説"黄帝正名百物,以明民共財"。百物的名稱,説是黄帝一人命定的,這當然是後世推尊歸重的話,也如説倉頡造字一樣,可能做了一些歸納、總結、校正、肯定的工作。黄帝、倉頡都是古代傳說裏的人物,實際上代表了古代傑出的、多數的先民。語言文字的產生、運用,各地各時並非完全一致,"約定俗成"必須經過一定的時間,也必須通過合理的力量。在古代原始社會到奴隸社會、封建社會,"名"這件事,當然會有各種不同的類別。荀卿曾經提出四種類別:一,刑名;二,爵名;三,文名;四,散名。這四種,第四種散名,是一般社會上遠近各地對一切事物通用的名稱。第一、二、三種,則是在他之前自遠到近,歷代統治階級逐漸規定的,有關政治方面的名稱。散名的範圍廣,關係大。這些名稱,在約定俗成之後,必須按照規定正確使用,不允許有半點含糊混淆,以便維持秩序,這是可以推知的。

春秋時期,晉國的師曠說:"名,自命也;物,自定也。"(見《史記·晉世家》)齊國的管仲說:"物固有形,形固有名。""名者,聖人之所以紀萬物也。"(見《管子·心術篇》)這些名言,都說明了名與物的關係,也就是名和實的關係。人們在日常生活中,離不開一切事物,也就離不開這個"名"。我們通常流傳一句成語,說"名正言順",說"名不正則言不順",這原是孔丘的一句老話。有一次,子路問孔子,說:"衛君等待着你去治國、爲政,你打算先幹些什麼?"孔丘想了一想,說:"要末先正一下名吧!"子路聽了表示反對,說:"唉!你這位老夫子,真是迂到頂點了,怎樣去正呢?"孔丘對子路嚴肅地批評了一句,最後一本正經地說:

> 必也正名乎!……名不正,則言不順;言不順,則事不成;事不成,則禮樂不興;禮樂不興,則刑罰不中;刑罰不中,則民無所措手足。(見《論語·子路》)

"名不正"的後果嚴重到老百姓活不下去。孔丘爲奴隸主貴族統治階級服務,指出"正名"的重要,推論到了極點。假如"名"和"實"不能相符,那末一定會造成整個社會的混亂,這是完全符合事實的。自從孔丘提出"正名"之後,繼承儒家衣鉢的荀卿,就鄭重其事的寫出了《正名篇》。荀卿沒有被稱爲"名家",但是他所寫的《正名篇》,嚴肅地批判了與他先後同時的所謂"名家"論説。他自己本身,實在就是一個"名家"。你看,儒家對於"名"這件事,看得何等重要呢!

無論搞政治、做學問,"名"是首先重要的一環,這一點不僅儒家懂得,其他各家都懂得。戰國時期有一個史疾:

> 史疾爲韓使楚。楚王問曰:"客何方所循?"曰:"治列子圉寇之言。"曰:"何貴?"曰:"貴正。"王曰:"正亦可爲國乎?"曰:"可。"王曰:"楚國多盜,正可以圉盜乎?"曰:"可。"曰:"以正圉盜,奈何?"頃間,有鵲止於屋上者,曰:"請問楚人謂此鳥何?"王曰:"謂之鵲。"曰:"謂之烏,可乎?"曰:"不可。"曰:"今王之國有柱國、令尹、司馬、典令,其任官置吏,必曰廉潔勝任。今盜賊公行而弗能禁也,此烏不爲烏,鵲不爲鵲也。"(《戰國策·韓二》)

"圉"即"御"字,列圉寇即列御寇,《漢書·古今人表》排在韓景侯、魏武侯之間,是戰國時期韓國人。史疾在韓,知道列御寇的學問。這段材料,説明列御寇主張正名,和儒家深有關係。

主張"正名"的孔丘,沒有人把他當作名家,《漢書·藝文志》所謂名家,是從鄧析開始的。共計著錄七種書,是:

> 《鄧析》兩篇、《尹文子》一篇、《公孫龍子》十四篇、《成公生》五篇、《惠子》一篇、《黄公》四篇、《毛公》九篇。

這七種書,亡失了五種,其他兩種,有的殘缺,有的可疑,情況各不相同。除了這七家之外,再也沒有別的被稱爲名家的了。

鄧析可能前後有兩個:一個在春秋時,與子產、駟歂同時;一在戰國時,"惠施鄧析"並稱,與荀卿相及。

説也奇怪,正當孔丘主張"正名"的同時,鄭國出了一個鄧析,專門和執政的子產爲難,自作《竹刑》,教民訴訟,"學訟者不可勝數,以非爲是,以是爲非,是非無度,而可與不可日變"(見《呂氏春秋·離謂篇》)。《荀子·宥坐篇》説"子產誅鄧析、史付",《淮南子·氾論訓》也説"子產誅鄧析而鄭國之奸禁",這是説鄧析是給子產殺掉的。但據《左傳·魯昭公二十年》,子產卒;過了二十一年,到了魯定公九年,孔丘做了魯國的司寇,這年,"駟歂殺鄧析而用其《竹刑》",那末鄧析不是給子產殺掉,而是給駟歂殺掉的了。這是春秋時期的鄧析,詳後法家。

戰國時期,還有一個鄧析,《荀子·非十二子篇》:

> 不法先王,不是禮義,而好治怪說,玩琦辭,甚察而不惠,辯而無用,多事而寡功,不可以爲治綱紀;然而其持之有故,其言之成理,足以欺惑愚衆;是惠施、鄧析也。

《荀子·不苟篇》:

> 山淵平,天地比,齊秦襲,入乎耳,出乎口,鉤有須,卵有毛,是説之難持者也,而惠施、鄧析能精之。

這裏的鄧析能够專精於"説之難持者",能够"好治怪説,玩琦辭",能够堅持"鉤有須,卵有毛",這個鄧析顯然和春秋年代鄭國教人爭訟的鄧析有所不同,而且他的名字排在惠施之後,當然不是給駟歂所殺的鄧析。可知這個鄧析,定是後來擅長口辯的桓團、公孫龍辯者之徒。春秋時代的鄧析,只有"竹刑",沒有聽到另有《鄧析》二篇。戰國時期的鄧析,可能是托古影射的,或者像"公孫龍"這名字一樣,前有孔丘的門徒公孫龍,後來又有平原君門下的公孫龍。二篇《鄧析》,内容可能和惠施、公孫龍相似,王應麟《考證》説鄧析書,《無厚》《轉辭》二篇,"其論無厚者,言之異同,與公孫龍同類",這就説明顯然不是春秋時代的鄧析了。看荀子指斥"山淵平,天地比""鉤有須,卵有毛"等話,這裏的鄧析顯然和惠施、公孫龍相同,純然是一個詭辯家。但是,王應麟看到鄧析的書講到"無厚"的一點時,説:"論無厚者,言之異同,與公孫龍同類。"現在所傳的《鄧析子》説"天於人無厚也,君與民無厚也",和《莊子・天下篇》惠施説的"無厚不可積也,其大千里",全不相類,可見現在所傳的《鄧析子》,更非戰國晚年托名鄧析的作品了。

鄧析和惠施並稱,似乎都受了墨家"墨辯"的影響。"辯"是由"名"發展而來的,早在孔丘活着的時期,就有"小辯"這名稱。魯哀公欲學小辯,孔丘:"弈固十棋之變,由不可既也,而況天下之言乎?"孔丘是不贊成小辯的,曾經説:"群居終日,言不及義,好行小慧,難矣哉!"(見《論語・衛靈公》),指的可能就是這一類。孔丘之後,墨家著書,就有所謂《墨辯》。晉代魯勝,曾爲《墨辯》作注,叙云:

> 《墨辯》有上下經,經各有説,凡四篇。(見《晉書・魯勝傳》)

現存《墨子》,有《經》上下、《經説》上下四篇,這就是魯勝所説的《墨辯》。這四篇材料,畢沅説是墨翟自著,孫詒讓説是"墨家別傳之學,不盡墨子之本恉",畢考未審,這是對的。這四篇材料,都是戰國後期名家辯論的內容,其中涉及几何、算術、光學、力學、倫理學等重要命題,表現了當時智慧方面的尖端,很可寶貴。《經上》有:

> 堅白不相外也。
>
> 異,二、不體、不合,不類。同,異而俱於之一也。同異交得。

堅白同異,是戰國後期名家辯論的重要課題。這個辯論是從墨家開始的。莊周説:

> 相里勤之弟子，五侯之徒，南方之墨者。苦獲、已齒、鄧陵子之屬，俱誦墨經，而倍譎不同，相謂別墨，以堅白同異之辯相訾，以觭偶不忤之辭相應。(《天下篇》)

說的就是這個。莊周書裏提到"堅白"的還不止這一條：

> 辯者有言曰離堅白，若縣寓。(《天地篇》)
> 駢於辯者，累瓦結繩，竄句游心於堅白同異之間，而敝跬譽於無用之言，非乎？而楊墨是已。(《駢拇篇》)
> 彼非所明而明之，故以堅白之昧終。(《齊物論篇》)
> 天選子之形，子以堅白鳴！(《德充符篇》)

莊周是反對堅白同異之辯的，在他的話裏，特別譴責了惠施，"子以堅白鳴"，就是指惠施說的。

《藝文志》所舉名家七種，尹文、公孫龍、惠施，都是墨學之徒，他們都有行動，主張偃兵。另一個墨徒，主張偃兵的宋鈃，和尹文齊名，他的著作，《藝文志》列入小說家，不算名家。六朝時期劉晝作《新論》，在《九流篇》裏說：

> 名家，宋鈃、尹文、惠施、公孫捷之類也。

劉晝把宋鈃作爲名家第一個，這是值得注意的。公孫捷，沒有這個人，孫詒讓認爲公孫捷當是公孫龍、捷子二人(語見《札迻》)，這大概是的。下面，我們根據劉晝所說的次序，談談從墨家來的這四個名家。

宋鈃和莊周、孟軻同時，是荀卿的前輩。荀卿把他和墨翟並提，說"墨翟、宋鈃"(見《非十二子篇》)，莊周把他和尹文並提，稱"宋鈃、尹文"(見《天下篇》)，《孟子》書裏寫作"宋牼"(見《告子篇》)，就是"宋榮子"(見《莊子・逍遥游》《韓非子・顯學篇》)，也就是"子宋子"(見《荀子・正論篇》)。他主張"禁攻寢兵""人我

之養,畢足而止",是墨學的宣傳者、實行家。孟軻晚年離開齊國準備到宋,路上碰到宋鈃,孟軻問宋鈃:"先生將何之?"宋鈃說:

> 吾聞秦楚構兵,我將見楚王,說而罷之。楚王不悅,我將見秦王,說而罷之。二王我將有所遇焉。(見《孟子·告子》)

他這番話,表演出自己行動的積極,主張的堅決,而且充滿着信心,充滿着樂觀的精神。莊周批評他說"願天下之安寧,以活民命""以此周行天下,上說下教,雖天下不取,強聒而不舍"(見《天下篇》),真能描繪出一個"救世之士"。荀卿批評他,說"上功用,大儉約,而僈差等……足以欺惑愚衆"(見《非十二子篇》)。又說"宋子有見於少,無見於多"(見《天論》)。荀卿從儒者的立場上批評墨家,然而就在這些話的反面,可以看到一點宋鈃的實情。荀卿又說"今子宋子嚴然而好說,聚人徒,立師學,成文曲"(見《正論篇》),可見宋鈃擅長口辯,實際上是一個辯者,所以劉晝竟把他安排在名家的第一位了。

尹文和宋鈃齊名,也和莊周、孟軻同時。《藝文志》名家"《尹文子》一篇",班固說"說齊宣王,先公孫龍",高誘注《呂氏春秋》說:"尹文,齊人,作《名書》一篇,在公孫龍前,公孫龍稱之。"顏師古說:"劉向云與宋鈃俱游稷下。"洪邁《容齋隨筆》十四引劉歆說:"尹文居稷下,與宋鈃、彭蒙、田駢等同學。"稷下的學者,照例被稱為先生,那末尹文也是稷下先生之一,毫無疑問。尹文受了墨翟的影響,"見侮不辱,……禁攻寢兵",和宋鈃一樣是墨學一派。宋鈃、尹文,都是要"以聏合歡,以調海內"(見《天下》),希望社會上有這樣的人,"立以為物主",實際上他們兩個都是政治改革家。韓非《內儲說上》說尹文與齊宣王論治國,主張以賞罰為利器。劉向《說苑》記齊宣王問尹文什麼是"人君之事",尹文回答的是:"無為而能容下,事寡易從,法省易因,……大道容衆,大德容下,聖人寡爲而天下理。"他這樣主張,既是名家,又是墨家,又爲刑名法術、道德開了先路,當時稷下先生的學風,從尹文之所表現,可以窺見一斑。

尹文爲名家公孫龍所稱,尹文的《名書》是惠施、公孫龍之間的一個樞紐。看來,他既是名家,又是墨家,又是法家,又是道家,這一點實在反映了當時稷下學派的一個特點。可惜《名書》不傳,《尹文子》也亡佚,今本《尹文子》上下二篇,大約出於魏晉間人之手,不甚可靠。唐代楊倞注《荀子·正名篇》引《尹文子》曰:

> 名有三科:一曰命物之名,方圓白黑是也;二曰毀譽之名,善惡貴賤是也;三曰況謂之名,賢愚愛憎是也。

看這段話明白、單純,沒有繳繞糾纏詭辯的習氣,但和戰國時代的文風不符,可能是後人的僞作,他真正的《名書》怕久已失傳了。公孫龍所稱,決不在此。楊氏又引:

> 形以定名,名以定事,事以驗名,察其所以然,則形名之與事物,無所隱其理矣。(二引並見今本《大道上》)

這幾句平實淺近,並不涉及荒誕、怪幻。形名並舉,要點在於主持大體,循名責實,和公孫龍等的詭辯不同。莊周在評論宋鈃、尹文的時候,引用他們兩個的話,説:

> 君子不爲苛察,不以身假物。以爲無益於天下者,明之不如已也。(見《天下篇》)

他們是否因爲知道"無益於天下"的"苛察",必然流入詭辯,造成混亂,所以雖是墨家,却不信用"墨辯",對於"名"這一事,反而采用了儒家的正名了呢? 文獻不足,這就無從深論了。

尹文在稷下,之後又來了荀卿,荀卿是尹文的晚輩。尹文的

《名書》寫在荀卿《正名》之前，荀卿批判了惠施、公孫龍，却没有涉及尹文，可見他和尹文一樣，都是大處着眼，没有牽涉到瑣細的詭辯，相反的竭力加以反對，他是純粹爲政治服務的。他區分名有四種，刑名、爵名、文名、散名。他主張"刑名從商，爵名從周，文名從禮，散名之加於萬物者，則從諸夏之成俗曲期，遠方異俗之鄉，則因之而爲通"。他專論"散名之在人者"，舉"性、情、慮、僞、事、行、智、能、病、命"十項來談，特别重視形與名必須切合若一。

惠施和莊周同時，是莊周的好友，做了梁惠王的相（見《莊子》《吕氏春秋》），梁惠王表示要傳國給他，惠施辭了（見《吕氏春秋·不屈篇》）。梁惠王"東敗於齊，長子死焉；西喪地于秦七百里；南辱于楚"，想要報仇，問計于孟軻。孟軻不願梁惠王舉兵攻齊，含含糊糊地講了一大套空話（見《孟子·梁惠王》），梁惠王摸不着頭腦。又問惠施，惠施教他變服折節朝齊，嗾使休楚伐蔽齊，梁惠王聽了，結果楚果伐齊，大敗之於徐州（見《戰國策·魏二》）。葉水心説"惠施之才，高於孟軻"①，看來是確實的。

莊周説"惠施多方，其書五車"（見《天下篇》），惠施確實是一個博學多聞，富有才智的人，然而莊周批評他"歷物之意""其道舛駁，其言也不中"（見《天下篇》），這實在是莊周一己的偏見，不足以代表公論。現在看莊周列舉惠施所談的十條，從"至大無外，謂之大一；至小無内，謂之小一"到"氾愛萬物，天地一體也"

---

① 此處諸先生手稿中有括號，括號中"見"字下爲空白。章太炎先生《諸子略説·名家》曾云"葉水心嘗稱惠施之才高於孟子"（章太炎講演，諸祖耿、王謇、王乘六等記錄：《章太炎國學講演錄》，中華書局2013年版，第280頁），並未注明出處。諸先生話語或本於此。又，葉適《習學記言》卷十八《趙魏韓》曾比較惠施與孟子對梁惠王的諫言，肯定惠施，否定孟子，其語説："而惠施之言如彼，其效如彼，孟子之言如此，梁王迂之，不聽也。故具載之，使學者擇焉。"太炎先生的話蓋係對該語的總結。

(見《天下篇》),惠施對於時間、空間、物理各方面,都有科學根據,都不是强詞奪理、以非爲是的詭辯。莊周説他"惠施以此爲大觀於天下,而曉辯者,天下之辯者相與樂之"(見《天下篇》),"相與樂之",正可以證明這是當時智慧方面的尖端,否則哪裏會得"相與樂之"呢?在莊周的書裏,不止一二次的批評惠施,極不滿意於惠施的"子以堅白鳴"(見《德充符》),又説:"由天地之道觀惠施之能,其猶一蚊一虻之勞者也,其於物也何用?"又説:"惠施之口談,自以爲最賢""惠施不能以此自寧,散於萬物而不厭,卒以善辯爲名。惜乎!惠施之才,駘蕩而不得,逐萬物而不反,是窮響以聲,形與影競走也。悲夫!"(見《天下篇》)爲什麽莊周要這樣的反對惠施呢?原來莊周多從大處着眼,惠施多從細處尋求。惠施譏莊周"子言無用"(見《外物》),"今子之言,大而無用,衆所同去也"(見《逍遥游》),莊周譏惠施"夫子固拙於用大矣"(見《逍遥游》),在有用無用這問題上,彼此存在着分歧。這裏説"其於物也何用",在莊周看來,正好是以子之矛,陷子之盾。再有一點,莊周反對向知識方面作無限制的追求,曾經説過"生也有涯,而知也無涯,以有涯隨無涯,殆已"(見《養生主篇》),指出"天下每每大亂,罪在於好知",因此痛斥"好知之亂天下"(並見《胠篋篇》)。由於他平時有這樣的主張,而惠施正好專向這方面發展,無怪乎他對惠施作出這樣的批評了。然而莊周畢竟是惠施的知心好友,對惠施自有他尊敬的一面。惠施死後,莊周過其墳墓,"顧謂從者曰:自夫子之死也,吾無以爲質矣,吾無與言之矣!"(見《徐無鬼》)這是他由衷的歎傷。後來劉安的賓客們説"惠施死,而莊子寢説,言見世莫可爲語者也"(見《淮南子·修務訓》),真能説出莊周的心裏話。莊周的書原有五十二篇(見《漢書·藝文志》),現存的不是全書。在現存的書中,常常提到惠施,可見他平時對惠施的重視。據説北齊杜弼作《惠施篇注》,莊周還特地寫了這一篇,可惜這篇注和原文,都失傳了。

莊周所舉惠施"歷物之意"(這是說"陳數萬物之大凡")(說見《莊子解故》)十條中,有三條和《墨經》有關,如:
"無厚不可積也,其大千里",與《經上》"厚,有所大也"同。
"萬物畢同畢異,此之謂大同異",與《經上》"同異交得"同。
"氾愛萬物,天地一體也",與《經下》"物一體也"同。
可見惠施與"天下之辯者相與樂之"的這一套,就是《墨經》《墨辯》這一套。這一方面的討論,當時非常熱烈,該是很能吸引聽眾的,因此引起儒家的反對。荀卿批評惠施"惠子蔽於辭而不知實"(見《解蔽篇》),又說:

> 不法先王,不是禮義,而好治怪說,玩琦辭,甚察而不惠,辯而無用,……是惠施、鄧析也。(見《非十二子篇》)

又說:

> 山淵平,天地比,齊秦襲,入乎耳,出乎口,鉤有須,卵有毛,是說之難持者也,而惠施、鄧析能精之。(見《不苟篇》)

又說:

> 慎墨不得進其談,惠施、鄧析不敢竄其察。(見《儒效篇》)

荀卿所說的"山淵平,天地比",就是莊周所舉十條裏的"天與地卑,山與澤平",這固然是惠施的話;所舉的"鉤有須,卵有毛",是莊周所舉"辯者以此與惠施相應終身無窮"的二十二條中的第一條、第六條,說的是"卵有毛,……丁子有尾",這不是惠施首先提出,而是辯者響應惠施的話。荀卿在這裏把惠施、鄧析並提,這個鄧析,決不會是春秋時期作《竹刑》的鄧析,一定是戰國後期的辯者,與惠施、公孫龍同時的另一個鄧析。《漢書·藝文志》"《鄧析》二篇",現在傳世的《鄧析子》有"天於人無厚也,君於民無厚也"的話，和前面所引《墨經》，莊周所說的"有厚""無厚"内容不同。王應麟考證說："鄧析書《無厚》《轉辭》兩篇，其論'無厚'者，言之異同，與公孫龍同類。"王氏看到的《鄧析子》對於"無厚"這問題，還不像現存的本子，那末現存的本子，信如晁公武所說的："鄧析書時勦取他書，駁雜不倫，豈後人附益之歟？"（見《郡齋讀書志》）確是後人妄造的了。

惠施被稱爲名家，考其實際不是一般的名家，而是從實際出發，向知識進軍，在當時實際上掌握了更科學尖端的知識。我們如果綜合當時對自然界的知識情況，早在莊周之前就有"如誠天圓而地方，則是四角之不揜也"（《大戴禮記·曾子天圓篇》）的認識；到了莊周有"天其運乎？地其處乎？日月其爭於所乎？"（《天運篇》）的問題；屈原也有了《天問篇》。從這一點看惠施回答黃繚"天地所以不墜不陷，風雨雷霆之故"（見《天下篇》），以及同時稍後的鄒衍"大九州"的一套理論，很可以看出當時知識水平。惠施做過梁相，曾經爲梁惠王著訂國法，《淮南子·道應訓》說：

惠子爲惠王爲國法，已成而示諸先生，先生皆善之。

這樣惠施被稱爲名家，顯然可以；被稱爲法家，也是沒有什麼不可以的。

公孫龍也有兩個，《史記·仲尼弟子列傳》裏的"少孔子五十三歲""字子石"的公孫龍，是孔丘門徒，不是這裏要談的公孫龍。這裏的公孫龍，活動在戰國後期，是平原君的食客。他和桓團並舉，又和惠施齊名。實際上他的年輩晚於惠施。《呂氏春秋·審應覽》和《應言篇》說到公孫龍和趙惠文王、燕昭王談偃兵，公孫龍說："偃兵之意，兼愛天下之心也，不可以虛名爲。"看來這個人屬於"別墨"一派，和惠施一樣，也是墨學之徒，由於他擅長口辯，在平原君那裏時間很久，一向受到平原君的厚待，有一些縱橫家的氣息，在政治上有一定的地位，所以和惠施齊名。

揚雄批評"公孫龍詭辭數萬以爲法",説是"惡睹其識道"(見《法言·吾子篇》),《漢書·藝文志》"《公孫龍》十四篇",宋代亡失了八篇,現存只有六篇:第一《迹府》,第二《白馬論》,第三《通變論》,第四《堅白論》,第五《指物論》,第六《名實論》。其中《白馬》《堅白》兩篇最爲著名。莊周批評公孫龍"竄句游心於堅白同異之間,而敝跬譽無用之言"(見《駢拇篇》)。但在公孫龍自己,"白馬論"對他是有過一次用處的。據劉向《別録》説公孫龍持白馬之論以度關,相傳秦國禁乘馬過關,公孫龍説我騎的不是馬,是白馬。關吏説不過他,讓他過了關(見羅振玉刻《古籍叢殘》中唐寫本古類書第一"白馬"注)。這真是一個笑話。現在看現存的殘本《公孫龍子》,特別是《白馬論》《堅白論》《指物論》,老是在一個名詞上糾纏不清地兜圈子,左説右説,横説豎説,累變而不窮,這是使用語言方面的游戲,純粹是一種詭辯。《莊子·天下篇》從"卵有毛"起的二十二條,極大部分近於詭辯,和所載惠施説的十條不同。"龜長於蛇""犬可以爲羊",任你怎麽講也不能説不是詭辯。如"飛鳥之景未嘗動也""鏃矢之疾而有不行不止之時""一尺之捶,日取其半,萬世不竭"等,學理上解釋得過,從語言形式來講,有些聳人聽聞。這些話都是从《墨經》發展而來的,《經下》"狗,犬也,而殺狗非殺犬也,可""荆之大,其沈淺也""景不徙",和這裏的"狗非犬""郢有天下",以及上面所説的"飛鳥之景未嘗動也"都是同樣的内容,可見當時在觀察事物、分析情况方面,思想上有所進步,考慮事物能够深入細緻;缺點在於不能運用精密正確的語言來作表達,所以只能在個别的名詞上繳繞不休地兜圈子,這就形成其爲詭辯了。

莊周用"謬悠之説,荒唐之言"(見《天下篇》),"卮言日出,和以天倪"(見《寓言篇》),"汪洋自恣以適己"(見《史記·老子韓非列傳》);公孫龍"求之以察,索之以辯"(見《秋水篇》),"飾人之心,易人之意,能勝人之口,不能服人之心"(見《天下篇》)。莊周和公孫龍,恰好是二個極端對比。在《莊子》書裏,中山公子牟有一段材料,答覆公孫龍問他,爲什麽自己聽了"莊子之言,茫然異之",結果"吾無所開吾喙"？公子牟很輕鬆地用"埳井之蛙"和"東海之鱉"的問答來作譬喻,使得公孫龍"口呿而不合,舌舉而不下,乃逸而走"(見《秋水篇》)。話雖涉及嘲弄,形象却很逼真。公孫龍在平原君那裏,後來,齊國派鄒衍到趙,見平原君。鄒衍和"公孫龍及其徒綦毋子之屬論白馬非馬之辯",鄒衍認爲這是有害於"大道"的,於是平原君"乃絀公孫龍"(見《史記·平原君列傳》及集解引劉向《別錄》)。

和公孫龍同在平原君那裏的,有一個"藏於博徒"的毛公,"論堅白同異,以爲可以治天下"(見《漢書·藝文志》顏師古注引劉向《別錄》),著有《毛公》九篇;與同時稍後的黄疵、成公生的著作"《黄公》四篇""《成公生》五篇"並列名家,書都不傳。

戰國後期,"處士橫議","天下之言,不歸楊,則歸墨""楊朱墨翟之言盈天下",爲此激起了儒者的反抗。孟軻首先冒着"好辯"之名,"距楊墨""正人心"(見《滕文公》);接着主張"君子必辯"(見《非相篇》)的荀卿,竭力痛斥了堅白同異之論,説:

> "堅白""同異"之分隔也,是聰耳之所不能聽也,明目之所不能見也,辯士之所不能言也,雖有聖人之知,未能僂指也。不知無害爲君子,知之無損爲小人。工匠不知,無害爲巧;君子不知,無害爲治。王公好之則亂法,百姓好之則亂事。而狂惑戇陋之人,乃始率其群徒,辯其談説,明其辟稱,老身長子,不知惡也。夫是之謂上愚,曾不如相雞狗之可以爲名也。(見《儒效篇》)

説:

> "堅白""同異""有厚無厚"之察,非不察也,然而君子不

辯，止之也。（見《修身篇》）

説：

> 析辭而爲察，言物以爲辨，君子賤之。（見《解蔽篇》）

他主張"辯而不爭，察而不激"（見《不苟篇》）。他在尹文《名書》之後，寫作《正名篇》，明確提出：

> 後王之成名：刑名從商，爵名從周，文名從禮，散名之加於萬物者，則從諸夏之成俗曲期。遠方異俗之鄉，則因之而爲通。

刑名、爵名、文名、散名，四項並舉，而重要的在於散名。因爲刑名、爵名、文名，這三種是禮制方面的事，隨着政治而有變動，而散名則是一般社會上遠近各地對一切事物，日常通用的名稱，範圍廣，關係大，必須保持經常的正確的使用。古今語言，雖然有些變動，但是，這個變動是不大的，而且是逐漸地變的，決沒有突然一天另立新名改換舊名的道理。新生事物昔無今有，昔微今著，自然應該添造新名，所以荀卿説："有王者起，必將有循於舊名，有作於新名。"無論新名舊名，一經通用，必須保持正確，不能製造混亂，這是他"正名"論的主要目的。名稱怎樣會得到共同的公認，一致的通用呢？荀卿扼要地指出一點，說是："天官之意物也同。故比方之，疑似而通。"因此説"制名之樞要"，在於"緣天官"，正因爲人的感覺器官相同，所以言語使用可通，這是一個基本的標準。荀卿又補足一句，説：

> 同則同之，異則異之。單足以喻則單，單不足以喻則兼。

這樣一説，那么"白馬非馬"，和"堅白同異"的詭辯，都不能成立了。馬是一個總名,是單;白是由色别而加以區分;白馬是馬的總名中的一種,"單不足以喻則兼",白馬是兼,這樣,哪裏還會有白馬不是馬的説法呢?堅的中間没有白,白的中間没有堅,這確實是兩件事。白是眼覺,堅是身覺,由眼知白,由身知堅。由腦綜合而知這塊石頭是又堅又白的石頭,因此稱之爲"堅白石",這樣,"堅白同異"的問題,也就無法再行爭論了。桓團、公孫龍,由於没有注意"緣天官",以及"單足以喻則單,單不足以喻則兼"的道理,所以能够逞其詭辯。荀卿這樣一説,這一派的詭辯,自然無法再進行了。荀卿没有被稱爲名家,他是儒家,繼承孔丘的"正名"一派,從他用《正名》一篇摧毁詭辯來説,他實在是一個戰勝名家的名家。他在《宥坐篇》中首先提出孔子誅少正卯的故事,説少正卯五項罪狀之一,就是"言僞而辯"。看來荀卿對於"言僞而辯"的人,是非常痛恨的,無怪他的高足李斯,後來要焚書坑儒了。

　　名,是共器,是人群社會共同使用的工具。主要的一點,必須"名"和"實"相應,共同認可,歸於統一,不允許你説是這,我説是那,造成混亂,這是一;其次,人類的認識不斷地進步,舊有的名,限於舊有的歷史條件,必然束縛着新生事物。勞動人民通過生活實踐產生了智慧,突破了這一關,必須破舊創新,指示新的思想認識,但在没有正確取代新名之前,必然會在舊名上糾纏不清地打圈子。這種打圈子,在名實上會產生混亂,影響人們的思想,這是二;有了這兩種原因,因此戰國時代,儒墨名法道都重視這個"名",後來產生了詭辯的風氣,這是完全符合於歷史發展規律的。因爲戰國時代是從奴隸制度崩潰過渡到封建制度的時代,在這個時期中,多方面的爭論非常激烈,正名和辯説,成爲政治上極其需要的一件事。孟軻"好辯"(見《孟子·滕文公》),荀卿也説"君子必辯",因而大講其"談説之術"(見《非相篇》),可見"正名"和"辯説"都是在政治鬥爭必須使用的工具。從管仲、孔丘到荀卿，對"名"這件事的重視和發展，可以看出在歷史的進展中，怎樣迫切地需要注意這件事。《藝文志》說："名家者流，蓋出於禮官，古者名位不同，禮亦異數。"這種妄加推測，真是閉着眼睛的瞎說！

名家在《藝文志》裏只有七種書，僅比墨家多了一種，在所謂"諸子十家"中數目是很小的。我們這裏，根據實際，談了宋鈃、尹文、惠施、公孫龍四家，又補充了從孔丘"正名"，墨家"墨辯"到荀卿的《正名篇》，可以看出"正名""辯說"這兩方面的政治鬥爭是相當地尖銳的。對於名這件事的重視，是歷史發展過程中必須注意的事。名家這名詞，從《藝文志》之後，似乎沒有什麼繼承的了，然而從"六藝"中"書"這方面產生的字書詞典，論其性質，不就是名家所留意的那些內容嗎？字書詞典的重要，這也是明擺着的事實。

班固說"名家者流，蓋出於禮官，古者名位不同，禮亦異數"，這是片面的揣測之詞，只從刑名、爵名、文名這三方面着想，沒有注意到散名，這是不夠全面的。

## 法　　家

法，這個字有兩種含義：

1.《周易噬嗑》："先王以明罰敕法。"這個法字，與罰字並稱，這是講刑罰的法。古代"禮不下庶人，刑不上大夫"（見《禮記·曲禮》），刑罰是專門對付老百姓的。"制禮作教，立法設刑"（《漢書·刑法志》），賈誼說"禮者禁於將然之前，而法者禁於已然之後"（見《漢書·賈誼傳》），禮法雖然並稱，等級全不相同。"大刑用甲兵，其次用斧鉞，中刑用刀鋸，其次用鑽鑿，薄刑用鞭扑"（見《漢書·刑法志》），違法就得受刑，所以刑法兩字並稱，這是一。

2. 莊周說"舊法世傳之史"(見《莊子·天下篇》),這個法字,就是荀卿所說的"修百王之法若辨白黑"(見《荀子·儒效篇》)的法字。在春秋年代,齊桓公問管仲:"安國若何?"管仲對曰:"修舊法,擇其善者而业用之。"(見《國語·齊語》)《管子》"业"作"嚴",韋昭注"舊法"說是"百王之法"。這個"法"字,也就是荀卿說的"有治人無治法"(見《荀子·君道篇》)的法字,這是一切社會規章制度的總稱,凡是治理國家安定秩序,全都包括在內,這是二。

"法家"內容很複雜,和儒家、墨家、名家、道家,一般說來都有關係。墨有《法儀篇》說的就是"法治"的重要。"法家"這名詞不是很早就有的,最早見於古代文籍的,大概要推孟軻的一句話。孟軻說:"入則無法家拂士,出者無敵國外患者,國恆亡。"(見《孟子·告子》)孟軻說的"法家",含義不是指前面說的那兩項,也不等於《漢書·藝文志》裏所說的"法家",他是另有所指的。《藝文志》"法家者流"有十種:

《李子》三十二篇(李悝)

《商君》二十九篇(商鞅)

《申子》六篇(申不害)

《处子》九篇

《慎子》四十二篇(慎到)

《韓子》五十五篇(韓非)

《游棣子》一篇

《鼂錯》三十一篇

《燕十事》十篇

《法家言》二篇

這十種,有四種不知作者姓名,有一種出於漢代,不是先秦時期的作品，其他五人性質情況，不純相同，分別論述於後，這裏先談一下關於"法"這件事的歷史演變。

古代執掌刑獄的官，最早的是唐虞時代的皋陶，《虞書·舜典》："象以典刑，流宥五刑，鞭作官刑，扑作教刑……欽哉欽哉，惟刑之恤哉。"帝曰"皋陶，……汝作士。五刑有服，……惟明克允"，又說"皋陶方祇厥叙，方施象刑惟明"。"士"是古代"信賞必罰"的司法官，也稱"理官"（理或作李），班固說"法家者流，蓋出於理官"，指的就是這個。後來，據說"夏有亂政而作禹刑，商有亂政而作湯刑，周有亂政而作九刑"（晉叔向語，見《左傳·昭六年》）。周穆王時有一篇《呂刑》，保留在現存的《尚書》，說"士制百姓於五刑之中，以教祇德"，"五刑之屬三千"，這是我們歷史上古代刑法的最早記錄。春秋時期，管仲曾經說過"法者，所以興功懼暴；律者，所以定分止爭；令者，所以令人知事"（見《管子·七臣七主篇》）。梁由靡懂得"政刑是以治民"，趙衰懂得"先王之法志德義之府"（並見《晉語》）。齊桓公任用管仲，"作內政而寓軍令"（《漢書·刑法志》，又詳《國語·齊語》）晉文公聽信舅犯、狐偃"蒐於被廬，作三軍"，又"作執秩以正其官"（並見《左傳·僖二十七年》），稱爲"執序之官，爲被廬之法"（見《左傳·昭二十九年》）。晉襄公時，趙盾始爲國政，制事典，正法罪，辟刑獄，董逋逃，由質要，治舊洿，本秩禮，續常職，出滯淹，既成，以授大傅陽子，與太師賈佗使行諸晉國，以爲常法（見《左傳·文六年》）。晉悼公即位，"士渥濁爲大傅，使修范武子之法，右行辛爲司空，使修士蔿之法"（見《左傳·成十八年》）。《周禮》六官，每官有他的職守，每官有他的典章，這就是所謂法，都是爲了便於治國，經過鄭重考慮，制定的法規，內容不限於刑獄。

公元前五三六年，魯昭公六年，"鄭人鑄刑書"，這是把刑書鑄在鼎上，作爲鄭國的常法，這是鄭國子產搞的事。晉國的叔向曾經寫信給子產，說這樣做，"民知爭端矣，將棄禮而徵於書"，表示反對。子產覆信說"吾以救世",只能顧當前,不能計及久遠(見《左傳》)。

公元前五一三年,魯昭公二十九年,晉國的趙鞅"賦晉國一鼓鐵以鑄刑鼎,著范宣子所爲刑書",孔丘、史墨都曾給予了批評,表示反對。孔丘說是"亂制",史墨說是"法姦"。(見《左傳》)。

公元前五一〇年,魯定公九年,"鄭駟顓殺鄧析而用其竹刑"。鄧析是鄭國的大夫,他不滿意鄭國子產所鑄的舊法,自己寫了一部刑書,著於竹簡,所以叫做"竹刑"(見《左傳》)。

在不到四十年之間,中原地區晉、鄭兩國,對於刑獄方面出現了這幾件事,這是當時人事方面的一大變動。

財賦方面,早在公元前五三六年,魯昭公六年,魯國有"初稅畝"(見《左傳》)的事。公元前五三八年,魯昭公四年,"鄭人鑄刑書"的前兩年,"鄭子產作丘賦"(見《左傳》)。南方的楚國,在和齊桓公同時的楚文王時候,就已作了"僕區之法"(見《左傳·昭七年》芋尹無宇的話)。上面列舉這些事實,主要說明在春秋年代,當時的諸侯列國都在考慮法制變更的問題,其中最關重要的一件事,就是鄭國的子產、駟顓和鄧析的那一件事。"鄧析巧辯而亂法"(《淮南子·詮言訓》),"鄧析好刑名,操兩可之說,設無窮之辭"(劉向的話,見《荀子》楊倞注引),這個鄧析專門反對子產的統治。《呂氏春秋·離謂篇》說:

> 鄭國多相縣以書者,子產令無縣書,鄧析致之。子產令無致書,鄧析倚之。令無窮,則鄧析應之亦無窮矣。

又說:

> 洧水甚大,鄭之富人有溺者。人得其死者,富人請贖之。其人求金甚多,以告鄧析。鄧析曰:"安之,人必莫之賣

矣。"得死者患之,以告鄧析。鄧析又答之曰:"安之,此必無所更買矣。"

又說:

子產治鄭,鄧析務難之,與民之有獄者約,大獄一衣,小獄襦袴。民之獻衣襦袴而學訟者不可勝數。以非爲是,以是爲非,是非無度,而可與不可日變。所欲勝,因勝;所欲罪,因罪。鄭國大亂,民口讙嘩。子產患之,於是殺鄧析而戮之,民心乃服,是非乃定,法律乃行。

《荀子・宥坐篇》說"子產誅鄧析、史付",《淮南子・氾論訓》也說"子產誅鄧析而鄭國之姦禁",都說殺鄧析的是子產,但據《左傳》,魯昭公二十年,子產卒,過了二十一年,到魯定公九年,駟顓殺鄧析而用其"竹刑"。那末,鄧析不是給子產殺掉,而是給駟顓殺掉的了。駟顓雖把鄧析殺了,却不得不采用他遺留下來的"竹刑",可見"竹刑"比子產鑄在鼎上的"刑書"更是精密、合適,實際上在當時代表了一部分的進步力量,所以不得不加以采用,不得不照顧一些平民的利益。由此看來,鄧析不失其爲當時有代表性的善於制定法律的能手。一向"刑不上大夫,禮不下庶人"的成規,或者就在這裏抓着缺口,得到打破,所以我們今天就把他作爲法家來談了。鄧析的"竹刑",走的是皋陶爲士"明罰敕法"的一條路,是屬於刑獄方面的一條路,把他列入法家者流來談,似乎是比較適當的。

一談到法家,便離不開"刑名法術"四字,這裏面大有文章,必須分辨清楚:

第一,刑名,亦字作形名,實際上是講名和實的關係。鄧析舊說名家,現在把他說爲法家,問題就在這裏。

第二,法術。法和術不同,《韓非子・定法篇》說"申不害言術，而公孫鞅爲法"，《史記》説申不害學術，以干韓昭侯（見《老子韓非列傳》），又説"衞鞅變法"（見《商君列傳》），法與術有明顯的區別。

劉向説："申子之書，言人主當執術無刑，因循以督責臣下，其責深刻，故號曰'術'。商鞅所爲書號曰'法'，皆曰刑名，故號曰'刑名法術之書'。"（見《史記・老子韓非列傳》集解引《新序》）術，用來對付權臣貴戚；法，用以統治老百姓，二者有所不同，但總的一句，要在"循名責實"，所以就有"刑名法術"這稱號。現在根據這個基礎，來考察一下《漢書・藝文志》裏所提到的幾個法家。

法家在《漢書・藝文志》第一部書就是"《李子》三十二篇"，班固注："名悝，相魏文侯，富國強兵。"李悝又寫作李克，悝和克古代叠韻通用，他是孔丘的再傳弟子。《藝文志》儒家有"《李克》七篇"，班固注"子夏弟子，爲魏文侯相"。孔門自孔丘逝世之後，曾參留在本鄉南武城，子貢仕於衞，子夏居西河，爲魏文侯師。衞人吳起，"嘗學于曾子"。魏文侯問李克"吳起何如人哉"（見《史記・吳起列傳》），李克、吳起和儒家都有直接關係，而且在當時都有傑出的表現。《史記・孟荀列傳》"魏有李悝盡地力之教"，《貨殖傳》"當魏文侯時，李克務盡地力"，《漢書・食貨志》"李悝爲魏文侯作盡地力之教"。魏文侯之所以能夠"富國強兵"，當然和李克分不開的。不但如此，李克（悝）在服官之後，從實際需要出發，根據當時列國的刑法寫成《法經》一書，成爲法家典型代表。《晉書・刑法志》説：

> 律文起自李悝，撰次諸國法，著《法經》。以爲王者之政，莫急於盜賊，須劾捕，故著《網經》一篇。其輕狡、越城、博戲、借假不廉、淫侈逾制，以爲《雜律》一篇，又以《具律》具

其加減,是故所著六篇而已。商君受之以相秦。(據桓譚《新論》)①

《法經》六篇,《唐六典》注説作六法,"一《盜法》,二《賊法》,三《囚法》,四《捕法》,五《雜法》,六《具法》"。《淮南子·泰族訓》説:

　　李克竭股肱之力領理百官,輯穆萬民,使其君生無廢事,死無遺憂。

這正是儒者企圖達到的目的,正是儒家孔子所宣導的作風,而李克(悝)能夠做到,在先秦時期,真不愧是一個傑出的人才了。

關於吳起,前面曾經提到,他和李克一道事魏文侯,李克説他"用兵,司馬穰苴不能過",司馬遷也説"吳起兵法世多有",然而他對魏武侯講"魏國之寶在德不在險"的一番話,完全不失儒家的風度。後來去魏之楚,相楚悼王,"明法審令,捐不急之官,廢公族疏遠者,以撫養戰鬥之士。要在彊兵,破馳説之言從橫者",結果"以刻暴少恩亡其軀"(並見《史記·吳起列傳》),作風和法家完全相同。其在楚國,楚文王原有"僕區之法"(見前),楚昭王有"離次之典"(見《戰國策·楚一》),後來楚懷王時候,還曾經"使屈原造爲憲令"(見《史記·屈原列傳》),可見春秋戰國時期,南方的楚國一向重視法令。吳起在楚悼王那裏,"明審法

---

① 《晉書·刑法志》:"秦漢舊律,其文起自魏文侯師李悝。悝撰次諸國法,著《法經》。以爲王者之政,莫急於盜賊,故其律始於《盜》《賊》。盜賊須劾捕,故其《網》《捕》二篇。其輕狡、越城、博戲、借假不廉、淫侈逾制以爲《雜律》一篇,又以《具律》具其加減。是故所著六篇而已,然皆罪名之制也。商君受之以相秦。"董説《七國考》卷十二引桓譚《新論》曰:"魏文侯師李悝著《法經》。以爲王者之政,莫急於盜賊,故其律始於《盜》《賊》。盜賊須劾捕,故著《囚》《捕》二篇。其輕狡、越城、博戲、假借不廉、淫侈逾制爲《雜律》一篇。又以《具律》具其加減。所著六篇而已。衛鞅受之,入相於秦。"

令",取得了很大的功績,"南平百越;北并陳、蔡,却三晉;西伐秦。(使得)諸侯患楚之彊"(並見《吳起列傳》)。孔丘門下再傳弟子有李克、吳起,真可以説是數一數二的了。

吳起不但在事功方面有卓著的成績,而且在文獻方面,也有一定的貢獻。吳起原是衛國的"左氏中人"(見《韓非子·外儲説右上》),左氏是衛國的邑名,子貢在衛,吳起可能受了些影響。從衛到魯,又受《春秋》之學於曾申,後來傳給自己的兒子吳期(見王應麟《考證》引劉向《別錄》)。《左氏春秋》的傳授,是從吳起父子手裏來的。現在通行的《春秋左氏傳》文章風格前後不同,決非全出自左丘明之手。書中記晉楚兩國特詳,更有"造飾以媚魏君"的事(姚鼐語,見《先秦諸子繫年考辨》卷二引)。吳起仕魏仕楚,《左氏春秋》由他父子傳出,關係一定很深。"左氏"既是吳起家鄉,那末用地名稱書,也同"齊詩""魯詩"一樣,被人稱作《左氏春秋》,這就不是絶對不可能的事了(語詳《春秋左傳讀》)。由此可見,吳起和儒家的淵源很深,觀他對魏武侯在西河中流的一段話,説"在德不在險,若君不修德,舟中之人盡爲敵國"(見《吳起列傳》),完全是儒家的口吻,是以證明吳起本來是儒家。

《藝文志》法家第二部書,是"《商君》二十九篇"。這二十九篇,現在只有二十四篇,其中有稱秦孝公之謚,有的涉及秦昭王時事,都是商君身後的事,可見這書決不是商君的親筆,定是出於他的門徒,或是傳學者之手無疑。

商君衛鞅,原是衛國的庶孽公子,和吳起同鄉,而且又是一道在魏相公叔痤門下的同事,雖然"少好刑名之學"(見《史記·商君列傳》),曾以《法經》六篇入秦(見上及《後魏刑法志》),可是看他初見秦孝公的幾次談話,説"難以比德於殷周",後來"大築冀闕營如魯衛"(並見《史記》本傳),可見他原是重視"帝王之道比三代",重視"魯衛之政"如兄弟的。

李悝、吳起、商鞅都是儒家轉入法家的人。李悝（即李克）和吳起都是子夏的學生。李悝、吳起和商鞅，在魏國先後共事，他們之間都有一定的關係。吳起、商鞅一道共事於公叔痤的門下，商鞅入秦之後，成爲著名的法家，而吳起不在法家之列。"《吳起》四十八篇"，《藝文志》列入"兵書略"兵權謀一類，現在看來，孔丘主張"正名""復禮"，目的在於針對貴族，這條路在當時碰了壁，他的門徒們不得不轉換方向，舍禮而趨向於"法"，這是當時政治鬥爭的形勢所決定的。

商鞅在秦變法，奠定了秦國富强的基礎，爲後來秦始皇統一六國準備條件，在中國歷史上表現着卓越的功績。他這套辦法，實在是從李克、吳起那裏學來的。"令民爲什伍，而相牧司連坐"，這是李悝《網經》的遺教；"立三丈之木於（國都市）南門，……能徙者予五十金"，這是吳起"償表"的翻版；"爲田開阡陌封疆"實行了李悝的"盡地力"；"言令不便者""盡遷之於邊城"，相同於吳起的"令貴人實廣虛之地"。劉向推測農家"《神農》二十篇"是李悝及商君所説（見《漢書·藝文志》顏師古注引）；《荀子·議兵篇》説"秦之衛鞅，世俗所謂善用兵者也"。《漢書·藝文志》兵家有"《公孫鞅》二十七篇""《吳起》四十八篇"，又有"《李子》十三篇"，沈欽韓疑李悝。重農重兵，三家相同，可見他們之間相互影響的深刻了。

商鞅在秦，有一個門客尸佼，"商君師之"（見《藝文志》雜家《尸子》注），鞅"謀事畫計，立法理民，未嘗不與佼規之也。商君被刑，佼恐並誅，亡逃入蜀。造二十篇書，凡六萬餘言。卒，因葬蜀"（見《史記·孟荀列傳》集解引劉向《別錄》）。現存的《穀梁傳》在隱公五年、桓公九年，兩次引用《尸子》，尸佼大約懂得儒家春秋"正名"的道理，所以能夠做法家的先導。李悝著《法經》六篇，商鞅以之入秦，二人之爲法家，事實彰明，不同於其他幾個。

商鞅是典型的法家，他的變法以法爲主，沒有重視權術，後來韓非批評說"申不害言術，而公孫鞅爲法"，申子未盡於法，商君未盡於術，指出"法者，憲令著於官府，刑罰必於民心，賞存乎慎法，而罰加乎奸令者也"。"憲令"是法，屈原也應歸爲法家。正因爲他們不重視權術，所以結果都不好，一個肢解，一個自沉，和吳起一樣，依然失敗於當權者的貴族手裏。然而他們忠貞以殉，風格是十分可貴的。

《藝文志》法家第三部書，是"《申子》六篇"，班固注"名不害，京人，相韓昭侯，終其身諸侯不敢侵韓"。班固這條注文，完全依據《史記》，《史記·老子韓非列傳》說：

> 申不害者，京人也，故鄭之賤臣。學術以干韓昭侯，昭侯用爲相。內修政教，外應諸侯，十五年。終申子之身，國治兵强，無侵韓者。

又說：

> 申子之學，本於黄老而主刑名。著書二篇，號曰《申子》。

申不害純是法家，他的特點，主要在於運用權術。韓非批評他說"申不害言術"，又說：

> 申不害，韓昭侯之佐也。韓者，晉之別國也。晉之故法未息，而韓之新法又生；先君之令未收，而後君之令又下。申不害不擅其法，不一其憲令，則奸多，故利在故法前令，則道之，利在新法後令，則道之。故新相反，前後相悖，則申不害雖十使昭侯用術，而奸臣猶有所譎其辭矣。故托萬乘之勁韓十七年而不至於霸王者，雖用術於上，法不勤飾於官之患也。（《定法篇》）

這是申不害"法不勤飾於官"的證明。申不害原是"鄭之賤臣"，學的是儒家尊君卑臣的那一套。《戰國策·韓策一》有兩段記載申不害和韓昭侯的故事：

一，申不害指示趙卓、韓晁向韓王進議，自己從窺測韓王的意向，然後自己進說，取得韓王的喜歡。

二，申不害假裝要求韓昭侯"仕其從兄"，韓昭侯根據申不害平時一向主張"循功勞，視次第"的意見，拒絕了申不害的要求，申不害馬上稱贊韓昭侯"君真其人也"。

這兩件事表現了申不害狡詐權譎的卑鄙心理，自己的"事君之道"在於窺測方向，逞機取寵，而教導其君，則是要尊嚴若神，使得臣下莫測高深。《韓非子》裏也有韓昭侯的兩段故事：

一，韓昭侯有一條破袴，使人好好寶藏，不肯隨便給人，說一定要給有功的人。自己常說"明主愛一嚬一笑"，不可隨便。

二，韓昭侯派人出去巡視，回來，問看到了什麼，回答說"南門外有一隻黃犢在吃路旁田裏的稻"。韓昭侯立即吩咐那人不要聲張，自己馬上下令說現在稻田正在長苗，而有的牛馬闖到田裏去吃稻，趕快報告哪裏有牛馬吃稻的，不回報，即有重罰。令下之後，四鄉都上報了，韓昭侯說，不對，還有南門外一隻黃犢沒有報，應該問罪。這件事一傳開來，一切官員都嚇壞了，都謹慎小心地不敢爲非作歹。

這裏可以瞭解一些申不害如何教導其君用術馭下的情況。荀卿批評申不害說："申子蔽於勢而不知知。"（《解蔽》）"勢"指的是利用地位，嚴刑峻法對付官員人民的一種特權。依靠這點，造成了"變化無爲微妙難識"的一套鬼把戲，用來尊君抑臣。司馬遷說："申子卑卑，施之於名實。"（見《史記·老子韓非列傳》）"名實"就是上面所說"本於黃老而主刑名"的"刑名"，內容完全相同。正因爲申不害學的是術，所以擅長這一套，後來秦末漢初的人，神乎其技，把他說爲"本之於黃老"。其實，不是申不害"本之於黃老"，乃是後來秦末漢初崇信黃老之學的一批人，援引申不害,把他拉入黃老學派而已。

申不害言術的這一套,實際上不能和李悝、吳起、商鞅相比,他没有寫定什麼突出的刑法書。他的著作,有的説是六篇,有的説是二篇,篇數不同,大概是本子書寫分合不同的緣故。它的篇目,現在可以知道的,有《三符》(見《淮南子·泰族訓》),有《君臣》(見《太平御覽》二百二十一引劉向《七略》),有《大體》(見《群書治要》,不完)。看這篇名,内容大概可以想見。劉向《别錄》介紹"申子學號曰刑名者,循名以責實,其尊君卑臣,崇上抑下,合於六經也"(見《史記·張叔傳》索隱引)。他是怎樣循名責實,合於六經的呢？他自己説:"君設其本,臣操其末;君治其要,臣行其詳;君操其柄,臣事其常。爲人臣者,操契以責其名。名者,天地之綱,聖人之符。張天地之綱,用聖人之符,則萬物之情,無所逃之矣。"(見《群書治要》引《申子·大體》)他主張"名"是"天地之綱,聖人之符",這就是他的刑名論,他的"尊君卑臣,崇上抑下,合於六經",明明是儒家"正名"的一套,後人稱之爲法家,實在是名實不相符的。

《漢書·藝文志》申子之後有"《慎子》四十二篇",班固説:"名到,先申韓,申韓稱之。"慎到年輩在韓非之前,這是對的,説在申不害之前,則是錯誤的。《史記·孟子荀卿列傳》説:

> 慎到,趙人。田駢、接子,齊人。環淵,楚人。皆學黄老道德之術,因發明序其指意,故慎到著十二論,環淵著上下篇,而田駢、接子皆有所論焉。

又説:

> 自騶衍與齊之稷下先生,如淳于髡、慎到、環淵、接子、田駢、騶奭之徒,各著書言治亂之事,以干世主,豈可勝道哉！

慎到是齊宣王時期齊國的稷下先生，他和其他的稷下先生一樣受到齊王的優待，"自如淳于髡以下，皆命曰列大夫，爲開第康莊之衢，高門大屋，尊寵之"（見《孟子荀卿列傳》）。他的出生，大概已是申不害的晚年，而他的逝世，大概這時韓非還沒有出生，所以"先申韓"這一句，有些對，也有一些不對。孟軻、莊周和慎到同時，《孟子·告子篇》：

> 魯欲使慎子爲將軍。孟子曰："不教民而用之，謂之殃民。殃民者，不容於堯舜之世。一戰勝齊，遂有南陽，然且不可。"慎子勃然不悦曰："此則滑釐所不識也。"曰："吾明告子，……"

慎滑釐和孟軻對面談話，被稱爲"慎子"。焦循認爲"釐"就是"來"，"來"和"到"同義。慎滑釐就是慎到。"釐""來""到"名字相應，焦循這說可能是事實。"魯欲使慎子爲將軍"，這是慎到晚年的假設，未必真有其事，但可以證實孟軻和慎到是同一時期的人。莊周最最瞭解慎到，他在《天下篇》裏把慎到和彭蒙、田駢並列寫了一大段文字，介紹和批評了慎到，說：

> 公而不當，易而無私，決然無主，趣物而不兩，不顧於慮，不謀於知，於物無擇，與之俱往。古之道術有在於是者，彭蒙、田駢、慎到聞其風而說之。齊萬物以爲首，曰："天能覆之而不能載之；地能載之而不能覆之，大道能包之而不能辯之。"知萬物皆有所可，有所不可，故曰："選則不徧，教則不至，道則無遺者矣。"是故慎到棄知去己，而緣不得已，泠汰於物，以爲道理。曰："知不知，將薄知而後鄰傷之者也。"謑髁無任，而笑天下之尚賢也；縱脫無行，而非天下之大聖；椎拍輐斷，與物宛轉；舍是與非，苟可以免。不師知慮，不知前後，魏然而已矣。推而後行，曳而後往。若飄風之還，若

羽之旋，若磨石之隧，全而無非，動靜無過，未嘗有罪。是何故？夫無知之物，無建己之患，無用知之累，動靜不離於理，是以終身無譽。故曰："至於若無知之物而已，無用賢聖，夫塊不失道。"豪傑相與笑之曰："慎到之道，非生人之行，而至死人之理，適得怪焉。"田駢亦然，學于彭蒙，得不教焉。彭蒙之師曰："古之道人，至於莫之是，莫之非而已矣。其風窢然，惡可而言。"常反人，不見觀，而不免於魭斷。其所謂道非道，而所言之韙不免於非。彭蒙、田駢、慎到不知道。

這許多話，總的一句是說慎到意見是活着要像死了的一般，不要自己有什麼主張，一切隨順自然，"棄知去己，而緣不得已"，像一堆泥塊一樣，不識不知，無爲有爲，這就是最最完善的"道"。這裏很明顯，"非⋯⋯大聖"是反對儒家，"笑⋯⋯尚賢"是反對墨家，"知不知"這一句，前者是繼承了古代皋陶的"予未有知，思曰贊贊襄哉"（見《皋陶謨》），後則是《老子》書裏"知不知，上；不知知，病"的先導。由此可知，慎到這個人是在儒墨盛行，而《老子》的書還沒有完成這個時期出現的。他的學說，是在這個時期中產生的。"椎拍輐斷，與物宛轉"和後來《老子》書的命意相同，但沒有像《老子》書裏說的那樣明顯，可知《老子》成書，決不在慎到之前。莊周這段介紹和批評，是很值得重視的，如此之外，莊周卻再也沒有提到慎到了。批評慎到最多的，是"稷下先生"中最後的"祭酒"荀卿，他和莊周一樣，也把田駢同慎到一道批評說：

  尚法而無法，下修而好作，上則取聽於上，下則取從於俗，終日言成文典，反紃察之，則倜然無所歸宿，不可以經國定分；然而其持之有故，其言之成理，足以欺惑愚衆，是慎到、田駢也。（見《非十二子篇》）

荀卿着重指斥慎到"尚法而無法，下修而好作"，重視"法"，而自己没有什麽"法";輕視"修"(一切人爲的做作),而自己偏偏在那裏説教。自己説的那一套,只有隨順上下的意見而自己没有一定的命題,這和莊周所説的"其所謂道非道,而所言之韙不免於非"是同樣的内容。荀卿是"稷下先生"的後輩,對於他的前輩慎到,是比較清楚的,他既把田駢和慎到並舉加批評,又把慎到和墨翟並提而加以批評,他説:

> 萬物得其宜,事變得其應,慎墨不得進其談。(見《儒效篇》)

又説:

> 體倨固而心埶詐,術順墨而精雜污,横行天下,雖達四方,人莫不賤。(見《修身篇》)

"慎墨"並提,後一個"順墨",楊倞認爲"當爲慎墨"是對的。慎到主張,不尚賢,不使能,和後來《老子》書裏的内容相同,是黄老學派的先聲。這裏荀卿兩次用"慎墨"並提,後來韓嬰作《韓詩外傳》説"老墨爲俗儒","老墨"並提,和"慎墨"並提相同,可見慎到和後方的《老子》書有一定的關係。

荀卿又説:

慎子蔽於法而不知賢。(見《解蔽篇》)
慎子有見於後,無見於先。(見《天論篇》)

楊倞這兩條注解,都説"慎到本黄老之術,明不尚賢、不使能之道"。"本黄老之術"這句話,楊倞是從司馬遷那裏抄來的,實際上黄老道德之術,是後來的人假托前人的話造成的,不是產生在慎到之前爲慎到所"本",不應該説"慎到本黄老之術",而應該轉過來説後來的黄老之學和這裏的慎到有關,這就對了。

慎到和他的前輩申不害一樣,表面上重視"法",却並没有在

這"法"字方面有所建樹,慎到雖然説過:

> 民一於君,斷于法,國之大道也。(《藝文類聚》卷五十四引)

主張"官不私親,法不遺愛,上下無事,惟法所在"(見《慎子·君臣》),但是他所着重的一套虛無主義思想,實際上是重視一種令人"微妙難識"的"術"。這個"術"主要掌握在統治者手裏,是統治者的秘寶,而其基礎則是特殊的地位,專有的權勢。他主張統治者自己只要掌握權勢、使用權勢這樣就夠了,不要有其他的作爲。他説:

> 人君自任,而務爲善以先天下,則是代下負任蒙勞也,臣反逸矣。(見《慎子·民雜》)

所以他斷然主張"塊不失道",一切無所事事,最重要的一點,不能失去權勢。韓非在《難勢篇》裏叙述慎到的一番話,説:

> 慎子曰:"飛龍乘雲,騰蛇游霧,雲罷霧霽,而龍蛇與螾螘同矣,則失其所乘也。賢人而詘於不肖者,則權輕位卑也;不肖而能服於賢者,則權重位尊也。堯爲匹夫,不能治三人;而桀爲天子,能亂天下;吾以此知勢位之足恃,而賢智之不足慕也。夫弩弱而矢高者,激於風也;身不肖而令行者,得助於衆也。堯教於隸屬而民不聽,至於南面而王天下,令則行,禁則止。由此觀之,賢智未足以服衆,而勢位足以御賢者也。"

慎到重視"勢位",輕視"賢智",他的主張目的,就是在於掌握權勢。權和勢是一回事,勢即是權,權即是勢,關鍵在於用"術",用"術"就可以保持權勢。在這點上,申不害、慎到是先後相同的,説他們"本於黄老,主刑名",實際上並不以"法"爲主,他們爲了要保護"微妙難識"的尊嚴,以便於統治者的統治,重"術"超過重"法",不能稱爲純粹的法家。由於他們重"術",馴致形成了後來秦末漢初盛行一時的"黃老道德之術",由此發展,一變而爲公孫弘、張湯、董仲舒輩的"見知""腹誹",那就更爲慘酷了。

慎到的書,司馬遷說有"十二論",《藝文志》說有四十二篇,到了宋代,王應麟說亡了三十七篇,他所看到的,只有《威德》《因循》《民雜》《德立》《君人》五篇(見《考證》),但是在《群書治要》裏,五篇之外,還有《知忠》《君臣》兩篇,現存有七篇。看這七篇題的目,特別是《因循》一篇,這就是漢初"蕭規曹隨"的理論依據,它和後來的"黃老"之學的確有一定的關係,但決不是慎到"本於黃老",而是後來講"黃老之學"的淵源於慎到。《淮南子·道應訓》有一條講"淳于髡以從說魏王,魏王辯之,約車十乘,將使荆,辭而行,以爲從未足也,復以衡說。魏王止其行而疏其身"。在這段故事之後引慎到的話作結,說:

> 故慎子曰:"匠人知爲門,能以門,所以不知門也,故必杜,然後能門。"

這段話,不易理解,高誘注說:

> 慎子名到,齊人。不知門,不知門之要也。門之要在門外。

這還不很明白,孫詒讓說:

> 今本《慎子》殘缺,無此文,義也難通。《文子·精誠篇》襲此,云:"故匠人智爲不以能以時閉,不知閉也,故必杜而後開。"彼文亦有譌脫,參合校繹,此似當云:"不能以閉,所以不知門也,故必杜,然後能開。"言門以開閉爲用,若匠人爲門,但能開而不能閉,則終未知爲門之要也。《文子》開閉

二字尚未譌，可據以校正。

信如孫説，那就可以知道慎到是懂得一些辯證法的道理的。《道應訓》這篇，雜引故事，而以《老子》道德之言爲證，全篇先後引《老子》語四十八條，又引莊子、慎子語各一條，篇名《道應》，引的都是道家的話。慎到主張"塊不失道"，那末説慎到是道家，也是無所不可的了。

以上，説李悝、吳起、商鞅是法家，重點在"法"；申不害、慎到重點在"術"，一個近於名家，一個近於道家，不能説是純粹的法家。法，是有司所執，所以防百姓；術，是人君所掌，可以制權臣。二者廣狹不同，深淺有別，所取得的效果，也不一樣。用法不用術，像衛鞅，則不能制權臣；用術不用法，像申不害，則"不重於霸王"。能夠法與術兼用，著書立説，影響於後來政治的，則有儒家荀卿的高足弟子韓非。

韓非，接受了荀卿"隆禮義，殺《詩》《書》"之教，吸收了商鞅、申、慎的精粹，既重視"法"，又重視"術"。"法"與"術"並論兼擅，而重點則在於"術"。他是法家的傑出人才，他的主張在導致秦始皇統一中國的政治設施上起着重大的作用，在建立中央集權的封建王朝——秦王朝的過程中樹立了不朽的功勛。我們説什麽是先秦時期法家的"法"呢？無非就是"封建專制主義的法權制度和法權思想"。杜甫："法自儒家有。"

韓非原是韓國的公子，"存韓"是他的本意，但是他的著作，却意外地導致了秦的統一。《藝文志》法家"《韓非》五十五篇"，班固注："名非，韓諸公子，使秦，李斯害而殺之。"韓非是韓國的公子，韓在當時是"天下之咽喉"（頓子語，見《國策地名考》卷十三引），"中國之處而天下之樞"（范雎語，見同上），他是稷下大師儒家荀卿的門徒，荀卿的"隆禮義，殺《詩》《書》""正名""解蔽""非十二子"等等的學説，一向熟悉。韓國占有了春秋時鄭國的土地，歷史上鄭國的子產、鄧析，韓非也是一向熟悉的；韓昭侯、申不害的故事，韓非更是熟悉。秦用商鞅，封地就在韓國的西面境外商於，韓非也深受影響。

當時給韓非影響更深的，可能是新從東方稷下學派中流傳出來的記名於關尹、老聃的《老子》。《老子》這名字，前不見於墨翟的書，後不見於孟軻的書，只有和孟軻同時，慣作寓言、重言的莊周書裏提到一些。之後，在荀卿書裏也有"老子有見於詘，無見於信"（見《天論》）一語，這時正當齊國稷下學派慎到、田駢、詹何、環淵活動的時期，《老子》這書正在莊周書成以後出現，韓非得以鄭重其事的寫出《解老》《喻老》。在這兩篇之外，韓非又在《六反篇》裏，引：

> 老聃有言曰："知足不辱，知止不殆。"夫以殆辱之故而不求於足之外者，老聃也。今以爲足民而可以治，是以民爲皆如老聃也。

這是韓非引了老聃的話而加以分析批判的話。可見在韓非下筆的時候，老聃的話，已經很有市場。現在"知足不辱，知止不殆"兩句，見於《老子》書中第四十四章（《德經》），原文作：

> 甚愛必大費，多藏必厚亡。故知足不辱，知止不殆，可以長久。

由此可見《老子》這書的主人就是老聃，老聃是什麽人呢？爲什麽老聃這句話和韓非所解釋的多少有些出入呢？這事容在後章再詳。

韓非在此之外，又在《内儲下》説：

> 勢重者，人主之淵也；臣者，勢重之魚也。魚失於淵而不可復得也，人主失其勢，重於臣而不可復收也。古之人難

> 正言,故托之於魚。賞罰者,利器也。君操之以制臣,臣得之以擁主。故君先見所賞,則臣鬻之以爲德;君先見所罰,則臣鬻之以爲威。故曰:"國之利器不可以示人。"

這一段韓非解釋了"魚不可脫於淵,國之利器不可以示人"兩句,這兩句現在《老子》第三十六章(《道經》),而其源則在莊周的書裏。《大宗師》說:

> 泉涸,魚相與處於陸,相呴以濕,相濡以沫,不如相忘於江湖。

同樣的這二十三字,又見於《天運篇》,說是老聃告孔子的話,《胠篋篇》就說:

> 故曰:"魚不可脫於淵,國之利器不可以示人。"

"國之利器不可以示人"這個內容,是在"魚不可脫於淵"這個內容的思想基礎上引申發展而得到的新認識。莊周的書裏有這句,《老子》書裏也有這句,韓非生在《莊子》《老子》成書之後,所以能夠重視這個內容,予以明白的解釋,作爲他重視權勢的根據,這就是司馬遷說他歸本於"黃老",把他排在《管晏列傳》之後,提前和老子同傳,中間附以莊周、申不害,而區別於下面的《商君列傳》的原因。司馬遷編寫《史記》,把一心任法、不講權術的商鞅單獨作傳,而把韓非寫在專重權術的申不害之後,一道和老莊合在一起,意義是十分明顯的。司馬遷說"申子之學,本於黃老而主刑名",又說"韓非……喜刑名法術之學,而其歸本於黃老",說明申韓不同於商鞅,主要是在任"術";申韓重術,接近於"黃老";"黃老"一語,實際上等於"權術"的代名。韓非重視權術,不怕老百姓不服從命令,而擔心大權在握的大臣們陰謀篡奪,特地寫了一篇《奸劫弒臣》,又在《備內篇》裏說:

> 人主之患在於信人，信人則制於人。……爲人臣者，窺覘其君心也，無須臾之休，而人主怠傲處其上，此世所以有劫君弒主也。

韓非這樣重視人君的地位和特權，用心完全和申不害相同，特別對《老子》的書有所默契。申不害任用於韓昭侯，韓非書爲秦始皇所賞識，最後成爲"萬世一帝"的秦始皇王朝中央集權制的思想基礎。

韓非原是儒家出身，對於"《春秋》以道名分"是非常熟悉的。他在《揚權篇》裏寫道：

> 審名以定位，明分以辯類。

又在《二柄篇》裏說：

> 守業其官，所言者貞也，則群臣不得朋黨相爲矣。

他極力主張統治者自己不要忙於庶務，只須掌握權勢，使得百官守法，自己可以安安逸逸的無爲。所以他在《有度篇》裏說：

> 群臣廢法而行私重，輕公法矣。
> 然則主有人主之名，而實托於群臣之家也。

"刑名法術"之學，韓非和申不害、慎到是同一條路的，而韓非更爲傑出。《漢書·地理志》"潁川，韓都。士有申子、韓非刻害餘烈，高仕官，好文法"，可見韓非影響之深。韓非這一套，是先秦時期的最後一顆明星，它是集合儒墨名法道的各方優點，而爲"黃老道德之術"做好骨幹作用的。西漢初年的張良、陳平、蕭何、曹參，走的都是這一條路，不過情況有所不同罷了。

凡是法家，都是排斥縱橫家的。韓非本意在於"存韓"，由於口吃，不能劇談，却頗有一些縱橫家的氣息，寫了《孤憤》，又作

《說難》，又搜集一些談說的材料，寫《說林》和《內外儲說》，這說明他本身只是一個關心政治的學者，而不是一個當權得勢的政治活動家。他的得名，全看著作，這就和申不害、衛鞅不相同，也和他的同學李斯不一樣。他之所以被稱爲法家，純是從他學術論著裏看出來的。歷史上所稱的法家，適應時代的需要，也受着時代的局限，隨着時代而起變化，從來沒有一成不變的法，所以法家這名詞也只有在這個時期存在着，在這以後，也沒有專以法家著稱的人物了。

## 道　　家

上面講了陰陽家、儒家、墨家、名家、法家，這裏講道家。道家很複雜，在諸子中是後起的，不是很早就有。司馬遷把"道德"排在"儒墨"之後，說"推儒墨道德之行事興壞"（見《荀卿列傳》），他的父親司馬談也說：

> 道家使人精神專一，動合無形，贍足萬物。其爲術也，因陰陽之大順，采儒墨之善，撮名法之要，與時遷移，應物變化，立俗施事，無所不宜，指約而易操，事少而功多。（見《史記‧太史公自序》）

這些話說得很明白，道家的產生，在陰陽儒墨名法之後，這是完全合於歷史事實的。這裏就得弄清這個事實。先從"道家"的"道"字談起。

"道"是一個大共名，不是後來所說的"道家"的專利品。莊周說"盜亦有道"（見《胠篋篇》）。陰陽儒墨都提到了"道"字，"一陰一陽之謂道"（《周易‧繫辭傳》），墨翟說"君主之道"（見《修身篇》），孔丘說"古之道"（見《八佾》）、"士志於道"，又說"吾道一以貫之"(並見《里仁》)。《論語》裏提到"道"字的更多。後來，"道"和"術"連稱爲"道術"，"道"和"德"連稱爲"道德"。莊周說"古之道術有在於是者"(見《天下》)，說"余愧乎道德"(見《駢拇》)，莊周沒有明言自己是道家，並不承認自己有道德。這"道德"兩字，後來常和"黃老"連稱，說"黃老道德之術"(見《史記·孟荀列傳》)，這才是道家所說的道德。道家專講道德，《老子》這書，又稱《道德經》。這所說的道德，內容和普通儒墨所說的"道"和"德"，不甚相同。這裏所說的"道"，相當於我們今天所說的"路綫"；所說的"德"，相當於我們今天所說的"效果"。這裏的"道德"二字，意思是遵照這樣的路綫，會取得怎樣的效果。司馬遷說"道家以虛無爲本，因循爲用"(見《太史公自序》)。這樣，就明白指出如何運用智慧，進行"權謀""策略"和"智計"，以取得預期的成功。這種想法和做法，實在是後起的事，不是一早就有的。

《藝文志》"道家"首列《伊尹》《太公》《辛甲》《鬻子》《筦(管)子》五種，太公、筦子都是齊人，班固注《太公》說"或有近世又以爲太公術者所增加也"，晉傅玄謂"《管子》半爲後之好事者所加"(見劉恕《通鑑外紀》引)，證實了齊國的《太公》《管子》有些是後來的事。"道家"在《藝文志》"諸子略"十家九流裏家數之多，有"三十七家"，僅次於儒家(儒家五十二)；篇數之多，有"九百九十五篇"，僅次於小說家(小說家千三百八十篇)，可見"智慧""權謀""策略"等等的追求者在當時的社會裏，人數是十分衆多的。這裏需要說明的是，這個道家，在十家九流裏，比較晚出。向來人們看到《藝文志》道家開始就是《伊尹》《太公》，認爲道家很早就有，這實在是錯誤的看法。

《藝文志》道家最著名的代表，該是《老子》《關尹子》《莊子》《黃帝》。這是《藝文志》的先後次序，而"黃老""老莊"這是通常習慣的稱呼。老聃年輩較莊周爲早，黃帝時代亦在老子之前，這是沒有問題的，但是《老子》成書，後於莊周；《黃帝》著作，晚於

《老子》,這也是歷史事實。《荀子·儒效》"慎墨"並稱,慎到晚於墨翟,而排在前;《韓非子·五蠹》"商管之法"聯言,商鞅後於管仲,而排在前;《韓詩外傳》説"老墨爲俗儒",《老子》成書在《墨子》之後,韓嬰也把他排在前面,由此類推,近的在先,遠的居後,後的在前,前的居後,古人原有此例,大概也有一些厚今薄古的想法吧!"老莊""黄老"和"慎墨""商管"同例,先後次序應該顛倒過來。現在根據這個看法,談"老莊""黄老",先談"老莊"。

## "老莊"

《莊子·天下篇》叙述當時學術家的情況,先從"舊法世傳之史","《詩》《書》《禮》《樂》,鄒魯之士"談起,其次則是"墨翟、禽滑釐",其次則是"宋鈃、尹文",其次則是"彭蒙、田駢、慎到",其次則是"關尹、老聃",其次則是"莊周",然後談到惠施、桓團、公孫龍。這個次序,是根據時間先後安排的,這和司馬談《論六家要旨》大旨吻合。道家的興起,在墨翟之後,宋鈃、尹文、田駢、慎到,都近墨家,都和稷下有關,都是黄老的先導。這裏應該特別注意的,是在"莊周"之前,有"關尹、老聃"。看樣子"關尹、老聃",略後於"宋鈃、尹文、田駢、慎到",略前於莊周,説不定這些人,竟是同一時期,略有先後,亦未可知。《天下篇》提到關尹、老聃時説:

> 以本爲精,以物爲粗,以有積爲不足,澹然獨與神明居。古之道術有在於是者,關尹、老聃聞其風而悦之。

又説:

> 關尹、老聃乎,古之博大真人哉!

先説"古之道術"，中談"關尹、老聃"，後説"古之博大真人"，粗心一看，似乎關尹、老聃，是古代的"博大真人"，時間在宋鈃、尹文、田駢、慎到之前，其實不是這樣。《天下篇》是説"古之道術"有這樣的一派，現在的關尹、老聃是這樣，現在的關尹、老聃呢，就和古代的"博大真人"一模一樣了。這明明是説關尹、老聃，不在墨翟、禽滑釐等人之前，而是和下文莊周先後相及。關尹、老聃，不是古代的人，是當時近代，可能還是並世的人。我們根據這點認識，看察以下關尹、老聃的一些實事。

老子就是老聃，這在莊周書的内篇裏，還只説老聃，沒有説老聃就是老子，到外篇《天運》、雜篇《庚桑楚》才把老聃和老子同稱一人。司馬遷用四百五十四字寫《老子列傳》，安排在莊周、申不害、韓非之前，給讀者標清了時序，但他自己對於老子這個人，可以説是模糊不清的。他用四個"或"字，一個"蓋"字，表示疑惑不定。又把老萊子、太史儋兩人，和老子糾纏在一起，反映了在他下筆之前，各種傳説的紛歧，良史以疑傳疑。司馬遷這樣寫，我們今天當然不該作求全的責備。與此相反，儘量地把這件事交代清楚，却正是我們應盡的責任。司馬遷這篇文字，除首尾記載姓名籍貫鄉里以及子孫後嗣之外，全文只有兩件大事：一、孔子問禮；二、出關著書。這兩件都是子虛烏有憑空捏造起來的事。

"問禮"最早的記載，見於《大戴禮》，《大戴禮》是"七十子後學者所記"（班固説，見《藝文志》"六藝略"禮），是戰國年代的書，可信的程度是很不夠的。關於孔丘師老子問禮於老聃這一件事，各種傳説互相矛盾，時間、地點、人物、事件，沒有一致，總是對不起頭來。可以斷言，這是捏造的事，不是真實。寫作内篇七篇的莊周，在這七篇中，多次提到仲尼，也提到老聃，沒有提到二人的關係。提到老聃，還沒有明言老聃就是老子。外篇、雜篇，不一定莊周親筆，也不一定同出一人之手。在外篇、雜篇裏有七八處之多叙述孔老對話,外篇《天道》説"孔子西藏書於周室",見徵藏史老聃。這一篇用了"十二經"這名詞,十二經包括"六經""六緯",是漢代的名稱,這篇文字,當然不是莊周的作品。外篇《天運》有一段記孔子行年五十一而不聞道,乃南游見老子,此外還有三段,叙述孔老的對話。外篇《田子方》"孔子見老聃,老聃新沐"這段内容,透露了孔丘對老聃的欽佩。外篇《知北游》"孔子問於老聃曰,今日晏間,敢問至道"。雜篇《外物》老萊子教仲尼,"丘,去汝躬矜與汝容知,斯爲君子矣"。這個内容,和《史記·老子列傳》老子告孔丘的"去子之驕氣與多欲,態色與淫志"全同。這些叙述,似乎孔丘曾經在老子面前領教過,然而值得注意的是莊周書的這些材料中,完全看不見莊周明白交代孔子、師事老子的痕迹。内篇《人間世》,莊周把《論語·微子篇》"楚狂接輿歌而過孔子"章,敷衍增飾寫成"孔子適楚,楚狂接輿游其門"一大段文章,這就是他自己所説"重言十七"的"重言",目的在於借重古人的名字,表達自己的主張,和孔子師事老子,完全没有關係。《大戴禮》孔子問禮這事,傳説還在莊周成書之後,説明儒家末流有的傾向於道家。司馬遷根據這些材料,不加别白,作爲《老子列傳》中的一件大事記載,這就引起後來作《原道》的韓愈的責難,説:

> 老者曰:孔子,吾師之弟子也。……爲孔子者,習聞其説,樂其誕而自小也,亦曰吾師亦嘗師之云爾。不惟舉之於其口,而又筆之於其書。

一語破的揭穿真相。總之,孔丘"問禮",師老子,這是崇信"老子"的人捏造出來的事,前人多方考正,查無實據,這裏不加多説了。(參看錢穆《先秦諸子繫年考辨》四至八頁"孔子問禮老子辨")

著書:關於著書,司馬遷寫了六十七個字。

老子修道德，其學以自隱無名爲務。居周久之，見周之衰，乃遂去。至關，關令尹喜曰："子將隱矣，彊爲我著書。"於是老子乃著書上下篇，言道德之意五千餘言而去，莫知其所終。

我們知道，司馬遷著書，是在漢武帝封禪求仙之後，那時黃帝老子，早就給方士們捧爲神仙中人了。然而司馬遷寫《五帝本紀》，還說"黃帝崩，葬橋山"，沒有承認黃帝仙去，這裏講老子却說了一句"莫知其所終"，給人一種幻想，可能是像方士所說登仙去了。然而真的"莫知其所終"嗎？不是的！"老聃死，秦失弔之"（見《莊子·養生主》），秦失就知其所終，不但秦失知道，寫這句話的莊周，也是知其所終的。不僅如此，在莊周的腦袋中，決不可能知道"至關，著書五千餘言"。再進一層，現存的《老子》五千言，在莊周的心目中，也決不會知道，而且看到的。

司馬遷這段文字，自己掩蓋不住內在的矛盾，既說老子是"周室藏書之史"，"居周久之"，那就不是"隱君子"；既說"以自隱爲務"，那就不會一聽人言就"著書上下篇"。這在司馬遷是不自圓其說的。"至關著書而去"，關在哪裏？是什麼名字？有人說是函谷關。函谷關在陝州靈寶縣，春秋時期，這裏是桃林之塞，沒有說關。到了六國年代，秦要控制東方，才在這裏設關守險。又有人說，關是散關，散關遠在西面的岐州陳倉縣，從周而來道路迂遠。兩者都有問題，所以"至關"這話，按之實事，是很不現實的。"令尹"一語，是南方楚國的官名，在於周代是不是看守關卡的小吏叫做"關令尹"呢？沒有！沒有什麼依據！這樣，"關令尹喜曰"這句話，也就沒有着落了。然而就在這裏，透漏了一點消息。"關令尹喜"四字，含有和老聃並稱的"關尹"兩字。關尹是人名，"關令尹"是官名，由現實的人名，一變而爲神話傳說裏的官名，這就真的成爲神話傳說了。

司馬遷寫的這兩件大事，都不是真實，真實隱藏在這迷離惝悅的傳說背後。問禮一段，來源於《莊子》外篇《山木》《天道》《天運》《田子方》《知北游》等文；著書一段，在《莊子》雜篇《天下篇》裏可以找到一些綫索。這綫索，就是關尹、老聃並提的這一段。

關尹、老聃，在墨翟、禽滑釐之後，莊周、惠施之前。關尹，確有其人。關尹是人名，不是"關令尹喜曰"一句裏那個"關令尹"（是官名）。"關令尹"這三字，就是從關尹兩字演化出來的。人名是真，官名是假，那末，這個關尹，究竟是什麼人呢？《莊子》外篇《達生》有"子列子問關尹……關尹曰"一段；《吕氏春秋·不二》篇說"關尹貴清"；《藝文志》道家"《莊子》五十二篇"之前，有"《關尹子》九篇"，班固注說"名喜"，就是司馬遷筆下"關令尹喜曰"的喜。近人范耕研說"詳《史記》文義，似謂關尹喜聃之見過，非具名爲喜也。先秦諸子皆稱關尹，無稱喜者"。可見班固這個注解，已是漢人傳說裏的錯誤了。《藝文志》《關尹子》之前，有"《蜎子》十三篇"，班固注說："名淵，楚人。老子弟子。"蜎淵這名字，應劭《風俗通》張澍輯注說就是環淵（見《先秦諸子繫年考辨》一九二頁引）。環淵是戰國時期齊稷下先生之一，司馬遷把他與淳于髠、慎到、接子、田駢、騶奭之徒並列，說："環淵，楚人，學黃老道德之術，著上下篇。"（見《史記·孟荀列傳》）這環淵，根據年代先後，恰好是在墨翟、禽滑釐之後，與莊周、惠施並世而稍前。關環尹淵，聲音等同，可見莊周《天下篇》的關尹，就是《孟荀列傳》中的環淵。先秦諸子皆稱關尹，而漢人筆下寫作環淵，實際上是同一個人。關尹，除了環淵、蜎淵幾個不同的名字而外，還被傳說寫作蜎蚳（見《淮南子》），作便蜎（見枚乘《七發》），作玄淵（見《七發注》），他是南方江海之上善於釣魚的一個隱士，曾經來到齊國，受到齊王的優待，"賜列第爲上大夫，不治而議論"（見《史記·田齊世家》）。關於著書，既有十三篇的所謂《蜎子》，又有九篇的所謂的《關尹子》，而司馬遷"著上下篇"，可惜書都失傳，無法根究。看"關尹貴清"一語，大概可以猜測一些情況，則現存的《老子》上下篇中有"天得一以清""天無以清將恐裂""清靜爲天下正"等語,似乎有一些關係。

關尹、老聃並稱。關尹就是環淵,環淵又作便蜎,又作蜎蠉,枚乘《七發》"便蜎詹何",注說"詹何蜎環"。便蜎、蜎蠉,就是環淵,那就等於說環淵詹何了。那末詹何是什麼人呢?《淮南子·覽冥訓》:"詹何騖魚於大淵之中,得清淨之道,太浩之和也。"高誘注:"詹何,楚人,知道術者也,言其善釣。"詹何善釣,也是楚人,所以和環淵齊名。詹何是南方的"知道術者",那末和老聃有沒有關係呢?關尹、老聃並稱(見《莊子·天下篇》),這是戰國年代的話;環淵、詹何並稱,見於漢代人的著作。老聃的聃,和詹何的詹聲音相近,從詹得聲的瞻,音儋,與老聃的聃在談韻,明明是同一聲音,那末漢人說的環淵、詹何,實在就是戰國年代的關尹、老聃,詹何就是老聃,也是同一個人,沒有疑問的了。

詹何重"治身":

> 楚王問爲國於詹子。詹子對曰:"何聞爲身,不聞爲國。"(《呂氏春秋·執一篇》)

> 楚莊王問詹何曰:"治國奈何?"對曰:"何明於治身……"(《淮南子·道應訓》)

詹何講"重生":

> 中山公子牟謂詹子曰:"身在江海之上,心居乎魏闕之下,奈何?"詹子曰:"重生。"……曰:"雖知之,不能自勝。"詹子曰:"縱之。"(《呂氏春秋·審爲篇》)

> 中山公子牟謂瞻子曰:"身在江海之上,心居乎魏闕之下,奈何?"瞻子曰:"重生,重生則輕利。"中山公子牟曰:"雖知之,未能自勝也。"瞻子曰:"不能自勝,則從,神無惡乎?不能自勝而強不從者,此之謂重傷之人,無壽類矣!"(《莊

子》雜篇《讓王》,又見《淮南子·道應訓》,作詹子)

詹何能預見,有前識:詹何能坐堂上知門外牛黑而白在其角。(《韓非子·解老篇》)

詹何善釣:

> 詹何之釣。(《御覽》七六七引《博物志》)
> 詹何以獨繭絲爲綸,芒針爲鉤,荆篠爲竿,剖粒爲餌,引盈車之魚,於百仞之淵、汩流之中。(《列子》)

詹何又是一個南方江海之上善於釣魚和環淵(即關尹)相同的隱士,他主張"治身""重生",和莊周書裏的老聃一模一樣。《呂氏春秋·重言篇》說:

> 聖人聽於無聲,視於無形,詹何、田子方、老耽是也。

在《呂氏春秋》作者的心目中,雖然詹何、老聃還不能明瞭他實是一人,而其"聽於無聲,視於無形",則是一致的。《莊子》書裏的老聃,内篇、外篇、雜篇,情況有些不同。《天下篇》裏排在莊周前面的"關尹、老聃",實際上就是環淵、詹何,而兩個都是南方的隱者,環淵稍前,詹何稍後,時間在莊周、荀卿之間。

公元前二七八年,楚頃襄王二十一年,這年秦兵攻占楚都,頃襄王東亡走陳,這時齊已滅宋,楚已取齊淮北,東楚南齊,壤地相接,彼此往來頻繁,孟軻在齊,早就說過:"王之臣有托其妻子於其友而之楚游者"(見《梁惠王》),"有楚大夫於此,欲其子之齊語也"(見《滕文公》),齊楚雙方情況密切。詹何、環淵就在這時活動於齊楚之間。不久,荀卿從楚反齊,做稷下老師,在他書中"慎子"之後出現了"老子",估計《老子》成書,就在稷下學派盛行的時候,和環淵、詹何有一定的關係。環淵、詹何,即是關尹、老聃,現在我們看一下《莊子·天下》篇敘述關尹、老聃的學風:

> 古之道術有在於是者,關尹、老聃聞其風而悅之,建之以常無有,主之以太一,以濡弱謙下爲表,以空虛不毀萬物爲實。關尹曰:"在己無居,形物自著。其動若水,其靜若鏡,其應若響。芴乎若亡,寂乎若清。同焉者和,得焉者失。未嘗先人,而常隨人。"老聃曰:"知其雄,守其雌,爲天下谿;知其白,守其辱,爲天下谷。"人皆取先,己獨取後,曰"受天下之垢";人皆取實,己獨取虛,無藏也故有餘,巋然而有餘;其行身也,徐而不費,無爲也而笑巧;人皆求福,己獨曲全,曰"苟免於咎";以深爲根,以約爲紀,曰:"堅則毀矣,銳則挫矣。"常寬容於物,不削於人,可謂至極。關尹、老聃乎,古之博大真人哉!

這完全是隱君子的風度。用《史記·老子列傳》來對看,"老子修道德,其學以自隱無名爲務""老子,隱君子也",司馬遷這兩句話,和《天下篇》所說完全符合,該是真實的事。

詹何、老聃、老子,這個人是南方江海之上一個善於釣魚的隱者,是一個漁父,事實本來極其平凡,也很簡單。然而一經文人學士們筆下口頭的吹噓附會,那就變得極不平凡,極不簡單了。鄭玄知道:"老聃,古壽考者之稱。"(見《曾子問》注)壽考者,可稱爲公,可稱爲"丈人",可稱爲"老子",可稱爲"老聃"。正因爲壽考,就有可能給予一系列的附會。有的把"孔子死之後百二十九年"見秦獻公的周太史儋說"儋即老子",有的把"與孔子同時"的楚人老萊子也當作老子,有的把周幽王時的太史伯陽當作老子,有的把"舜染於許由、伯陽"的伯陽當作老子(見《呂氏春秋·當染篇》高誘注)。任憑怎樣"壽考",一個老子竟其活到二千多歲,真是成爲神仙中人,天下哪有此事! 老子,是老聃,就是楚人詹何,其人"與環淵、公子牟、宋玉等並世"(見《先秦諸子繫年考辨》二〇三頁)。自從《莊子》雜篇《外物》的作者開始把《論語》裏孔丘所看到的篠丈人作爲老萊子來叙述,之後爲後來記禮的儒者們所采用,作爲孔丘師事的對象之一,"孔子師老子"的傳說,從此流傳下來。老萊子的"萊"字,聲音同於"李"字,轉輾傳說,馴致造成司馬遷筆下老子"姓李氏,名耳字聃"的記載,實在都是不足信的。

戰國後期有詹何,可是《漢書·藝文志》裏没有詹子。現存的《老子》,究竟是什麽人的寫作呢?

現在流行的《老子》上下兩卷,上卷《道經》,下卷《德經》,開端就說"道可道,非常道。名可名,非常名",後來又說"上德不德,是以有德;下德不失德,是以無德",這是針對名實兩方,細作分辨的命題,這是墨辯盛行以後,桓團、公孫龍輩辯者之徒熱烈討論的作風,在墨家之前,不會出現這樣形式的語言。儒家講"仁義",《老子》說"絶仁棄義""聖人不仁",這是反儒;墨家講"尚賢",講"明鬼",《老子》說"不尚賢,使民不爭",說"以道莅天下,其鬼不神",又說"大辯若訥",說"善者不辯,辯者不善",這是反墨。《老子》這書産生在儒墨並行之後,很是明白。又說"馳騁田臘",說"食稅之多",說"大軍之後必有凶年",這明明是戰國年代的情況;說"大國""小國",說"用兵",說"取天下",說"兵强於天下",說"得志於天下",又提到"偏將軍""上將軍"這些名字,更是戰國末期的事實。《説苑》"田單爲齊上將軍"(《史記》作將軍),是"上將軍"這名詞始于齊國。《說苑》又說"田忌去齊奔楚,楚郊迎,至舍,問曰'楚萬乘之國也,齊萬乘之國也,常欲相並,爲之奈何?'對曰'易知耳!齊使申孺將,則楚發五萬人,使上將軍將之至禽將首而反耳!'"案田忌與鄒忌相惡奔楚,事在馬陵戰勝之後,當齊威王三十五年,合之公元前三百四十三年,是時楚已有上將軍之官,可正《老子》一書,至早亦當在此時之後。《孟子》書裏,有"丈夫"這名詞,景春問"公孫衍、張儀豈不誠大丈夫哉"(見《滕文公》),"大丈夫"這名詞,過去沒有見過,馬王堆漢墓出土帛書《老子》德經在前,一開始就有這"大丈夫"三字,說"大丈夫處其厚,不居其薄",可見這本書的寫成和《孟子》的成書年代相去不會太遠,很有可能就是稷下學派那些先生們其中的某一個着手寫成的。《淮南子·道應訓》"田駢以道術說齊王"一段,有引老聃的話,說:"老聃之所謂無狀之狀,無物之象者也。""無狀之狀,無物之象",今見《老子》第十四章,這是稷下學者引用老聃的話寫作"老子"的鐵證。把《老子》和《莊子》對勘以下,可以瞭解一些情況,試看下表:

| 《老子》 | 《莊子》 |
| --- | --- |
| 故常無,欲以觀其妙;常有,欲以觀其徼。(1) | 建之以常無有。(《天下》) |
| 是以聖人處無爲之事,行不言之教。(2)<br>爲無爲則無不治。(3)<br>我獨泊兮其未兆,若嬰兒之未孩。(26)<br>道常無爲而無不爲。侯王若能守,萬物將自化。(37) | 其行身也,徐而不費,無爲也而笑巧。(《天下》) |
| 道沖而用之,或不盈,淵乎似萬物之宗。(4) | 老子曰:"夫道,於大不終,於小不遺,故萬物備。廣廣乎其無不容也,淵乎其不可測也。形德仁義,神之末也,非至人孰能定之。"(《天道》) |
| 是以聖人後其身而身先,外其身而身存。非以其無私邪,故能成其私。(7)<br>是以聖人治,虛其心,實其腹,弱其志,彊其骨。(3)<br>致虛極,守靜篤。萬物並作,吾以觀其復。(16)<br>多藏必厚亡。(44) | 人皆取先,己獨取後,曰"受天下之垢";人皆取實,己獨取虛,無藏也故有餘,巋然而有餘。(《天下》) |

(續表)

| 《老子》 | 《莊子》 |
| --- | --- |
| 上善若水,水善利萬物而不爭,處衆人之所惡,故幾於道。(8)<br>天下之至柔,馳騁天下之至堅,無有入無間。(43)<br>江海所以能爲百谷王者,以其善下之,故能爲百谷王。(66) | 以濡弱謙下爲表,以空虛不毀萬物爲實。(《天下》) |
| 曲則全,枉則直。(22)<br>古之所謂曲則全者,豈虛哉,誠全而歸之。(22) | 人皆求福,己獨曲全,曰:"苟免於咎。"以深爲根,以約爲紀,曰:"堅則毀矣,銳則挫矣,常寬容於物,不削於人。"(《天下》) |
| 持而盈之,不如其已。揣而銳之,不可長保。金玉滿堂,莫之能守。富貴而驕,自遺其咎。功成、名遂、身退,天之道。(9) | |
| 生之畜之,生而不有,爲而不恃,長而不宰,是謂玄德。(10)<br>古之善爲道者,非以明民,將以愚之。民之難治,以其智多。以智治國,國之賊;不以智治國,國之福;知此兩者,亦楷式。常知楷式,是謂玄德。玄德深矣、遠矣,與物反矣,乃至於大順。(65) | 泰初有無,無有無名,一之所起,有一而未形。物得以生,謂之德;未形者有分,且然無間,謂之命;留動而生物,物成生理,謂之形;形體保神,各有儀則謂之性。性脩反德,德至同於初。同乃虛,虛乃大。合喙鳴,喙鳴合,與天地爲合。其合緡緡,若愚若昏,是謂玄德,同乎大順。(《天地》) |
| 見素抱樸,少私寡欲。(19) | 南越有邑焉,名爲建德之國。其民愚而樸,少私而寡欲;知作而不知藏,與也不求其報。(《山木》) |

(續表)

| 《老子》 | 《莊子》 |
|---|---|
| 知其雄,守其雌,爲天下谿。爲天下谿,常德不離,復歸於嬰兒。知其白,守其黑,爲天下式。爲天下式,常德不忒,復歸於無極。知其榮,守其辱,爲天下谷。爲天下谷,常德乃足,復歸於樸。(28) | 老聃曰:"知其雄,守其雌,爲天下谿;知其白,守其辱,爲天下谷。"(《天下》)<br>奢聞之:"既雕既琢,復歸於樸。"(《山木》) |
| 魚不可脫於淵,國之利器不可示人。(36) | 泉涸,魚相與處於陸,相呴以濕,相濡以沫,不如相忘於江湖。(《大宗師》)<br>泉涸,魚相與處於陸,相呴以濕,相濡以沫,不若相忘於江湖。(《天運》,老聃語孔子)<br>故曰:"魚不可脫於淵,國之利器不可以示人。"(《胠篋》) |
| 道生一,一生二,二生三,三生萬物。(42)<br>昔之得一者,天得一以清,地得一以寧,神得一以靈,谷得一以盈,萬物得一以生,侯王得一以爲天下正。(39) | 主之以太一。(《天下》) |
| 大成若缺,其用不弊。大盈若冲,其用不窮。大直若屈,大巧若拙,大辯若訥。(45) | 故曰大巧若拙。(《胠篋》) |

（續表）

| 《老子》 | 《莊子》 |
|---|---|
| 爲學日益，爲道日損，損之又損，以至於無爲。無爲無不爲。（46）<br>故失道而後德，失德而後仁，失仁而後義，失義而後禮。失禮者，忠信之薄而亂之首。（38） | 故曰："失道而後德，失德而後仁，失仁而後義，失義而後禮。禮者，道之華而亂之首也。"<br>故曰："爲道者日損，損之又損之，以至於無爲。無爲而無不爲也。"（《知北游》） |
| 含德之厚，比於赤子。毒蟲不螫，猛獸不據，攫鳥不搏。骨弱筋柔而握固。未知牝牡之合而㞘作，精之至也。終日號而不嗄，和之至也。（55）<br>載營魄抱一，能無離乎？專氣致柔，能嬰兒乎？（10） | 老子曰："衛生之經，能抱一乎？能勿失乎？能無卜筮而知吉凶乎？能止乎？能已乎？能舍諸人而求諸己乎？能翛然乎？能侗然乎？能兒子乎？兒子終日嗥而嗌不嗄，和之至也；終日握而手不掜，共其德也；終日視而目不瞚，偏不在外也。行不知所之，居不知所爲，與物委蛇，而同其波。是衛生之經已。"（《庚桑楚》） |
| 聖人不積，既以爲人己愈有，既以與人己愈多。（81） | 仲尼聞之曰："若然者，其神經乎大山而無介，入乎淵泉而不濡，處卑細而不憊，充滿天地，既以與人己愈有。"（《田子方》） |

觀察上表，知道《老子》書的語句，同於《莊子》内篇的，簡直沒有，可見莊周在寫内篇七篇的時候，《老子》這書還沒有出現。更多的内容見於《莊子》雜篇《天下篇》，《天下篇》的語句，比較混成，而《老子》書裏的語句，則比較明晰。根據這點，就可以知道，《老子》成書，是在《莊子》之後。其它有些和《莊子》外篇相同。雜篇《庚桑楚》三次提"老聃"，十次提"老子"，説明"老子"就是老聃。這篇裏老聃的話，《老子》書中全沒有，只有"衛生之經，能抱一

乎"一節，分散在《老子》裏 10、22、55 章各章個別出現一些類同的語句。《庚桑楚》是散文，《老子》則爲韻文，誰抄誰的，由此可見。其他可以證明《莊子》在前，《老子》在後，明顯的例子，如"堅則毀矣，銳則挫矣"兩句，《老子》書中敷衍成許多語句，如表所列之外復有：

> 挫其銳，解其紛，和其光，同其塵。（4）
> 天下之至柔，馳騁天下之至堅，無有入無間。（43）
> 人之生也柔弱，其死也堅強。萬物草木之生也柔脆，其死也枯槁。故堅強者死之徒，柔弱者生之徒。（76）
> 天下柔弱，莫過於水，而攻堅強者莫之能勝，其無以易之。（78）

又如"魚"與"利器"一節，《胠篋篇》引"故曰"不作"故老子曰"，説明作《胠篋篇》時，引的還不知道有《老子》這本書；這兩句"魚"的事，《大宗師》《天運》都是"泉涸"云云，可見"魚不可脱於淵"這個概念，還是在"泉涸"云云之後才有的，引申發揮，然後才有"國之利器不可以示人"一個主要思想。這個思想明明是後起的，關於這點，韓非曾有論説，已見上文。很明顯，《天運》是從《大宗師》來的，《胠篋》又是從《大宗師》《天運》來的，次序先後宛然，這完全可以看出，《老子》書寫作於《莊子》成書之後。

《庚桑楚》的結尾一句，説："不得已之類，聖人之道。"《老子》書把這句敷衍爲："將欲取天下而爲之，吾見其不得已。天下神器，不可爲也，爲則敗之。"（29）大概《莊子》書裏提到代表老聃的老子語多含蓄，比較籠統，不像現存《老子》書裏的話明白深刻、乾脆利落，更多的表現出權謀機詐的氣氛。《莊子》書裏講到"權"的只有二處，《秋水篇》説：

> 達於理者，必明於權，明於權者不以物害己。

話只到此爲止,而《老子》書裏,則有

> 將欲噏之,必固張之;將使弱之,必固强之;將欲廢之,必固興之;將欲奪之,必固與之。

這一類的話,哪裏像莊周書裏代表"老聃"的老子的話呢? 又如現存的《老子》說:"人之大患,在吾有身,及吾無身,吾有何患?"說:"不失其所者久,死而不亡者壽。"這類的話,也不像"博大真人"的氣魄。即使真有這種思想內容,也不會說出這樣風格的語言。

在《墨子》書裏,沒有看到《老子》的話,今本《老子》,論兵、厭兵的話很多。墨子主張非攻,假如墨子關中之書有《老子》,曾經見過《老子》這書,那末"佳兵不祥""聖人不得已而用之"等類的話,一定在《非攻篇》裏會出現引用一些,然而沒有。可見《墨子》成書的時候,《老子》這本書還沒有出現。反之墨學之徒,後來稷下學派的宋鈃、尹文,主張"禁攻寢兵"這一類的思想,却和《老子》書如合符契,可見《老子》成書在戰國後期無疑。有人說老子成書在於戰國早期,有人說墨子引用《老子》(一九七九年《歷史學》二期劉毓璜說),我看這是不正確的。《戰國策·齊四》,有顏歜對齊宣王的一段話,引"《老子》曰:雖貴必以賤爲本,雖高必以下爲基。是以侯王稱孤寡不穀,是其賤之本與",這和現存《老子》第三十九章"故以賤爲本,高以下爲基,是以侯王自謂孤寡不穀,此非以賤爲本耶,非乎?"全同;《魏一》有"故《老子》曰:聖人無積,既以爲人已愈有,既以與人已愈多,公叔當之矣",這和現存的《老子》第八十一章全同。這兩條話的引用,是與齊宣、梁惠同時,這可能是後來的策士,在《老子》成書之後,引用到顏歜、公叔等人名下去的。

莊周自言和關尹、老聃不同道(見《天下》),而現存的《老子》這書更和《莊子》一書的內容不全相同。現存的《老子》內容範圍比《莊子》爲廣,《老子》書多政治方面的話,《莊子》很少這方面的内容;《莊子》有超人方面的話,《老子》没有;《莊子》詳言"無我""喪我",《老子》没有;《莊子》講超出世間,《老子》不談這些;《莊子·庚桑楚》篇裏的老子,講"衛生之經",現存的《老子》也提到"善攝生者",然而只説到"陸行不遇兕虎,入軍不被甲兵。兕無所投其角,虎無所措其爪,兵無所容其刃",不像莊周那樣有"不死不生"以及"朝徹""見獨"等類的話,很明顯,這是莊老兩家的區别。

莊周不會看到現存的《老子》這本書。司馬遷説:"周嘗爲蒙漆園吏,與梁惠王、齊宣王同時,其學無所不窺,然其要本,歸於老子之言。故其著書十餘萬言,大抵率寓言也,……以明老子之術。"司馬遷説莊周本於老子,莊周著書以明老子之術。現在看來,在《老子》書裏富於權術、兵謀這一點,和全任自然的莊周恰恰相反,莊周是反對權謀機詐的,他非但和《老子》書裏所講的一套不同,而且也不同於他所崇敬的"古之博大真人"老聃,這是必須區别清楚的。司馬遷所説的"本於"和"以明"完全不是事實。

莊周自我吹噓的話,説得非常寬廣而玄遠,真是"弘大而辟,深宏而肆"(見《天下》),他説:

> 芴漠無形,變化無常,死與生與,天地並與,神明往與!芒乎何之,忽乎何適,萬物畢羅,莫足以歸。古之道術有在於是者,莊周聞其風而悦之。……以天下爲沉濁,不可與莊語……獨與天地精神往來,而不敖倪於萬物,不譴是非,以與世俗處。……上與造物者游,而下與外死生、無終始者爲友。(見《天下》)

這哪裏是現存的《老子》書裏到處充滿着斤斤較量的氣氛,唯恐自己遭到損失的狹隘心胸所能企及的呢! 這就是他所講的"内聖外王""玄聖素王"的廣闊天地。莊周最最偉大的表現,是在中國第一個提出自由、平等、思想解放的進步主張。內篇七篇，就用《逍遙游》《齊物論》開端；《養生主》講"衛生之經"，末說"指窮於爲薪，火傳也，不知其盡也"。譬喻形體有盡，而智慧無窮，這也是了不起的發現；《人間世》論處世之道，《德充符》言身不足貴，《大宗師》論死生一體，《應帝王》說到變化不測之妙。這些議論，都是現存的《老子》書裏所没有說得這樣系統而詳盡的。

所以要談道家的話，首屈一指的要從莊周說起。在莊周書裏不止一次地歌頌一般人們輕視的肢體殘廢或者形骸受損的人們，特别指出"棄隸者若棄泥塗"（見《田子方》），體現了奴隸要求解放的逼切願望，而他自己的態度，則是"不賤門隸"（見《秋水》）、"以隸相尊"（見《齊物論》），試問在過去漫長的封建社會裏有哪一個公開地喊出這樣自由平等的、正義感的聲音，爲着奴隸而說過一句公道話呢？《讓王》《盜跖》等篇，雖然不一定是莊周自己的親筆，但是這種思想出現於這個學派，也是值得重視而極其寶貴的了。

出生於東方齊楚之間宋國蒙縣的作爲漆園小吏的莊周，是一個"家貧""衣弊履穿"（見《莊子·山木》）的寒士，曾經向"監河侯貸粟"（見《莊子·外物》）而未得，最要好的朋友，是魏相惠施，没有看到他們有什麼經濟上的往來。並世著書的學者，没有一個提過"莊周"這名字，弟子姓名，可以考見的只有一個在《山木篇》中說到的藺且。然而他自己的著作不少，主要的是内篇七篇，他的門徒，假托莊周而寫作的可能很多，據《藝文志》說《莊子》有五十二篇，現在只存三十三篇。有人說他"言多詭誕，或似《山海經》，或類占夢書"（陸德明說，見顧實《漢書藝文志講疏》引），現存的書看不出這個痕迹，可見散失的文字不少，北齊杜弼曾注《惠施篇》，今並不存。

在現存的《莊子》裏提到孔子的四十四次，其中有十三處涉及顔回，特别記載了顔回心齋、坐忘的學說，看來莊周是從儒家顏回一派發展而來的，人們一向把他看作道家，這是還可以討論研究的問題。

莊周著書，要點在於"內聖外王"（見《天下》），"玄聖素王"（見《天道》）。《天下篇》講"內聖外王"，王，不僅局限於《天道篇》所說"以此處上帝王天子之德也"的王，應該包括"以此處下，玄聖素王之道也"的王。《天道篇》說"靜而聖，動而王，無爲也而尊，樸素而天下莫能與之爭美"，這裏的"王"字，固然是"王天下"的王，然而也不排除"玄聖素王"的王。否則，一定要說是"王天下"的王，那末"王天下"的畢竟只有少數，哪裏可以作爲一般教誨勸勉的對象呢？正因爲有"素王"的王，雖然沒有"王天下"的政治地位，而却合乎"王天下"的一種道德風尚，所以這番議論可以作爲一般的教言。就是莊周自己能夠說出這樣話來的人，說他自己是"內聖"，固然可以；說他就是"外王"，也未嘗不可。他自己這一套，"靜而與陰同德，動而與陽同波"（見《天道篇》）、"不賤門隸"（《秋水》）、"以隸相尊"（《齊物論》）、"不譴是非以與世俗處"（《天下》），這樣的與世和光同塵，不就是"王天下"的實際效果嗎？所以他所講的"內聖外王"之學，不是專對上級想做統治者的人們說的，而是對一般人說的，無論什麼人，都可以做到。這樣看來，它的意義，就很可貴，就很偉大了。

《莊子·天下篇》劈頭就講"天下之治方術者多矣"，到"古之人其備乎"，接着就是"舊法世傳之史"，明白標舉了"鄒魯之士、搢紳先生多能明之"的《詩》《書》《禮》《樂》"，指出《詩》《書》《禮》《樂》《易》《春秋》的性質特點，說明莊周淵源所在，的確來自儒家。他痛恨"不該不徧一曲之士"的，使得"內聖外王之道，闇而不明，鬱而不發"，因此造成"道術將爲天下裂"的局面。在這開端第一段裏，莊周的態度非常明朗，他是主張"內聖外王"而反對"一曲之士"的。

在說自己交代自己學術路徑的一番話之前，提到他的學術前輩，主要有四批人：(1)墨翟、禽滑釐；(2)宋銒、尹文；(3)彭蒙、田駢、慎到；(4)關尹、老聃。這四批人實際上只有兩個方面：(1)(2)兩項，都是墨家；(3)(4)兩項，趨向於道家。莊周從儒家來，反對墨家，却稱墨翟爲"才士"，稱關尹、老聃爲"古之博大真人"，而自己却表示和他們並不相同。至於和他同時或稍後的惠施、桓團、公孫龍一批，大概就是他說指斥的"不該不徧"的"一曲之士"了。

我們仔細閱讀《天下篇》，明確知道莊周來自儒家，雖然著書常說老聃，却和老聃不全相同，更不要說後來托名於老聃的《老子》了。

《天下篇》列舉四項人物，除(1)墨翟、禽滑釐外，其它三項宋銒、尹文、彭蒙、田駢、慎到、關尹、老聃，都是當時齊國稷下學派的有關人物，關尹就是環淵，老聃就是詹何（說見前，參看錢穆《先秦諸子繫年考辨》）。環淵、詹何都是隱於魚釣的"江海之士"，現存的《老子》一書，很有可能就是他們一批人的手筆。自來學者多以"老莊"爲稱，這導原於《史記・老子韓非列傳》，注揚雄《法言》的吳祕也說莊周之書十餘萬言，其要本歸於老子之言，其實這是錯誤的，只有劉勰說"莊老告退，而山水方滋"（見《文心雕龍・明詩》），把老子放在莊周的後面，後來的柳宗元也說"參之莊老以肆其端"（見《答韋中立論師道書》），這個次序就很正確了。

司馬遷說申不害"申子之學本於黃老而主刑名"，說韓非"喜刑名法術之學，而歸本於黃老"，申韓法家，都和黃老有關。司馬遷又說：

> 老子所貴道，虛無，因應變化於無爲，故著書辭稱微妙難識。莊子散道德，放論，要亦歸之自然。申子卑卑，施之於名實。韓子引繩墨，切事情，明是非，其極慘礉少恩。皆

原於道德之意，而老子深遠矣。(《史記·老莊申韓列傳》贊)

司馬遷批評這四個人"貴道"的是老子，"原道德"的是申韓，而"散道德"的則是莊周，在他的意識中也是知道莊周和老子本來是有區別的。

惠施批評莊周"子言無用"，莊周回答他大講"無用之爲用"(見《外物》)，惠施熱心政治，追求知識，這正是莊周所不願過問的。他們兩個相知很深，而作風截然不同，從這裏完全可以瞭解他倆的特點。

莊周不願"爲有國者所羈，終身不仕"，"王公大人不能器之"(見《老莊申韓列傳》)，當時學術界除了《荀子》說一句"莊子蔽於天而不知人"(見《解蔽》)之外，沒有人提到莊周這名字。他所寫的書，在當時也不如後來《老子》那樣的時髦。西漢後期，除了劉安、司馬遷、劉向、揚雄曾經看到他的著作之外，號稱博覽的桓譚，要從家有賜書的班嗣借閱《莊子》，還不能達到目的，可見莊周的書在漢代是未見流行的。直到魏晉之間，《莊子》這部書才逐漸時髦起來，引起了所謂"老莊"清談，爲後來的研究佛法準備了基礎。

## "黃老"

前面講老莊，現在講黃老。

"黃老道德之術"這句話，見之於司馬遷的筆下(《史記·孟荀列傳》)，這可能是西漢早期流行的一句術語，戰國末期，還沒有這樣清楚的認識。莊周書裏內篇七篇提到老聃，也提到黃帝，却不見"黃老"這名詞。他講到"道"，講到"德"，也沒有把"道德"

兩字連在一起使用。"道德"兩字連用成為一個名詞，出現於外篇、雜篇，可見這"道德"兩字連用的出現，是後來的事。司馬遷說"百家言黃帝，其文不雅馴，搢紳先生難言之"（見《五帝本紀》），說明黃帝是從百家言裏流傳出來的。班固《藝文志》沒有把黃帝的書排在道家最前面，而是排在《莊子》《鶡冠子》之後，可見黃帝的這一套是後出的。所謂"黃老道德之術"，導源於戰國後期的名家、法家以及東方齊國的稷下，到西漢初期，到達了頂峰。論其次序，還是先有老而後有黃，等於前面已經說明白了的，先在《莊子》而後有《老子》書一樣。關於老子和《老子》書，前面已有說明，這裏還得做一些必要的補充，然後專談黃帝。

在"老子"這個名詞概念之後，存在着一連串的問題，不但人有問題，書也有問題。

人，是否姓李名耳？是否就是老聃？是否就是周太史儋？究竟孔子曾經向他問過禮沒有？他和老萊子又是什麼關係？看司馬遷所寫列傳裏的幾個"或曰"，又用了"蓋"字、"豈"字，司馬遷自己不能肯定，更何況是二千年以後的我們呢！迄今為止，經過核實研究，這個所謂"老子"的意義大概和"太公""文人"相等，是一個泛稱，不是一個專名。大概當時在南方"江海之士"，有幾個長壽大耳的隱君子，混迹魚釣，魚釣本是古代初民的生活，因之就成為古代老人的標志。這些人博學多聞，積累了許多知識，而不肯出仕，這批人中可能就有一個詹何，成為後來塑造"老子"的模型。在莊周的寓言裏，用"詹""聃"聲近的"老聃"名義出現，稱之為"老子"，這是南方思想的代表，北方的學術權威孔丘，向老聃問禮，象徵着南北思想的交流融洽。《論語》裏原有楚狂接輿、荷蓧丈人的故事，由此緣飾，產生了孔子見老子的傳說。莊子寓言，本來就是小說，司馬遷信以為真，寫入列傳，人們以誤傳誤，認為真人真事，誰知這是一個大騙局呢？

書，自從齊國稷下先生中不知哪一個，或許就是音同於關尹的環淵寫定後，韓非據之寫出《解老》《喻老》，嗣後《漢書·藝文志》說《老子》有"《鄰氏經傳》四篇""《傅氏經説》三十七篇""《徐氏經説》六篇"，又有"《劉向説老子》四篇"，這些本子非殘即亡。現存的王弼、河上公注兩種，不知究竟是從哪一個本子來的。劉安《淮南子·道應訓》引了許多"《老子》曰"，文字和今本《老子》有出入；《史記·扁鵲倉公列傳》司馬遷引《老子》說"故《老子》曰美好者不祥之器"，今本《老子》没有這句，只有"佳兵不祥"，可見劉安、司馬遷所見决不同於現存的本子。

項羽妾的墳墓在徐州，北齊後主武平五年（公元574年），在這墳墓裏出土《老子》古寫本，這給初唐時期傅奕（公元555—639年，貞觀十三年卒）"《道德經》古本篇"校定錯别字句做了根據。但是傅奕這個本子分篇分章，還是根據西漢以後通行本的《老子》，還不是《老子》原書的本來面目。

一九七三年底，在長沙馬王堆三號漢墓發現西漢初年的帛書《老子》甲乙兩種寫本，和現存的本子除了篇章之外，内容没有什麽大出入，而且相當完整。甲本小篆，寫在前；乙本隸書，寫在後。甲本是劉邦稱帝以前寫的，乙本是劉邦稱帝以後劉盈、劉恒爲帝以前寫的。這兩本埋藏的時間是漢文帝劉恒十二年（前168年），恰好是黄老之學盛行的時候。估計這甲乙兩本的埋藏和項羽妾墓的埋藏相去没有多少年。這兩本帛書《老子》没有分章，和現存的河上公本、王弼本最大的不同，是"德經"在前，"道經"在後。甲本没有標明"德"和"道"，而乙本在末尾標着"二千四百廿六"字樣，中間又標出"三千"指的"德經"的數字，末尾的數字，指的是"道經"，合計共有五千八百多字，超出一向傳説的"老子五千言"。這個數目，最突出的一點就是兩個本子，都有句中虚字，所以字數多了。這兩個本子，經過仔細校對，它和傅奕校定的本子很是接近，不過没有分章，没有把"道經"放在"德經"的後面，"德經"在前，"道經"在後，這和韓非《解老》《喻老》的次序吻合,這可能是《老子》原書的本來面目。關於分章及上下篇第的事,董思靖《道德經集解序說》引《七略》道"劉向定著二篇八十一章,上經三十四章,下經四十七章"。劉向校書,在帛書埋藏之後,可見《老子》這書原來不分篇不分章,和甲本相同。據帛書乙本,在西漢初年,上經、下經已有分別,但還沒有明標"道經""德經"的名稱。從內容來看完全可以知道"德經"在前,"道經"在後。河上公注本,上篇首章稱"體道",下篇首章曰"論德",還沒有明標"道經""德經"。唐玄宗李隆基御注《道德經》,才明白分出老子道經卷上、德經卷下,但在初唐時期人看到的《老子》,賈公彥《周禮疏》已經引"《老子》道經",顏師古《漢書》注、李賢《後漢書》注,也都引"《老子》道經、德經",可見道經、德經之名,在隋以前已經有了。荀卿《解蔽篇》引"道經曰:'人心之危,道心之微。'危微之幾,惟明君子而後能知之",他所引的道經,文字風格,和現存的道經不同,當然不是一個本子。

南宋陸游作《放翁題跋》說"晁以道謂王輔嗣本《老子》曰《道德經》,不析乎道德而上下之,猶近於古,今此本已久離析"。那末,在晉代王弼注時,《老子》還有不標道經、德經的本子。

現在看甲乙兩本,開端第一章,就有"是以大丈夫居其厚而不居其泊(薄)"的話,這和戰國中期景春問孟軻"公孫衍、張儀豈不誠大丈夫哉"(見《孟子·滕文公》)同樣的重視"大丈夫","大丈夫"可能是戰國中期社會上流行的一般人企望艷羨的標準。《老子》開端就提出這個名字,它的寫作時間,可以想見,決不會在戰國中期以前。關於這一點,前面已經說明。除此之外,還有一點,從文字語言使用的角度來看,甲乙兩本在語句中間同樣地用了"安""案"字,作為句中語助。甲本說:

> 信不足,案有不信。
> 故大道廢,案有仁義。知快(慧)出,案有大偽。六親不

和,案有畜(孝)兹(慈)。邦家閔(昏)亂,案有貞臣。

乙本說:

> 信不足,安有不信。
> 
> 故大道廢,安有仁義。知慧出,安有大僞。六親不和,安又(有)孝兹(慈)。國家閔(昏)亂,安有貞臣。

這裏"安"和"案"是同樣標音的句中助字,上下文應該連作一句讀,帛書整理小組的同志把它從"案""安"字起分作另一句讀,這是不對的。這個"案""安"字的用法,明白指出了時代特點,在古代文籍中,最突出地出現在荀卿所著的書裏。例如:

> 是案曰是,非案曰非。(《臣道篇》)
> 秦使左案左,使右案右。(《強國篇》)
> 今子宋子案不然。(《正論篇》)

荀卿書裏這幾個"案"字都是句中助字,代表着"啊"字的聲音。在這種場合,這個"案"字是完全沒有意義的,這就叫做虛字。馬王堆出土的另一種帛書,被稱爲帛書別本《戰國策》的第十四章:

> 若三晉相竪(堅)也以功(攻)秦,案以負(倍)王而取秦,則臣必先智(知)之。

這裏"案"字的上下文也應一起連讀成爲一句,用一個"啊"字的聲音寫作"案"而把前後文字聯繫在一起。這一種"案"字的使用,是在戰國末期出現的,那末《老子》這部書的產生時間,斷然無疑在戰國末期,上不超過"塊不失道"的慎到,下則是在寫《解老》《喻老》的韓非之前。

《老子》一書,富有辯證法的因素,這一點和莊周書裏所說的老聃不很相近,這是老聃學說的進一步發展。固然它所講的

"道"關於宇宙本體論範疇方面的問題和老聃說的差異不大,但是它所講的"德",談到人生論、政治論方面等問題,則比老聃所說精明英銳,權譎得多。它的一套本領,總的一點,是在因循的"因"字上用功夫,它巧妙的使用了一套手法,可以取得自己暗中預期的效果。這種手法是莊周以及莊周書裏的老聃所不曾談到的,而在《老子》書裏,則充滿着這種因素。

在古代東方齊國,齊相管仲,司馬遷贊他"善因禍而爲福,轉敗而爲功"(見《史記・管晏列傳》),在《戰國策》裏,蘇秦、蘇代兄弟也愛說這兩句。可見在戰國時期,特別是在東方的齊國稷下學派——也就是管仲所治,蘇秦從學,黃老之學盛行的地方,對於矛盾的轉化、辯證的統一,是頗有認識,很能利用。《老子》書裏論到政治,一方面説"聖人無常心,以百姓心爲心",一方面則説"國之利器不可以示人"。上一句接近民主,下一句傾向獨裁,兩個極端結合在一起,反映了這個時期新興的地主階級,一方面要牢固掌握自己已經取得的政權,另一方面又需要充分地利用人民的力量,這就是這個時期的時代特徵。所以,《老子》這本書,我們現在來看,實在是當時研究"佐人主"(語見第三十章)"侯王"(語見第三十七章、三十九章)如何"取天下"(語見第四十八章、五十七章)、"立天子,置三公"(語見第六十三章)的一本秘訣。"將欲歙之,必固張之;將欲弱之,必固強之;將欲廢之,必固興之;將欲奪之,必固與之"(第三十六章),陳成子以後"世世有齊國"的傳家寶,編寫《老子》一書的先生們是非常熟悉的,所以,他的書成爲權謀術數的教本,其中包括着治國、行軍、爲人、處世各方面的一大套學問。它所以主張的無爲、柔弱、素樸、儉約,看起來似乎有些消極,像熱水瓶一樣,外表的確冷冰冰的,誰知道其中裝滿着滾熱的沸水呢!這本書特別發展了從孫武、吳起以來的一些軍事學方面的理論,把它提到政策戰略方面來考察,無怪西漢初期,統治階級要視爲枕中鴻寶,竇太后要強迫她的子弟熟讀這一本書了。這就是"無爲無不爲"的真諦,是屬於政治人事方面的事,其中更有積極、正確的語句,例如"常善救人,故無棄人""既以爲人己愈有,既以與人己愈多",更是值得寶貴。

宇宙論本體論,《老子》書既標出"常"字,又標出"無"字,最後歸結到無所得。《莊子·天下篇》轉述老聃的意見說:

> 建之以常無有,主之以太一。

"常無有"是"常無常有"的簡稱。《老子》書說"常無欲以觀其妙""常有欲以觀其徼"。又說"無名天下之始,有名萬物之母","妙"是指轉化的機能,"徼"是說分際的界限。它主張既要看空,又要看實,在"空"的方面看出轉化的機能,在"實"的方面重視分際的界限。這是合於一分爲二、合二而一的自然現象的。其實《老子》書這一段話,是以《莊子·天下篇》老聃"建之以常無有"一句脫胎而來的,不是很早就有的。關於這些,司馬遷的父親司馬談有所察覺,所以他說:

> 道家使人精神專一,動合無形,贍足萬物。其爲術也,因陰陽之大順,采儒墨之善,撮名法之要,與時遷移,應物變化,立俗施事,無所不宜,指約而易操,事少而功多。(見《史記·太史公自序》)

這話說得很明白,道家的產生,是在陰陽儒墨名法之後,這是完全合於歷史事實的。它所講的一套,是"術",是"君人南面之術",換句話說,是一種政治上實施的手段。這一套實在是積累了過去的許多經驗彙合融化而成的。轅固生說老子是"家人言",一點也不錯。唐代柳宗元說"余觀《老子》,亦孔氏之異流也,不得以相抗"(見《送元十八山人南游序》),在這話裏也值得重視,可以討論。

傳說中的黃帝,前於老聃,事實上的《黃帝》書,是在《老子》

書之後。《漢書·藝文志》"道家"《老子》《莊子》《鶡冠子》之後，才輪到"黃帝"的書名四種：

《黃帝四經》四篇。
《黃帝銘》六篇。
《黃帝君臣》十篇。（注："起六國時，與《老子》相似也。"）
《雜黃帝》五十八篇。（注："六國時賢者所作。"）
《力牧》二十二篇。（注："六國時所作，托之力牧。力牧，黃帝相。"）

其它在陰陽家有：

《黃帝泰素》二十篇。（注："六國時韓諸公子所作。"）

在小說家有：

《黃帝說》四十篇。（注："迂誕依托。"）

"兵書略"兵陰陽有：

《黃帝》十六篇。
《封胡》五篇。（注："黃帝臣，依托也。"）
《風后》十三篇。（注："圖二卷。黃帝臣，依托也。"）
《力牧》十五篇。（注："黃帝臣，依托也。"）
《鬼容區》三篇。（注："圖一卷。黃帝臣，依托。"）

此外在天文曆譜、五行、雜占、醫經、神仙等方面，都列有黃帝的書。這裏必須注意的是道家所列的五部次序，都在《老子》之後，而在班固的注釋裏，有四處之多，指出時間是六國；有五處之多，明標着"依托"。那末這些材料，都應該看作是戰國時期的文獻，劉勰說："蓋上古遺語，而戰代所記。"（見《文心雕龍·諸子篇》）

"戰代所記",這是没有問題的,是否真的"上古遺語",那就無從考信了。關於黄帝,這是一個須要研究的問題。他是春秋戰國時期人民傳説中的人物。在歷史上,可能遠古有一個部落酋長,曾在中原地區使用武力,合并了鄰近幾個部落,後來逐漸把它神話化了,迄今爲止,大家口頭所説的黄帝,很有可能是傳説裏的加工塑造。

司馬遷寫《史記》第一篇《五帝本紀》,第一個就是黄帝,他很費斟酌的寫下了四百七十個大字,自己説:"百家言黄帝,其文不雅馴,搢紳先生難言之。"後來作《史通》的劉知幾説他:"子長之撰《史記》也,殷周以往,采彼家人。"黄帝的傳説是從傳説中得來的,這正如前面提到的班固注"《黄帝君臣》十篇"時説的"起六國時,與老子相似也"。班固説的"相似",是説老子起六國時,"《黄帝君臣》十篇"也是起六國時,所以説"與老子相似"。這就是司馬遷所説的"百家言黄帝",也就是劉知幾所説的"采彼家人"。"百家""家人",總之都是傳説。

傳説從什麽時候開始的呢?

晉公子重耳在秦的時候,從臣司空季子,對重耳的講語中,提到"黄帝",説"黄帝之子二十五人",又説"昔少典娶於有蟜氏,生黄帝",又説"黄帝以姬水成",這可能是最早説到"黄帝"的人。這段材料見《國語·晉語》。司空季子是晉國的大夫胥臣白季。

《左傳》魯僖公二十五年記晉文公重耳將定周襄王之位的故事時説"使卜偃卜之,曰吉,遇黄帝戰於阪泉之兆",這件事還在孔丘没有出生之前。卜偃卜占之後,《左傳》魯文公十八年,太史克爲季文子對魯宣公的話説舜舉十六相"去四凶事",提到"帝鴻氏"有不才子,天下之民謂之"渾敦","渾敦"就是驩兜,"帝鴻氏"就是黄帝,這是没有説明黄帝的黄帝。《左傳》昭公十七年秋,郯子來朝,公與之宴,昭子問焉,曰:"少皡氏鳥名官,何故也?"郯子曰:"吾祖也,我知之。昔者黄帝氏以雲紀,故爲雲師而雲名。"杜預注説這時孔丘二十八歲,"聞之見於郯子而學之"。這些材料可能是有關黃帝記載的最早材料。從這些材料來看,大概在古代中土是有一個擁有武力的部落首領——酋長,這個酋長是一個英雄人物,就是後來傳説中的黃帝。這個傳説,在春秋中期早就傳了下來,"牧野之語:武王克殷反商,未及下車,而封黃帝之後於薊",這段話是《禮記‧樂記》孔丘對賓牟賈講的。這段之前,有"丘聞之萇弘"一句,萇弘於魯哀公三年六月見殺。在此之前,固然孔丘可能見到萇弘,但是《樂記》出於戰國後期,有些章節見於現存的《荀子‧樂論》,孔丘所説"武王封黃帝之後"的事,毫無疑問,必然是戰國後期的傳説。歷史發展到戰國後期,新興的地主階級勢力逐漸擴張,統一中國的願望日益開展,這時突出地流行了"中國"這個名詞。這個名詞,在《詩經‧大雅》裏已經出現,如"内奰於中國,覃及鬼方"(見《蕩》),如"惠此中國,以綏四方"(見《民勞》),"中國"和"鬼方""四方"對稱。到春秋時期,秦穆公和由余對話,也提到這名詞。這名詞的作用,是自我表揚,區別於四荒、四海、四夷、四裔。事實上有東西南北的四方,也就有中間地區的中央。古人認爲東西南北中是五方,青赤白黑黃是五色,木火金水土是五行,相互配合起來,認爲"中央土,其帝(就是)黃帝"(見《月令》),這樣,黃帝就成中國的代名詞了。

黃帝這名詞,在戰國時代的古籍裏,《管子》《莊子》《吕氏春秋》多有所見。在這時期"中國"這名詞,也經常使用。《孟子》《荀子》《中庸》書裏都有。在神話傳説裏,特別是黃帝有四個面孔,非常駭人聽聞,值得注意。尸佼説:

> 子貢問於孔子曰:"古者黃帝四面,信乎?"孔子曰:"黃帝取合己者四人,使治四方,不謀而親,不約而成,大有成功,此之謂四面也。"(見《尸子》)

這當然是後來假托的話,但在這裏可以明白看出,黃帝就是"中央土"的化身。《韓非子·揚權篇》說：

> 事在四方，要在中央。聖人執要，四方來效。

中央的要點，在於聖人，這不是完全透露了"中央土，其帝黃帝"的重要意義了呢？

歷史進入戰國年代的中後期，各個並立稱王的新興地主階級政權，都有統一中國的希望，最突出的是東西齊秦兩國。在孟軻書裏，代齊宣王明明白白地說出了"欲辟土地，朝秦楚，莅中國，而撫四夷也"（見《梁惠王》），揭穿了他的野心，明顯地要做那時中央的黃帝。齊宣王要做當代的黃帝，並不足怪，他是田嬰齊的兒子，他是希望繼承父親遺志的。這個田嬰齊是誰呢？這就是"三年不蜚不鳴"而"一鳴驚人"的齊威王。齊威王自己就要繼承黃帝事功的人，傳世的銅器中，有一件"陳侯因資敦"，敦上刻着銘文說：

> 皇考孝武桓公，恭哉大謨克成。其唯因資，揚皇考紹統高祖黃帝，侎（邇）嗣桓文，朝聞諸侯，合揚厥德。（見郭沫若《兩周金文辭大系圖錄考釋》）

這裏的陳侯因資，就是田嬰齊，就是齊威王。齊威王的父親是陳侯午，就是他說的"皇考孝武桓公"。這個齊威王，他遠則祖述軒轅黃帝，近則繼嗣齊桓晉文，他明白地把黃帝抬了出來。齊威王、宣王父子兩個，對於古代傳說裏的黃帝這樣崇敬，他們御用的文人稷下學派的"先生"們，當然要為他們製造輿論，大談其黃老之學了。

陳侯午，是春秋時代陳國的子孫，陳國自稱是有虞氏的後裔，他們的老祖宗是黃帝、顓頊、虞舜。陳侯午的上代，從陳國來到齊國，終於取得了齊國的政權，到齊威王、宣王兩代成為東方諸侯中極其雄厚的力量。他們想利用"黃帝"這招牌來統一中國,這完全是可以理解的。

再説齊這個地方。"齊之所以爲齊,以天齊也",齊有"天齊淵水"(並見《封禪書》),説是"如天之腹齊(見《封禪書》索隱)";又有泰山,泰山是天下之中,管仲曾經對齊桓公説過"黄帝封泰山"(並見《封禪書》),這樣想從齊國來統一天下,更是有他的思想基礎了。

《藝文志》裏道家黄帝的幾部書,排在《老子》《莊子》的後面,時間在於"六國",情況則是"依托六國"。"依托"究竟來自何方?通過研究,我們知道應當落實到稷下學派。在前面已經證實《老子》這書有些部分是從《莊子》書裏脱胎而來的,下面看一看《黄帝》的書和《老子》的關係。

《藝文志》裏道家《黄帝》的書,久已失傳,馬王堆漢墓出土的《老子》乙本前面正好有《經法》《十大經》《稱》《道原》等四篇。其中《經法》有九篇文章,共五千字。這段材料的主要特點是重視農戰,強調法治,主張統一。這可能是戰國後期,秦國已經變法,還未取得統一,東方諸侯正在相持不下的局面下寫成的,時間則在荀卿、韓非之間。《十大經》假托黄帝和他的輔佐力牧、闔冉、果童、高陽、太山之稽等的談話,是現存的唯一的一本叙述黄帝事迹和主張的書,内容包含《立⃝》《觀》《正亂》等十五篇文章,共四千多字。這四篇佚書,可能就是久已失傳的《黄帝四經》,或者和《黄帝君臣》有關,代表着所謂"黄帝"的思想。《經法》《十大經》《道原》對虚無作了新的解釋,成爲物質的抽象,從而提出守道任法的思想。這些材料,從抄寫在《老子》之前這一點來看,就可以知道《黄帝》和《老子》的關係。《老子》是原有的,《黄帝》是新出的,這次序很明顯。在這裏,《黄帝》爲主,《老子》則成爲從屬的東西,這就叫做"黄老之學",或云"黄帝老子言",這是具體的物證。《黄帝》《老子》兩書在談到本體論這問題上都歸之於"道",這裏就從"道"這問題,雙方對比如下:

| 《老子》書 | 《黃帝》書 |
| --- | --- |
| 有物混成,先天地生。寂兮寥兮,獨立而不改,周行而不殆,可以爲天下母。吾不知其名,字之曰道,强謂之曰大。(《老子》第二十五章) | 恒先之初,迥同太虛。虛同爲一,恒一而止。濕濕夢夢,未有明晦。神微周盈,精靜不巸(熙),古(故)未有以。(《道原》) |
| | 高而不可察。深而不可測。顯明弗能爲名,廣大弗能爲刑(形)。獨立不偶,萬物莫之能令。堅强而不穘(潰),柔弱而不可化。精微之所不能至,稽極之所不能過。(《道原》) |
| | 有物始生,建於地而溢於天,莫見其形,大盈,經天地之間,而莫知其名。(《經法·名理》) |
| 道生一,一生二,二生三,三生萬物。(四十二章) | 一者,道之本也。⋯⋯循名復一。(《十大經》) |
| 天下之物生於有,有生於無。(四十章) | 虛無形,其䆁冥冥,萬物之所以生。(《道法》) |
| 道常無爲而無不爲。(三十七章) 爲無爲則無不治。(第三章) | 道者,神明之原也。絕而復屬,亡而復存,孰知其神？死而復生,以禍爲福,孰知其極？欲知得失,請必審名察刑(形)。刑(形)恒自定,是我俞(愈)靜。事恒自也,(施)是我無爲。(《十大經》) |
| 知其雄,守其雌,爲天下谿。爲天下谿,常德不離,復歸於嬰兒。(二十八章) 天門開闔,能無雌。(第十章) | 凡人好用雄節⋯⋯以守不寧,以作事不成,以求不得,以戰不克⋯⋯凡人好用雌節⋯⋯以守則寧,以作事則成。以求則得,以單(戰)則克。(《十大經·雌雄節》) |

(續表)

| 《老子》書 | 《黃帝》書 |
|---|---|
| 柔弱勝剛強。(第三十六章)<br>天下之至柔,馳騁天下之至堅。(四十三章) | 卑約主柔。(《十大經》)<br>柔身以寺(待)之時。(《十大經》)<br>以剛爲柔則活,以柔爲剛則伐。(《經法·名理》) |
| 不敢爲天下先,故能成器長。(六十七章)<br>道生一。(第四十二章) | 先者恒凶,後者恒吉。(《十大經》)<br>循名復一。一者,道之本也。(《十大經·成法》) |

從文字的使用和表現的風格來看,可以知道,《黃帝》書比《老子》書較爲淺近,時間比較在後,是從《老子》書演化而來的。《老子》書裏雖然有"偏將軍""上將軍"等名稱,還沒有說過"今天下大爭"的話,還沒有提到"黔首"這名詞。現在看《黃帝》書裏的《十大經》就有這種說話,可以知道它的寫作時期一定在《老子》之後。

尸佼的書有"黃帝四面"的話,《十大經》加以改造,說:

> 昔者黃宗質始好信,作自爲象,方四面,傅一心,四達自中,前參後參,左參右參,踐立履參,是以能爲天下宗。(《立🔲》)

"立"字下的"🔲",我們不識,讀不出聲音,但意義我們知道,這就是文中所說的"四面一心",也就是前面提到的《韓非子·揚權篇》所說的四句十六個字的具體形象。有人疑是"命"字,或"宗"字,我看都不合適,認爲這可能就是"帝"的另一寫法。"帝"的本意,象形花蒂,借來作爲帝王的帝。這裏"🔲"這個形象,就具體描繪出"事在四方,要在中央。聖人執要,四方來效"的情況,這不就是黃帝的"帝"字而是什麼呢?立帝這一件事,在戰國後期,確實存在。公元前二八八年,"天下立兩帝"(語見《史記·田敬仲世家》),齊湣王爲東帝,秦昭王爲西帝,《立☐》這一篇在《十大經》裏,更可以證實《十大經》這類的《黃帝四經》是寫在《尸子》成書之後,已經快要到達戰國將要結束的時期了。

《十大經》有許多專講政治軍事方面的內容,是《老子》書進一步的深入,和《孫子兵法》《孫臏兵法》之類的思想內容有關,又和商鞅、申不害、慎到等人的思想內容有關。在這些政治軍事的論述中,強調"審名察刑(形)""中有正度",必須"左右執規,以寺(待)逆兵""正之以刑與德"(見《觀》),指出"非刑不行""非德必頃(傾)"(見《姓爭》),這些都是《老子》書裏不談的。《老子》書表面上裝作消極,《黃帝》書則表現得非常積極,例如《十大經》認爲在"天下大爭"的時代,"作爭者凶,不爭亦無以成功",這不就是黃帝禽殺蚩尤的理論根據嗎?

秦沒有統一六國之前,李斯《諫逐客書》中引了一段話,説"此所謂籍寇兵而齎盜糧者也",李斯的"此所謂",究竟在什麼地方見到的呢?現在看來,這段話早已見於《稱》這一篇裏。

> 毋籍賊兵,毋裹盜糧。籍賊兵,裹盜糧,短者長,弱者強。

可見在李斯那時,這《黃帝四經》已經存在了。《十大經·成法》一段,説"循名復一",説"一者,道之本也",這和《老子》"道生一"相同。"國家"這名詞,流行於戰國秦漢之間,《中庸》後出,就有"凡爲天下國家,有九經"的話。《老子》第十八章,也有"國家昏亂有忠臣"的話,《十大經·兵容》一段之末,三次提到"國家";《三禁》也説"國家";《十大經·前道》也屢説"國家"。漢初劉邦曾説"諸君必以爲便,便國家",這已是後來的事了。又《兵容》一段,屢言"襦傳",終軍棄繻(即襦字)入關,事在漢武帝時(見《漢書》中軍)。有人主張這幾篇古佚書的成書,約在漢初,在劉邦做了皇帝,韓彭已經菹醢之後(見《歷史研究》一九七五年第三期九十頁），然而我們知道李斯曾經引用其文，那就不會晚到漢初才有了。

戰國時期，黃河中下游盛稱黃帝，不僅齊威王有"高祖皇帝"的話，莊周書裏談到黃帝的有十三則之多。莊周之外，商鞅、申不害、韓非都稱道黃帝。商鞅說：

> 黃帝作爲君臣上下之義……内行刀鋸，外用甲兵……（《商君書・畫策》）

韓非說黃帝"上下一日百戰"（《揚權》）。荀卿的書，引《黃帝金人銘》（見《太平御覽》三百九十引《孫卿子》），可是黃老學派畢竟是從齊國稷下學派的土壤中產生出來的。慎到、環淵這批人，是其中的代表，他們吸收了莊周書裏老聃（即老子）的話，加上當時著名軍事學家的理論，概括提高，寫成了《老子》；又從齊威宣對於他們所謂"高祖黃帝"征服蚩尤統一天下的嚮往憧憬，改選《老子》書裏的部分思想，加上當時的時代思想寫成了《黃帝四經》，在齊國流傳開來，形成"黃老之學"。所以"黃老之學"，是後來的人假託前人而逐漸形成起來的一套學說，後人假託前人，在先秦時期，不是沒有先例的。許行，孟軻說他"有爲神農之言者許行"，既有"有爲神農之言者"，必然也就有"有爲黃帝之言者""有爲老子之言者"，正如孔孟言必稱堯舜，就是"有爲堯舜之言者"；墨翟稱道大禹，就是"有爲大禹之言"了。

《史記・樂毅列傳》有一段材料，明白交代了黃老這一派學說的傳授，說春秋年代樂羊的後人樂毅，家居靈壽（今河北省靈壽縣），他的同族有兩個專講"黃帝老子之言"的：

> 樂氏之族有樂瑕公、樂臣公。趙且爲秦所滅，亡之齊高密。樂臣公善修黃帝、老子之言，顯聞於齊，稱賢師。

又說：

> 樂臣公學黃帝、老子，其本師號曰河上丈人，不知其所出。河上丈人教安期生，安期生教毛翕公，毛翕公教樂瑕公，樂瑕公教樂臣公，樂臣公教蓋公。蓋公教於齊高密、膠西，爲曹相國師。

曹相國就是曹參，和蕭何一道都是漢高祖劉邦的得力助手，後來繼續蕭何做漢皇朝的宰相，世稱"蕭規曹隨"。《史記·曹相國世家》說：

> 參爲齊丞相……盡召長老諸生，問所以安集百姓，如齊故俗。諸儒以百數，言人人殊，參未知所定。聞膠西有蓋公，善治黃老言，使人厚幣請之。既見蓋公，蓋公爲言治道貴清靜而民自定，推此類具言之。參於是避正堂，舍蓋公焉。其治要用黃老術，故相齊九年，齊國安集，大稱賢相。

從"河上丈人"這個老頭子教樂臣公，通過蓋公到曹參，黃老之學在西漢初期政治上得到實施，一直到漢文帝、竇太后、漢景帝，黃老之學取得了一定的成果。司馬談生在這個時代，"習道論於黃子"（見《太史公自序》），這黃子就是"好黃老之術"的黃生（見《漢書·儒林傳》），因此對於黃老之學受到一定的影響。他在《論六家要旨》的一段話裏，把"道德"排在陰陽儒墨名法之後，說明它是後起而成爲先進的學派，最後盛贊道家無爲而無不爲，認爲"乃合大道"，"何事不成"。司馬遷繼任史官，曾經說過，"五經不如《老子》之約也，當年不能極其變，終生不能究其業"（見《法言·寡見篇》）。班固批評他"論大道則先黃老而後六藝"（見《漢書·司馬遷傳》贊），又說"昔老聃著虛無之言兩篇，薄仁義，非禮學，然後好之者尚以爲過於五經，自漢文景之君及司馬遷皆有是言"（見《漢書·揚雄傳》贊）。證明黃老之學在西漢初期，是統治階級上層建築的最高綱領。景帝劉啓的末年、武帝劉徹的初年，外戚竇嬰、田蚡得勢,"俱好儒術"(見《史記·魏其武安侯列傳》)。田蚡做了丞相,"黜黃老刑名百家之言,延文學儒者"(見《史記·儒林列傳》)。司馬遷說"世之學老子者則絀儒學,儒學亦絀老子"(見《史記·老子韓非列傳》),儒與黃老展開激烈的鬥爭,大概就在這時,這時司馬遷還在幼年。壯歲之後,武帝劉徹已在"罷黜百家,獨尊儒術"了,然而司馬遷還是"先黃老而後六藝",到了東漢年代,楚王英還是"誦黃老之微言"(見《後漢書·楚王英傳》),可見黃老之學在兩漢時期,是怎樣的受到重視。

道家這名詞,是一個總的名稱,具體內容,相當複雜,具體問題必須具體分析,從各個個別人物來談,他們和陰陽、儒、墨、名、法各有各別的一定關係。學術流別,相互影響,這是歷史發展的自然趨勢,司馬談父子世爲史官,明白標清道德在陰陽、儒、墨、名、法之後,這是很有見識的。

由《老子》的書發展而成的黃老之學,西漢之後,趨於消沉。漢武帝劉徹信用方士少翁、欒大、李少君一批人,妄想要像傳說中登仙的黃帝得到長生,司馬遷反對劉徹,《史記》第一篇《五帝本紀》就點清"黃帝崩葬橋山",哪有什麼登仙的事。關於老子,這時還沒有把老子牽涉到神仙方面去,而且在這之前,莊周早已說着"老聃死,秦失弔之"(見《養生主》)。東漢末年,張道陵、張魯祖孫都注《老子》,這是道教的開始,有了道教就有道士,道士又分三派,有求仙的,有捉鬼的,又有講究煉丹的,煉丹又分內丹、外丹兩派,結果不是某一個人想這些分歧,實際上都和《老子》無關,都是後來派生出來的事。

《藝文志》說"道家者流"是"人君南面之術"(依王念孫校),這是古人積累經驗的結果,不是某一個人憑空想出來的。只有"黃老之術"這一派可以當之無愧。楊朱、列御寇、莊周,嚴格地說,不能與之並列。這一派在實踐中的典型人物,在人臣方面有張良、陳平、蕭何、曹參;在人君方面,則是漢文帝劉恒、景帝劉啓,這裏不多說了。

西漢年代說黃老,魏晉以後言老莊。莊周的書,發展而爲清談。清代的儒者說黃老可以致治,老莊惟以致亂,這是因爲有些貴族懶於世務,專講無爲,不問一切的緣故。這可以說明,無論什麼學問,假如只停留在口頭上而不在實踐中加以檢驗,這是完全沒有用處的。

# 縱橫家

"縱橫家"這名稱,是劉向、班固校書編目,爲了書籍分類而起的,在戰國當時沒有這個名稱。秦漢以後,也不用這樣的名稱來品題人物。《淮南子·要略》在敘述縱橫這名稱的起因時說:

> 六國諸侯,谿異谷別,水絕山隔,各自治其境內,守其分地,握其權柄,擅其政令,下無方伯,上無天子,力征爭權,勝者爲右,恃連與國,約重致,剖信符,結遠援,以守其國家,持其社稷,故縱橫修短生焉。

這裏只說在力征爭權的時候,發生了各種"縱橫修短"的計謀,並沒有提出"縱橫家"這名稱。

《淮南子·覽冥訓》又說:

> 晚世之時,七國異族,諸侯制法,各殊習俗,縱橫間之,舉兵而相角。

也沒有說明縱橫家。司馬談《論六家要旨》,提出了"家"字,六家之中,在陰陽、儒、墨之後,提到法家、名家、道家,也沒有列入縱橫家。司馬遷寫《史記》,只說"蘇秦爲縱約長"(見《蘇秦列傳》),"(張儀)成其衡道"(《張儀列傳》贊),全書沒有出現"縱橫家"這名稱。漢武帝劉徹製詔,開始出現"蘇秦縱橫"這句話(見《漢書·嚴助傳》),蘇秦合縱,張儀連橫,這本來是分道揚鑣的兩回事。現在把縱橫兩字合并記在蘇秦名下,可見在劉徹那時社會上已經流行這種看法,所以把縱橫合并在蘇秦身上。到後來的劉向校書編目,在《諸子略》中,添上了一項縱橫家,蘇秦的"《蘇子》三十一篇",張儀的"《張子》十篇",排在縱橫家前列,合計收錄縱橫家十二種書。"蒯子""鄒陽""主父偃""徐樂""莊安""聊蒼"這六家,是漢代的人。蘇張之後,只有"龐煖""闕子""國筮子""秦零陵令信"是漢廷以前的人。連蘇張在内也只有六個,篇數並不太多,例如《零陵令信》只有一篇。所以縱橫家這個名稱,以及這個項目,是劉向父子所定,而爲班固所沿用的。嚴格説來,這個名稱和這個項目,是需要仔細研究,根據具體情況區別對待的。

縱橫這名稱的含義,指的是什麽?指的是反覆考慮開展計謀。這兩字開始見於文獻,大概要算《詩經·齊風·南山》篇裏的"蓺麻如之何,衡從其畝",這兩字用得最早,這是勞動人民的語言。"衡從其畝"在《韓詩》作"縱橫其畝",韓嬰解釋是"南北爲縱,東西曰橫"。據説,古人種麻,要縱橫七遍以上的深耕,才能使得麻不長葉而長莖(見賈思勰《齊民要術》)。這縱橫七遍,既代表横豎,又代表了全面。勞動人民在生產實踐中得來的經驗,移用到一般生活中來,就成爲橫説豎説,正説反説,全面考慮問題的意思,這就叫做"縱橫"。戰國時期,在莊周書裏,出現了"縱説""橫説"的語詞。《徐無鬼篇》説:

> 女商曰……橫説之則以《詩》《書》《禮》《樂》,從説之則以《金板》《六弢》。

《吕氏春秋·離謂篇》《淮南子·道應訓》並説:

> 齊人淳于髡以從説魏王,魏王辨之,……又以爲從未足也,復以衡説。

這裏的"從説""橫説"等於既是這樣説,又是那樣説,目的在於聳動對方。

"縱橫"一語,在戰國時期,實在是"反覆"的代名詞,《史記·田完世家》秦王曰:"吾患齊之難知,一從一衡,其説何也?"這裏的"一縱一橫"實際上就是"反覆"的同義語。而這"縱橫"兩字義和"卬曲"兩字相同。一九七二年長沙馬王堆漢墓出土的三十七章帛書中的第十四章,有這樣的一段話:

> 功(攻)秦之事成,三晉之交完於齊,齊事從橫盡利:講而歸,亦利;圍而勿舍,亦利;歸息士民而復之,使如中山,亦利。功(攻)秦之事敗,三晉之約散,而静(爭)秦,事卬曲盡害。

前面的"縱橫"和後面的"卬曲",意義相同。"卬"即"昂",也就是"仰"字,是直身挺拔的意思。"曲"即"屈",是屈身彎腰的意思。用"卬曲"來替代"縱橫",可見意義完全相同。"從橫盡利",等於説"無論怎樣都好","卬曲盡害",就是説"無論怎樣都不好"。由此可見"縱橫"兩字的含義,既等於"橫直""橫竪",又等於"正反"兩面,凡是矛盾對立的兩方面,都是包括在內的。

縱橫家游説的本領,還需要能夠掌握這矛盾對立兩方面的轉捩機關。孔丘説"可與立,未可與權"(見《論語·子罕》),莊周説"達於理者必明於權"(見《秋水》),"親權者不能與人柄"(見《天運》),這三個"權"字也很重要。"權"是什麼?"權"是衡量輕重的標尺,就是秤錘。縱橫家要全面掌握情況,當機立斷,指出眼前需要決定的策略,這就需要權衡輕重,采取一項有效的措施。這是定策決策最重要的一環。管仲力政,"善因禍而爲福,轉敗而爲功。貴輕重，慎權衡"（見《史記·管晏列傳》），縱橫家就是要有這一套本領，就是要能全面掌握情況，又能一針見血地指出當前的利害，何去何從，才會取勝。沒有這套本領，當他進說的時候，對方是不會聽從你的。所以縱橫兩字的含義，必須包括上述的幾個要點，否則是不完全的。

周代初期，"學"和"仕"是一致的，所以有"官學事師"連在一起的成語（見《禮記·曲禮》）。到了戰國，"仕"和"學"分爲兩路，由"學"入"仕"，除有人介紹之外，唯一的道路，要通過游說，因此有"飾小說以干縣令"的人（見《莊子·外物》）。游說的風氣，大爲流行。游說，主要在於能言善辯，孔門設教，就有言語一科，說"不學《詩》，無以言"（見《論語·季氏》）；說"誦《詩》三百，使於四方，不能專對，雖多亦奚以爲"（見《論語·子路》）；說"不知言無以知人也"（見《論語·堯曰》）。門徒之中，"宰我、子貢，善爲說辭"（見《孟子·公孫丑上》）。孔子自己也說"言語：宰我、子貢"（見《論語·先進》）。他一生干七十二君，"其在宗廟朝廷，便便言"（見《論語·鄉黨》）。據說"子貢一出，存魯，亂齊，破吳，彊晉而霸越"（見《史記·仲尼弟子列傳》）。原來儒以口舌得官，縱橫一派，在孔氏門中已經露出苗頭來了。

他的再傳弟子吳起，做了楚國的令尹（約前384—前381），當時楚國境内，已有"馳說之言縱橫者"（見《史記·吳起列傳》），而吳起能夠做到"破橫散從，使馳說之士無所開其口"（見《史記·蔡澤列傳》，又見《戰國策·秦三》），可見"縱橫"之說，在吳起那個時候已是盛行了。商鞅（前390—前338）變法，秦國曾有"辯智""游官""文學私名"的人（見《商君書·外内篇》），可見游說已經流行到秦國。在這期間，能言善辯的所謂"辯士"是很多的。莊周書裏就經常提到"辯士"，說：

　　子之談者似辯士，視子所言。（《至樂》）

> 辯士無談説之序則不樂。(《徐無鬼》)
> 此之謂辯士,一曲之人也。(《天道》)
> 後世輇才諷説之徒。……飾小説以干縣令。(《外物》)

儒家孟軻、荀卿,也有"好辯""必辯"的議論,就在這個時期出現了代表人物蘇秦、張儀。

蘇秦、張儀,近人研究,提出很多問題。有人認爲蘇秦在張儀之後(見《歷史研究》一九六四年第一期),有人認爲蘇秦並沒有合縱擯秦的事實(見《先秦諸子繫年考辨》三七〇—三七一頁),我們説在司馬遷没有寫《史記》之前,從和蘇秦張儀之時或稍後的人們荀卿、范雎、蔡澤、李斯、賈誼、劉安等人的叙説中,可以明確知道蘇秦實有合縱擯秦的事。從《史記·張儀傳》來看,張儀知道蘇秦的死。根據司馬貞《索隱》,知道蘇秦死於秦惠王十四年(前311年),過了一年,張儀也就死了。

劉向校定《戰國策》説"戰國時游士輔所用之國,爲之策謀";説"游説權謀之徒,見貴於俗"(見《戰國策序》),而首先提到的就是蘇秦、張儀。《漢書·藝文志》,縱橫家的代表人物,也就是蘇秦、張儀。揚雄也説:

> 或問:"儀、秦學乎鬼谷術而習乎縱橫言,安中國者各十餘年,是夫?"曰:"詐人也!聖人惡諸!"(《法言·淵騫篇》)

蘇秦、張儀都被稱爲縱橫家,然而兩人截然相反,蘇秦"合縱擯秦",明明是縱人;張儀"爲秦連橫",明明是橫人,爲什麽截然相反的兩個却同樣地一致稱爲縱橫家呢?可見這縱橫家的意義,不能呆板地從字面上來理解,而要掌握精神實質。這精神實質簡單地説,就其所謂謀略之士,專指會得出謀劃策的人。謀略之士,會得出謀劃策,必須能言善辯,擅長口才。揚雄説:

> 畫一奇,出一策,上説人主,下談公卿,目如耀星,舌如

電光,一從一衡,論者莫當。(《解嘲》)

這是善於橫說豎說,長於縱橫之術者的形象,這種人,在過去爲人欣羡而作爲模仿的榜樣的則是蘇秦、張儀。在漢武帝劉徹說"蘇秦縱橫"的同時,東方朔就說:

蘇秦、張儀,一當萬乘之主,而都卿相之位。(《答客難》)

可見蘇秦、張儀這形象,戰國以後直到西漢,一向爲人們所熟悉,特別是蘇秦,到東漢末年,服虔還看到"蘇秦書""蘇秦法百家書說"(見《漢書·杜周傳》贊注),可見流傳之遠、影響之大了。服虔當時看到的,我們今天看不到了。服虔看到一種"罪敗而復抨擊之"的方法,說"蘇秦書有此法"(見同上),這就是魯迅所說"打落水狗"的方法。這種"蘇秦書",我們現在沒有見到。服虔看到的"蘇秦書"有"百家書說",可見在東漢以前流傳的"蘇秦書",是有各種不同的本子。本子多,說明傳抄的人不少。司馬遷說"蘇秦被反間以死,天下共笑之,諱學其術。然世言蘇秦多異,異時事有類之者,皆附之蘇秦";又說"天下由此宗蘇氏之從約"(見《蘇秦傳》)。蘇秦死後,由於形勢的需要,六國合縱擯秦的局勢越來越緊張。當初"諱學其術",後來一變,皆"宗蘇氏之縱約"。學於蘇秦的人越來越多,傳聞異辭,由此產生許多紛歧。"人間異事,皆附蘇秦",這是必然的趨勢,因此就有各種不同的本子了。《漢書·藝文志》著錄蘇秦《蘇子》三十一篇",這三十一篇決不是蘇秦自己手寫,其中或有蘇代、蘇厲的事,同樣地出於後人的追述。現在我們讀到的蘇秦當時游說六國的話,哪裏全是當時的記錄呢?

縱橫家的代表是蘇秦、張儀,善於出謀劃策的人,不僅限於蘇秦、張儀:

> 昔殷之興也，伊摯（即伊尹）在夏；周之興也，呂牙（即呂尚）在殷，故明君賢將能以上智爲間者，必成大功。（見《孫子·用間》）

夏末商初的伊尹，五就桀五就湯（見《繹史》卷十四）。殷末周初的呂尚，一向被稱爲姜太公的，幫助周文王、周武王父子。"陰謀傾商"有很多的"陰權""奇計"作爲後代的"兵權""本謀"（見《史記·齊太公世家》），而蘇秦的那一套，據說就是從"太公陰符之謀"（見《戰國策·秦一》）來的。

春秋時代，幫助齊桓公"九合諸侯，一匡天下"的管仲，他的本領，司馬遷說他"善因禍而爲福，轉敗而爲功。貴輕重，慎權衡"，被稱爲"管仲之謀"（見《史記·管晏列傳》），是一個卓越的謀士。

魯僖公三十年（前630年），晉秦圍鄭，鄭燭之武的一番話，說得秦穆公取消了敵意。魯襄公二十五年（前548）、魯襄公三十一年（前542年），鄭子產兩次到了晉國，兩次對話，都說得對方無可辯駁（並見《左傳》）。這在詞令方面都有他們的一手，都是傑出的謀士。至於孔丘子貢師徒，兩個陰謀參預田常政變，以及勸越伐吳等事（見《墨子·非儒》《越絕書·陳成恒内傳》），那更是謀士陰謀的典型代表了。廣義地說，實際上已經是後來縱橫家的開端了。

戰國時期，蘇秦、張儀被後人公認是當時首屈一指的縱橫家，其他記錄在《戰國策》裏的那些被劉向稱爲"扶急持傾""出奇策異智，轉危爲安，運亡爲存"的"高才秀士"，都應該是謀士，作爲縱橫家看待。特出的例子，如一向列入儒家的魯仲連，一向列入法家的韓非，又如范雎、蔡澤、頓弱這批人，又何嘗不是謀士，不是所謂縱橫家呢？儘管魯仲連"蕩然肆志""不肯仕官任職"，但總是"好奇偉俶儻之畫策"（並見《史記·魯仲連列傳》）的謀士。"(韓)非爲人口吃,不能道說"(見《史記·老莊申韓列傳》),但他所寫的書,既有《說難》,又存《儲說》,這些都是游說的準備,完全是學習縱橫游說的教本。李斯和韓非一樣,同是荀卿的門徒。李斯欲西入秦,辭於荀卿,自稱"此布衣馳騖之時而游說者之秋也","斯將西說秦王"。到了秦國,秦王"聽其計",後來秦始皇下令逐客,李斯也在被逐之列,李斯在路上上了一封諫書,秦始皇把他追了回來,"卒用其計謀"(並見《史記·李斯列傳》)。現在看來,他這樣的具體表現和《戰國策》中的那些縱橫家有什麼不同呢?

秦始皇統一六國,"縱人""橫人"無所施其技了。但是責難秦相李斯(班固語,見《藝文志》)的"零陵令信",劉、班還說他是縱橫家,可見秦雖統一,縱橫家還沒有消失。秦亡之後,楚漢紛爭,漢代初期,七國謀漢,在這動亂的年代裏,當然縱橫家又有了活動的條件,蒯通、主父偃、鄒陽、徐樂、莊安這批人不消說都明標着是縱橫家(見《藝文志》);其他如酈食其、陸賈、宋鍵、吾丘壽王、嚴助、伍被、終軍、嚴蔥奇等,也都是縱橫家。

政權統一的時代,像在漢武帝劉徹面前的那批人,縱橫口辯沒有什麼可以發展的了,但是在文章詞賦這方面還是可以有些表現的,從東方朔、枚乘、朱買臣、司馬相如這些人的身上都可以嗅到一些縱橫家的氣息。

到了西漢後期,谷永,班固說他"諒不足而談有餘"(見《漢書·谷永傳贊》);樓護"爲人短小精辯,論議……與谷永俱爲五侯上客,長安號曰'谷子雲筆札、樓君卿唇舌'"(並見《漢書·游俠傳》)。用"筆札""唇舌"來討好上司,拉攏同列,作爲自己熱中趨利的階梯,這在政治統一形勢穩定的情況下,一般士大夫必然會走上這樣的一條路,這是變相的縱橫家。谷永、樓護這條路一開之後,封建社會裏無數文人干祿求進,走的都是這一條路。這也難怪,自從儒者之徒,像子夏這一批人明白主張"學而優則仕"

（見《論語・子張》）之後，一些厭惡勞作、食祿干進的人都要向升官發財這條路上爬。戰國時期出現了縱橫家，戰國以後又出現了變相的縱橫家，這是歷史發展的自然趨勢。儘管表現的形式有所不同，而人物的本質則是一致的。就以戰國時期的所謂縱橫家來說，他們有的本身就是儒家，有的傾向於法家，有的靠近於道家、名家，有的則與黃老之學的兵家有關，這可以給人們得到結論：凡是知識分子，總是和縱橫家有關的。可見縱橫家影響之大，也可見舊社會裏的富貴利祿如何吸引人們。過去舊社會的知識分子，長期受到私有觀念的束縛，無論哪一家都免不了受着時代的烙印，跳不出自私自利的圈子。這是我們今天必須予以批判，而自己經常提高警惕的。

## 雜　　家

雜家既稱爲雜，那末，不是一家專門之學可知，必然能夠兼收並蓄，博取衆長。早在韓非著書的時候，已經感到"雜學繆行，同異之辭"，韓非認爲"雜反之學，不兩立而治"（見《顯學篇》）。韓非從法家的行政觀點來說，是完全正確的。因爲政惡多門，如果主張紛歧，措施多所改變，勢必造成混亂。可是論學與行政不全相同，行政在於致治，論學貴於求是，必須平心靜氣，舍短取長，消除一切門户之見，而折衷於至當。表面來看，似乎駁雜不純，歸根結底，仍有一定的宗旨，這是學者應有的態度。劉向校書，看到中書有不知作者的"《推雜書》八十七篇""《雜家言》一篇"，據班固自注"王伯（霸），不知作者"這一句來看，所說"王伯（霸）"談的是政治，他無法把它列入儒墨道名法哪一家，因此另立雜家一項收錄了不是專門名家的作品，這在圖書分類方面，是沒有辦法的辦法，而在學術方面來看，也有它一定的價值，不能因爲號稱雜家而予以輕視。

班固《藝文志》"雜二十家,四百三篇",其中有兩部名著,都是集體創作,不出於一人之手:一是呂不韋的《呂氏春秋》二十六篇;二是劉安的《淮南内》二十一篇、《淮南外》三十三篇。淮南王劉安招致賓客所著的《淮南子》,時在西漢初年,不在先秦學術範圍之内,應作別論,而《呂氏春秋》一書,則在秦始皇下令焚書之前,這是戰國後期,海内一統,在學術方面表現爲集大成的作品,價值是非常可貴的。

呂不韋本人不是學者,是一個地道的投機商。因爲善於投機,利用條件,成爲秦相,始皇稱爲"仲父"。這時戰國形勢已變,海内漸趨一致,齊威王、宣王父子成立稷下學宮之後,東方學術空氣空前濃厚,齊、楚、趙、魏諸公子養士成風,稷下後期老師"荀卿之徒,著書布天下"。呂不韋原是"陽翟大賈",從東方到秦國,秦本無儒,呂不韋"食客三千人","乃使其客人人著所聞,集論以爲八覽、六論、十二紀,二十餘萬言,以爲備天地萬物古今之事,號曰《呂氏春秋》"。這份材料寫完之後,公"布咸陽市門,懸千金其上,延諸侯游士賓客有能增損一字者予千金"(上引並見《史記•呂不韋列傳》),這是空前的豪舉,説明這總編輯呂不韋自命不凡,非常自負,隱隱然有囊括天下一切學問的氣概。這部書,現在完整地保存着,這實在是先秦時期學術的總彙。呂不韋在學術上做了一個總結,這個總結是很有意思的。後來高誘作注,説:

> 此書所尚,以道德爲標的,以無爲爲綱紀,以忠義爲品式,以公方爲檢格,與孟軻、孫卿、淮南、揚雄相表裏也。
> (《呂氏春秋序》)

畢沅也説:

>其書沈博絕麗，彙儒墨之旨，合名法之源。

要旨所在，歸本黃老道德，這實在是先秦學術的總結。回頭看司馬談《論六家要旨》，最後說的道德一項，結論是完全相同的。《藝文志》雜家在《呂氏春秋》之前，排列着三部書，這三部書的作者不是秦人，而都和呂不韋一樣與秦國深有關係。

一，《由余》三篇。

由余，"戎人，秦穆公聘以爲大夫"（班固注），他和秦穆公的關係，見於《左傳》，又見於《史記·秦本紀》。他主張"聖人之治"，是"上含淳德以遇其下，下懷忠信以事其上；一國之政猶一身之治，不知所以治"。這完全像是後來的黃老之學。

二，《尉繚》二十九篇。

"大梁人尉繚來，說秦王曰：'願大王毋愛財物，賂其豪臣，以亂其謀，不過亡三十萬金，則諸侯可盡。'"（《史記·始皇本紀》）劉向《別錄》說尉繚"爲商君學"，大概是公孫鞅一派的學者。

三，《尸子》二十篇。

這就是前面談着的尸佼，是公孫鞅的老師。

以上三人都是呂不韋之前從外地來到秦國的。秦國一向和戎狄接近，不講究《詩》《書》《禮》《樂》，由余回答秦穆公的話，指出"中國所以亂"，由於"《詩》《書》《禮》《樂》法度"。正因爲秦國無儒，沒有《詩》《書》《禮》《樂》這一套，經過商君變法，呂不韋入秦，《呂氏春秋》一書，高誘說它"以黃老道德爲宗"。從由余到呂不韋，這四家雜家之學，行於秦國，不僅可以看出雜家有它本身自己相傳的淵源，而且也可以看出當時學術思想傳布的傾向性。在先秦時期，由集體創作而完成的巨著，呂不韋的這部《呂氏春秋》，是首屈一指的別樹一幟的成品。而其歸以黃老道德爲宗，後來淮南王劉安招集賓客所寫成的《淮南子》，也是集體創作，也是以黃老道德爲宗，高誘序說"其大較歸之於道"，說明黃老道德在秦漢之間,確是一門尖端的顯學。劉向、班固沒有把這兩部書收入道家,而把它另立雜家,原因是在除了黃老之外,還有其他的學說搜羅在内,不單純僅僅屬於道家的緣故。

劉向、班固所以另立雜家一項的原因,據班固序說:

> 雜家者流,蓋出於議官。兼儒、墨,合名、法,知國體之有此,見王治之無不貫,此其所長也。及蕩者爲之,則漫羨而無所歸心。

班固這幾句話,是完全站在行政方面說的,既主張兼收並蓄,又反對漫無歸宿。我們說論學方面,也應該如此,所以莊周要盛稱"古之人其備乎!",而痛詆"不該不徧,一曲之士"(見《天下篇》),對"學一先生之言,則暖暖姝姝而私自說也,自以爲足矣"(見《徐無鬼》)的人深致不滿了。

《藝文志》雜家第一部是"《孔甲盤盂》二十六篇",這書沒有傳本,情況搞不清楚。班固注說"黃帝之史,或曰夏帝孔甲,似皆非"。首先對於孔甲這名字,就不知道是什麽人。至於盤盂,《墨子·兼愛下》說:"書於竹帛,鏤於金石,琢於盤盂,傳於後世子孫";《魯問篇》則說"書之於竹帛,鏤之於金石,以爲銘於鐘鼎,傳遺後世子孫"。可見盤盂和鐘鼎相同。《文選·廣絕交論》李注引也說"琢之盤盂,銘於鐘鼎,傳於後世"。足證盤盂鐘鼎,同樣是銘文刻鏤的所在。盤盂所載,就是古代青銅器上的銘文。《漢書·田蚡傳》田蚡"爲中大夫,辯有口,學盤盂諸書"。田蚡學的,就是古代青銅器盤盂上的銘文。這些銘文,來自衆器,文字有多有少,有詳有略,並非出於一人之手。這些銘文,集中一書,歸之於哪一類呢?無可歸類,所以另立一項雜家。這正如下面收錄的"《東方朔》二十篇"一樣,東方朔是西漢年代的人,不在先秦範圍之内。這部書錄入雜家,東方朔是一個作者,但這二十篇,不是一時的作品,也不是同樣的體裁。據劉向《別錄》:

> 朔之文辭，《客難》《非有先生論》，此二篇最善。其餘有《封泰山》《責和氏璧》及《皇太子生禖》《屏風》《殿上柏柱》《平樂觀賦獵》，八言、七言上下，《從公孫弘借車》，凡朔書具是矣。

可見這"《東方朔》二十篇"，等於東方朔的一部文集。圖書分類，後人分作經史子集四部，有了一個集部。雜家這一項，實在可以說是集部的開端。雜和集原是同一的聲音。

《呂氏春秋》《淮南子》，從它們在政治上的傾向來看，都應該從屬於道家，這是沒有問題的。關於圖書分類，鄭樵、章學誠等都有意見。鄭樵批評班固"胸無倫次"（見章學誠《校讎通義》卷一）。章學誠對於儒、雜兩家的區分，也有意見，他說：

> 《漢志》始別九流，而儒、雜二家，已多淆亂，後世著錄之人，更無別出心裁，紛然以儒雜二家為蛇龍之菹焉。凡於諸家著述，不能遽定意指之所歸，愛之則附於儒，輕之則推之於雜。夫儒雜分家之本旨，豈如是耶？（《校讎通義》卷三）

章氏認為儒、雜兩家，容易混亂，分類的人，往往用主觀上的愛憎來作區別。章所說，當然是事實，但其咎不應該歸於分類的人。我們討論學術的真實，認為"儒者以六藝為法"，"博而寡要，勞而少功"，司馬談已有批評，本身已是"蛇龍之菹"，原來和"雜家"沒有什麼多大區別，試看東漢以後的所謂儒者，真有幾個能夠學有專長的呢？劉、班兩家的別出"雜家"一項，恰恰是體現儒家末流的貌為龐然大物，而戳穿畫皮，不過是一隻紙老虎。有人誇耀地說"一物不知，儒者之恥"，如果這個人有意用這句話來鞭策自己，要努力向知識的高峰探求，那末其志可嘉；如果他夜郎自大，儘量用"博詞多見"的美麗字眼來抬高自己，那正落實到自己是一個雜貨攤裏的"雜家"而已！

## 小說家

古代左史記言，右史記事，記的都是社會真實，是真人真事。這是一種純粹的、可靠的、來自現實的歷史材料。後世文人，依照現實，移花接木地虛構情節，把子虛烏有的事，像模像樣地講給人聽，寫給人看，這就成爲後代的小說。小說是一種文章體裁的專稱，自身有它發展的過程，這和學術論著不同，本人不成其爲什麼家。由於後世小說流行，對於某一個善於寫作的文人，稱爲"小說家"。"小說家"的名稱，於是大著，這是近代的事，實際上和班固所列，主要是區分書籍的所謂"小說家"，情況有所不同。

時代從春秋入於戰國，人民的智慧，逐漸得到啓發；人民的語言，逐漸見於簡策。《左傳》記"童謠"（僖公五年卜偃引）、"輿人誦"（僖二十八年晉文公事）、"城者謳"（宣二年宋華元事），莊周引"野語"（見《秋水》），孟軻也說"齊東野人之語"（見《孟子·萬章》）。孟軻說"無野人莫養君子"，野人，明明是田野之間的勞動人民。《詩·大雅·板》"先民有言，詢於芻蕘"，"芻蕘"是勞動人民。這真是班固說的"街談巷語，道聽塗說者之所造"了（見《藝文志》"小說家"）。莊周說"《齊諧》者，志怪者也"（見《逍遙游》），齊東野人之語，有志怪的《齊諧》。聯想到孔丘的"子不語怪力亂神"（見《論語·述而》），"怪力亂神"，當時孔丘不談，可見孔丘之外，談"怪力亂神"的大有人在，這在先秦古籍裏，可以找到不少的例證。例如，《左傳》，"石言於晉，神降於莘。內蛇鬥而外蛇傷，新鬼大而故鬼小"（語見歐陽修《左氏失之誣論》），事並詳《左傳》。這些內容，一方面动人聽聞，一方面也爲人們所喜愛，這就是小說的濫觴。而其來源，則離不開孟軻所說"好事者爲之也"的一句(見《孟子·萬章》)。

過去説"《詩》有六義",風雅頌是詩的體裁,賦比興是詩的做法。值得注意的是這三項做法中,除了老老實實平鋪直敘的賦之外,另有比興兩種,興是借端引起下文,好像後來的"楔子"或"開場白";比是譬喻,用各種巧妙的方法,旁敲側擊地顯示自己要説的主題,這種方法,花樣真是太多了。《論語·雍也》説"能近取譬,可謂人之方也已";《周易·繫辭下傳》説"近取諸身,遠取諸物",利用近便的、淺顯的,人們喜聞樂見、容易接受的事物,娓娓動聽地引人入勝地來説,這就是比興這種手法的特大作用,這也就是小説所能做到的特大功能。戰國後期,同時並起的孟軻、莊周,很能懂得這個訣竅,也很能運用這個訣竅。

孟軻,有人作詩諷刺他,説:

> 乞丐何曾有二妻? 鄰家焉得許多雞? 當時尚有周天子,何必紛紛説魏齊。

孟軻不曾被稱爲縱橫家,然而他滔滔不絕的雄辯,實在帶着一套縱橫家氣息。他所説的"今有人日攘其鄰之雞者"(見《滕文公》)一段,毫無根據,全出於自己的捏造;"齊人有一妻一妾而處室者"(見《離婁》)一段,對"求富貴利達者"造作故事,加以嘲笑,情節生動,完全是一段小説。其他如"陳仲子豈不誠廉士哉"(見《滕文公》)一章,雖是真人真事,然而描寫細節,全然近於小説。莊周,"以天下爲沉濁,不可與莊語,以卮言爲曼衍,以重言爲真,以寓言爲廣"(見《天下》),"肩吾連叔之類",都是"藉外論之"的寓言。造作人物,使之對話,這本身就是小説。假□□□□□□加上"經緯本末"(事由的發展變化),"是爲耆艾"(年老的古人,可以借重取信),這就是重言。實際上也是小説。現在看《莊子》一書,有些章節完全等於小説。《田子方篇》裏的"臧丈人",就是姜太公釣魚的來源;《外物》"老萊子之弟子出薪,遇仲尼",就是

"孔子問禮於老子"故事傳說的張本。其它短章,如庖丁解牛、匠石運斤、痀僂承蜩、罔兩問景、河伯與北海若等等,都是一段一段的小說,所以看《莊子》簡直等於看小說。司馬遷說他:

> 其言汪洋自恣以適己。
> 《畏累虛》《亢桑子》之屬,皆空語無事實。(見《老莊申韓列傳》)

這不是小說而是什麼呢?

小說家,司馬談沒有提,而《藝文志》著錄的有"十五家千三百八十篇"之多。其中以"百家"為名的就有"百三十九卷"。"百家"這名詞,戰國末期,已經流行。甘茂事下蔡史舉先生學百家之說(見《史記・甘茂傳》),范雎說"五帝三代之事,百家之說,吾亦知之"(見《史記・范雎傳》),後來司馬遷說"百家言黃帝"(見《史記・五帝本紀》),這些所說"百家"都應等同於轅固生所說的家人言。應劭說"案百家書宋城門失火,汲取池中水以沃之,魚悉露見,但就取之"(見《御覽》八百六十九引《風俗通》),這真是非常淺近的,日常生活中所遇到的、平常的事,誠如班固所謂"閭里小知者之所及",如淳所說"街談巷說,細小之言也"(見《藝文志注》)。這些材料可以作為閑暇娛樂的工具,"百家""家人言"的性質,情況如此,小說之所以被稱為小說,或許就是這樣的緣故了吧。

看《藝文志》著錄的小說家,有三點應該提出談談。

### (一)小說和歷史的關係

上文說過"左史記言,右史記事"。史官所記的言和事,這是真實的歷史。小說雖然被稱為小說,內容却離不開言與事,是否也可以作為歷史來看待呢?看《藝文志》小說家有"《青史子》五十七篇",班固說是"古史官記事也",劉勰說"青史曲綴於街談"(見《文心雕龍・諸子》)。除此之外,又有"《周考》七十六篇",班固說"考周事也"。《周考》《青史子》兩書並亡,我們看不到,如果說史官記載的是正史,小說記載的是街談,兩者性質不同,但有歷史價值則一。《左傳》《國語》裏的某些章節,既是歷史,不妨當作小說來看;反之,小說裏的某些情況,也反映了當時某些歷史真實,何曾不可以當作歷史來認識呢?《藝文志》有幾處班固自注說"淺薄,似依托",說"後世所加",說"非古語",說"迂誕依托",所有這些,應該就是司馬遷所說的"其文不雅馴"的"百家",都是戰國年代的作品。

戰國年代的作品當然和唐宋以來一直到近代所說的"小說"不同,有些部分,還保存了某些史料,雖然"迂誕""淺薄",出於"依托",所謂"街談巷語,道聽塗說者之所造""芻蕘狂夫之議",正好是來自人民的語言,價值是相當高的。

(二)小說家和縱橫家的關係

小說家動筆,縱橫家動嘴,目的都是為了掀動對方,應該同屬一家。司馬談沒有提到這兩家,大概是因為這兩家本身不是學術方面的事的緣故吧。現在看來,通過這兩家的努力,中國語言文字的功能和作用,大大的有了進步,縱橫家後來一轉而為辭賦,影響於文學方面的發展,和小說家一樣在書面上表現功績,這是文學史上的一件大事。尋根究底,應該說是同承一源的。《戰國策》裏收錄的戰國謀士縱橫游談的材料中,有不少帶有小說氣息的篇章,許多衆所周知的譬喻,如狐假虎威、狡兔三窟、畫蛇添足、鷸蚌相爭等,都是來自人民的語言,所謂"街談巷議"。其它故事方面,如曾參殺人、豫讓行刺、馮諼彈鋏之類,有的是假托捏造,有的是修飾加工,總之,離不了小說氣味。就是蘇秦張儀游說六國的話,鋪張揚厲,多所潤色,哪裏都是真實情況呢?縱橫家和小說家,有些地方簡直是不可分割的。寫作《說難》的韓非,不是標準的縱橫家,還有《說林》《內外儲》,要"干縣令",就必須要在"小說"上加工,說明縱橫家和小說家的關係是相當密切的。小説家裏有一個傑出的人物,情況極像縱橫家,這就是前面提到的孟軻稱之爲"先生",莊周稱之爲"宋榮子",荀卿稱之爲"子宋子"的宋鈃。

宋鈃在戰國末期是一個了不起的人物,他出生於宋國,與好行仁義竟至亡國的宋王偃同時,他和同時另一個宋人惠施一樣,主張兼愛寢兵,都屬墨學之徒,是"兼愛非攻"的宣傳者、實行家。韓非稱贊他:

> 宋榮子之議,設不鬥争,取不隨仇,不羞囹圄,見侮不辱,世主以爲寬而禮之。(見《顯學》)

韓非又説"宋榮之恕"(見同上),寬與恕和宋王偃的"仁義"、惠施的"兼愛寢兵"完全相同。莊周説宋鈃:

> 宋榮子,舉世譽之而不加勸,舉世非之而不加沮。(見《逍遥游》)

又説:

> 願天下之安寧,以活民命,人我之養,畢足而止,以此白心。(見《天下》)

又説:

> 見侮不辱,救民之鬥,禁攻寢兵,救世之戰。以此周行天下,上説下教。雖天下不取,强聒而不舍者也。(見同上)

宋鈃這樣的主張,這樣的行動,在當時應該説是數一數二的傑出的人物。他生在宋國,自己"作爲華山之冠以自表"(見同上),表示要求上下平等,這在當時有哪一個及得上他呢?爲了貫徹自己的主張,他在宋國的石邱地方,碰到了孟軻,告訴孟軻説:

> 吾聞秦楚構兵,我將見楚王說而罷之。楚王不說,我將見秦王,說而罷之。(見《孟子‧告子》)

這真是"周行天下,上說下教,強聒不舍"的實行家,即使墨翟復生,相對亦當無愧。宋鈃在當時,實在不愧為第一流的思想家,第一流的實行家。他要為人民做一些好事,從墨翟這條路上來,既是名家,又是縱橫家。而他的書,則劉向、班固把它安插在小說家。《藝文志》小說家"《宋子》十八篇",班固注"孫卿道宋子,其言黃老意"。為什麼"其言黃老意",而其書不入道家,却入小說家呢?很有可能是因為思想內容接近於後來所說的"黃老",而文章風格,則是"上說下教,街談巷議"的小說,可惜這十八篇久已失傳,現在沒有根據來作說明。只有在舊存的文件中,找一點迹象,由此跟踵探索一些情況。《呂氏春秋‧去宥篇》有兩段小故事:

> 鄰父有與人鄰者,有枯梧樹。其鄰之父言梧樹之不善也,鄰人遽伐之。鄰父因請以為薪。其人不說曰:"鄰者若此其險也,豈可為之鄰哉?"此有所宥也。夫請以為薪與弗請,此不可以疑枯梧樹之善與不善也。齊人有欲得金者,清旦,被衣冠,往鬻金者之所,見人操金,攫而奪之。吏搏而束縛之,問曰:"人皆在焉,子攫人之金,何故?"對曰:"殊不見人,徒見金耳。"此真大有所宥也。夫人有所宥者,固以晝為昏,以白為黑,以堯為桀,宥之為敗亦大矣。亡國之主,其皆甚有所宥邪?故凡人必別宥然後知。別宥則能全其天矣。

這兩段小故事,明明是小說,然而借以說明的道理,則是別宥。別宥是什麼呢?莊子說:

> 宋鈃、尹文,接萬物以別宥為始。(見《天下篇》)

別宥,是宋鈃、尹文共同的主張,意思在於辨別清楚黑白善惡。那末這兩段小故事,講的目的在於別宥,顯然和宋鈃的《宋子》有些關係了。伐梧、攫金,是人民生活中偶然碰到的一些瑣事,然而可以借此說明一番大道理。假如十八篇的《宋子》,內容都是這樣人民生活方面的可以說明大道理的瑣事。那末這部書,就是他"上說下教,強聒不舍"的底本之一,價值是非常可貴的。可惜到現在久已失傳,我們無從再見了。

　　宋鈃在當時,的確是一個了不起的人物,莊周對他的批評,掩蓋不住他內心的贊揚,說他"以聏(同瞎)合驩,以調海內",說他"爲人太多,自爲太少",說他"請欲固置五升之飯足矣,先生恐不得飽,弟子雖饑,不忘天下,日夜不休"。(上引並見《天下》)

　　荀卿和宋鈃同在稷下,荀卿既在《天論》裏批評"宋子有見於少,無見於多"。又在《非十二子》篇裏批評"不知壹天下,建國家之權稱";"率其群徒,辯其談說,明其譬稱"。甚至提出希望要求"二三子之善於子宋子者,殆不若止之,將恐傷其體也"。他這樣關心宋鈃的安全,可見他所受到宋鈃的影響是很大的。他對宋鈃的論辯,從今天來看,實在就是莊周所說的"儒墨之是非"。宋鈃是墨學之徒,荀卿對他當然會有不滿,但由此更足以顯示宋鈃的偉大。僅僅"小說家"這三字是不足以概況宋鈃的。

　　(三) 小說家名稱

　　《藝文志》裏小說家,開端第一部書是"《伊尹說》二十七篇",班固注"其語淺薄,似依托也";其次是"《鬻子說》十九篇",班固注"後世所加";其它有"《黃帝說》四十篇",班固注"迂誕依托";有"《封禪方說》十八篇",班固注"武帝時";有"《虞初周說》九百四十三篇",班固注"河南人,武帝時以方士侍郎號黃車使者"。這五部書,都失傳無可考見。應該注意的這五部書都以"說"爲名,沒有加進"小"字稱爲"小說"。前二部是戰國時期的作品,後兩部是漢武帝時期的作品，不在先秦範圍之內。戰國時期，莊周首先提出"小說"這名字，荀卿也說過"小家珍說"（見《正名篇》），然而沒有人把那些書稱之爲小說。《虞初周說》，篇數最多，應劭說"其說以周書爲本"。虞初原是漢武寵愛任用的一群方士中的一個，這批方士喜歡造作怪論（見《漢書·郊祀志》），虞初的書，造作最多，所以張衡《西京賦》說："小說九百，本自虞初。"看來這種書的正式被稱爲"小說"，是從漢武帝時開始的。劉向、班固也就沿用了莊荀的話，提出"小說家"這名稱。其實說在可聽，有什麼大小之分呢？在"諸子略"中，小說家排在最後，但是篇數之多，超出任何一家，這種現象值得注意。

## 農　　家

農家這名稱，是劉向父子校書分類時，對於有關農事方面九種不同著作加以區別的稱號。這一部分收錄一百一十四篇書，第一是"《神農》二十篇"，第二是"《野老》十七篇"，第三是"《氾勝之》十八篇"，共計九種有關農事方面的著作一百一十四篇。可惜竟然沒有一篇流傳下來，只有《氾勝之書》間或一鱗半爪地見於其他著作的引用，內容和原來的《農書》《齊民要術》類似，純粹是講耕種收穫方面的事，和其他諸子學說性的論述不同。

"農殖嘉穀"（見《漢書·食貨志》），農是我們祖先的老本行。"民以食爲天"（酈生語，見《史記》本傳），茹毛飲血之後，要生活，就得吃飯，吃飯就要務農。"舜耕歷山"（《史記·五帝本紀》），"禹稷躬稼"（《論語·憲問》），"伊尹耕於有莘之野"（《孟子·萬章》），周公告誡成王"勤勞稼穡""先知稼穡之艱難"（《尚書·無逸》），"鑿井而飲，耕田而食""黍稷重穋，禾麻菽麥"（《詩經·豳風·七月》），這是人民生活的根本。相傳"自共工氏霸九州，其子曰句龍,能平水土,死爲社祠。有烈山氏王天下,其子曰柱,能殖百穀,死爲稷祠"(見《漢書·郊祀志》)。社,是土地,人民生活的依據;稷是糧食,人民生活所必須。社稷兩字,一向並重,幾乎看作是"天下國家"的代名詞,由此可見農業勞動的重要了。

自從儒家暢開干祿之路,就有一些"苦耕稼之勞"(甯越事見《呂氏春秋·貴應篇》)的人,想方設法,逃避勞動,"傳食於諸侯",走向貪吃懶做的道路。但在名義上還說"祿足以代其耕"(見《孟子·萬章》),表示沒有忘記耕田,而且在老病退休以後,還要美其名曰"歸田",面子上裝作對農業的重視。

農家的遠祖,當然是神農,但這決不是一個先知先覺的某人,發號施令,教人照他那樣進行勞動,而是一群正在生活着的人們共同勞動,向自然界的土地索取糧食,日積月累,從實踐中取得效果,獲得知識,逐漸積累了一套經驗。《管子·揆度篇》說"神農之教",《呂氏春秋·愛類篇》說"神農之教",漢代晁錯也引"神農之教"(見《漢書·食貨志》),這都是後來的事。戰國七雄並立,新興地主階級的代表取得了政權,各自"辟草萊,任土地"(見《孟子·離婁》),企圖擴軍備戰。從儒家來的"李悝,爲魏文侯作盡地力之教","行之魏國,國以富彊"。"及秦孝公用商君,壞井田,開阡陌,急耕戰之賞,……以務本之故,傾鄰國而雄諸侯。……至於始皇,遂并天下"(見《漢書·食貨志》)。這在當時,務農垂穀,成爲政治上一項重要措施,目的在於財政上稅收的增加,完全不是爲了勞動人民,相反的是增加了勞動人民的負擔。在這時候,有一個從墨家來的傑出人才,能夠替勞動人民着想,有主張,有行動,帶領門徒,唱導"神農之言",企圖改革社會,這就是許行。

許行,是南方楚人,和孟軻、宋銒同時。他主張"必種粟而後食",主張"賢者與民並耕而食,饔飧而治"。他反對"厲民而以自養",反對統治者有"倉廩府庫"。他的主張如果得到貫徹的話,那末,"從許子之道,則市賈不貳,國中無僞。雖使五尺之童適市,莫之或欺。布帛長短同,則賈相若。麻縷絲絮輕重同,則賈相若;五穀多寡同,則賈相若;屨大小同,則賈相若"。(上引並見《孟子》)社會上顯然要有一番大的變革,這是完全可以想象的。許行這時候,滕文公即位,聽了孟軻的話,"將行仁政"。許行認爲機不可失,"自楚之滕",帶了一群門徒,求見滕文公。"其徒數十人,皆衣褐,捆屨織席以爲食"(見《孟子‧滕文公篇》),滕文公接待了他。與此同時,有儒者南方人陳良的學生,陳相、陳辛兄弟兩個,從宋國帶了耒耜來到滕國,這兄弟兩個見到許行,由衷的佩服許行的主張和行動,"盡棄其學而學焉"。這事許行當然高興,儒者孟軻知道了却極不高興,當面斥責了陳相,並且諷刺許行,説"從許子之道,相率而爲僞者也,惡能治國家"(以上所引並見《孟子‧滕文公》)。當頭一棒,把許行的主張全部否定了。這一件事,就是莊周所説的"儒墨之爭"的又一表現。後來許行有怎樣的活動,史料缺乏,無從知道了。

有一個許犯,見《吕氏春秋‧當染篇》:

> 禽滑釐學於墨子,許犯學於禽滑釐,田繫學於許犯,……顯榮於天下。

許犯是墨翟的再傳弟子,是禽滑釐的學生,是田繫的老師。禽滑釐就是禽滑釐,田繫就是田俅、田鳩,而許犯就是許行(説本《先秦諸子繫年考辨》,見四一九—四二二頁)。這從孟軻不見許行,通過許行的門徒陳相而痛斥許行,可以知道這就是孟軻"拒楊墨"的具體表現,可以證實許行是墨者之徒。又從許行與其門徒的衣服行動來看,和墨翟倡導的作風完全相同,更可以證明許行是墨者的支派。《韓非子‧顯學篇》説:

> 今世之學士言治者,多曰:"與貧窮地,以實無資。"

韓非所說"學士言治者"的"治"，當然就是許行所主張的"與民並耕而食，饔飧而治"的"治"，也就是孟軻所痛斥的"從許子之道……惡能治國家"的"治"。由此可見許行可能就是許犯，確實是墨者之徒，而且他的主張，可能還曾提出平分土地這一點。可惜他這種主張，沒有正式文件保留下來。我們只能從不完全的材料中窺測到一鱗半爪而已，在他來說，未免成爲憾事。平心而論，在當時，許行和"作爲華山之冠以自表""上説下教""願天下之安寧以活民命"的宋鈃，同是傑出的人才，是東方的兩大明星，而許行這個"爲神農之言者"，應該說是農家中的一個鉅子。

農家在《藝文志》裏，收了九家百一十四篇，可惜都亡失了，沒有一篇流傳下來，只有漢武帝時做過議郎，曾經"督三輔種麥而關中遂穰"（見《晉書·食貨志》）的氾勝之所著十八篇，有些見於其它書籍的引用中，內容和後來的《農書》《齊民要術》相似，純粹是講究耕種收穫方面的技術性方向的東西，和其它諸子學說性的論著全不相同，而且已是漢代的作品了，不屬先秦時期範圍之內。《藝文志》農家爲首第一部書，是"《神農》二十篇"，班固注"六國時，諸子疾時怠於農業，道耕農事，托之神農"；顏師古引劉向《別錄》說"疑李悝、商君所說"。其次第二部書是"《野老》十七篇"，班固注"六國時，在齊、楚間"；應劭曰："年老居田野，相民耕種，故號野老。"這兩部書，是先秦時期的產物，很可寶貴，可惜都失傳了。據注，"《神農》二十篇"是六國時人依托的"神農之言"，和李悝、商君有關；"《野老》十七篇""在齊楚間"。值得注意的是這"在齊楚間"四字。齊楚之間，依據六國時的情況來看，就是宋滕兩國的所在，這不就是許行、陳相等活動的地方嗎？說不定這"《野老》十七篇"就和許行、陳相有關。《神農》《野老》這兩部，今天來說，我們應當看作是"農家者流"的精華。這一類專講耕種收穫技術性的書，劉向、班固沒有把它編入"方技"一門，而把它錄入"諸子略"，和其它諸子並列，作爲一家來處理，目光還是正

確的。錯誤的是班固站在儒家立場,對於先秦學術的派別,不夠明瞭,跟在孟軻之後,暗中指斥許行,説了一句:

> 及鄙者爲之,以爲無所事聖王,欲使君臣並耕,誖上下之序。

這又是一場"儒墨之是非"。儒者專靠"上下之序",墨者貴在"兼愛尚同",這不是很明顯的"儒墨之是非"嗎?許行的弟子有田繋,就是田鳩,就是田俅子。《藝文志》墨家存"《田俅子》三篇",班固説"先韓子",在韓非子之前。農家中有墨家的名人,這是值得注意的。

以上,講了陰陽家、儒家、墨家、名家、法家、道家六家。這六家,是依照司馬談所説的次序,加上《藝文志》所記錄的内容來講的;其次,講了縱横家、小説家,這是《藝文志》裏有,而司馬談没有提到的,這實在是先秦時期,人民參加政治活動從語言文字使用方面展開作用的兩件大事。在學術方面,没有一個中心的專題,但在社會活動的作用方面,效果却十分明顯,這是應該特別重視的;其次,又講了農家、雜家,這也是《藝文志》裏有而司馬談没有提到的。農家許行從墨家派出來,是先秦時期最最進步的思想。雜家《吕氏春秋》,可以説是先秦學術的總彙,兼收並蓄的性質,實際上和儒家相等,由於時代在前進,吸收了當時的新生血液。黃老道德之術,這是當時學術思想的尖端,由此影響了西漢年代的統治。秦火以前,談先秦學術的輪廓,大概就是如此。

此外還須補充一些:一,工藝;二,醫方;三,軍謀;四,曆數。

### (一) 工藝

劉向校書,没有看到記述工巧的書,所以《藝文志》有農家而没有工家。《尚書·堯典》"允釐百工,庶績咸熙";《考工記》"審曲面埶,以飭五材,以辨民器,謂之百工";又説"百工之事,皆聖人之作也"。工是"聖人之作",一向受到重視。歷代統治者利用地位、權勢掠奪占有人民的勞動成果,馴致造成輕視百工的錯誤思想,這是階級文化造成的惡果,對於百工本身,並沒有貶低了它的價值。在古人的成語中,"天工人其代之""人巧奪天工""天工開物""開物成務",凡是自然所不能產生必須通過人力才能做到的,這是人工,這是人的力量。做到自然所不能做到的事,這是創造,這是最崇高最偉大的功績。先秦時期的古物,後代出土的陶器、銅器、鐵器、以及遺存的絲織製品很多,我們十分贊歎,尤其近年出土的秦始皇墳裏車馬坑中的馬俑、武士俑,和活的人馬一般無二。這些成品,在古代文獻裏從來沒有人告訴我們如何製作的。這些技巧,只憑當時口耳相傳,在操作中交流經驗,從來也沒有學術性的論著傳給我們。我們在古籍中偶然看到一點二點的零星材料,如《莊子·天地篇》記子貢對漢陰丈人介紹的:

鑿木爲機,後重前輕,挈水若抽,數如泆湯,其名爲槔。

這一種"機",我們只能從後世的桔槔來作想像,當時是什麼樣子,如何做法,我們一無所知。又如《禮記·檀弓下》記的:

季康子之母死,公輸若方小。斂,般請以機封,將從之。

這裏的"機",也不知道是怎樣的做法。我們現在知道般即魯班,亦公輸般。《墨子·公輸篇》:

公輸盤爲楚造雲梯之械成,將以攻宋。

公輸盤就是公輸般,是春秋末年的大匠,然而有關的記述,並不詳備。其它如"行年七十而老斲輪"的輪扁(見《莊子·天道》),"削木爲鐻,見者驚猶鬼神"的梓慶(見《莊子·達生》),只有在《莊子》中見到名氏。又如木鳶高飛(見《淮南子·齊俗訓》),刻褚亂真（見《韓非子·外儲說左上》）等等，都是非常精巧的工作，然而語焉不詳，哪個知道采用哪種方法做成的呢？在這漫長的先秦一段時間中，工巧方面失傳的資料太多了。《考工記》所述攻木、攻金、攻皮、摶、埴等工種，輪、輿、弓、廬、匠、車、梓等職工，大概可以明瞭一些；匠人的建國營國，以及溝洫井閒等的製度，也有一些交代。然而像這種的資料，傳世的畢竟太少了。從古迹古物的遺存中來探索，知道當時這方面的學術水平，那是非常足以驚人的。

(二) **醫方**

醫藥衛生，古人相當重視。古人"巫醫"連稱，孔丘說"南人有言曰人而無恒，不可以作巫醫"（見《子路》）。"醫"字也可以寫作"毉"，說來有些神秘。《莊子》書裏講"養生"講"攝生"，提出老子講的"衛生之經"（見《庚桑楚》），可見戰國時期，已經逐漸見到理論化了。

醫術從春秋時起，在過去長久的經驗積累中已經獲得了高度的成就。《左傳·成公十年》，記醫緩治病的故事，說：

> 晉侯（指晉景公）疾病，求醫於秦，秦伯（指秦桓公）使醫緩為之。未至，公夢疾為二豎子，曰："彼良醫也，懼傷我焉，逃之。"其一曰："居肓之上，膏之下，若我何？"醫至，曰："疾不可為也，在肓之上，膏之下，攻之不可，達之不及，藥不至焉，不可為也。"公曰："良醫也。"厚為之禮而歸之。

在這段神話化的故事裏，說明當時醫術已經相當高明。杜預注解釋"達"是"針"，這就是"針灸"的"針"。古人治病，"針砭"與湯藥互用是一種普通的療法，所以"針砭"兩字，引申而為一個警戒規勸的同義詞。《論語》記孔子的事，說：

> 康子饋藥，拜而受之，曰："丘未達，未敢嘗。"

這裏的"達"字，也是用針治療的意思。當時對於疾病治療，積累了許多經驗，這決不是某一個人的功績，而是會集了前人相傳的有效成法，而總結出來的後果。"醫不三世，不服其藥"（見《禮記·曲禮下》），由此可見醫藥的重視經驗了。

劉向校書時，"侍醫李柱國校方技"，顏師古說"方技，醫藥之書"。現在《藝文志》最後一部分是"方技略"，以《黃帝内經》起，有"《醫經》七家，二百一十六卷，《經方》十一家，二百七十四卷"，其中有俞跗、扁鵲的書，《内經》十八卷，有《針經》九卷，《素文》九卷合十八卷，這部《内經》，《隋志》直接稱爲《針經》，這就可見針的重要了。俞跗、扁鵲，古代名醫，據説俞跗在黃帝時，扁鵲當趙簡子時。《史記·扁鵲蒼公列傳》：

> 扁鵲過虢，虢太子死，扁鵲至虢宫門下……言臣齊勃海秦越人也……聞太子不幸而死，臣能生之。臣聞上古之時，醫有俞跗，治病不以湯液醴灑，鑱石撟引，案杌毒熨。……扁鵲乃使弟子子陽屬針砥石，……有間，太子蘇……故天下盡以扁鵲爲能生死人。

司馬遷下筆渲染，近於神話，但所説病情醫理，距離真實不遠。當時醫療技術之精，可以想見。現代漢代石刻畫像，扁鵲作鳥身長尾的人形。扁鵲這名詞很可能是一個醫療神化的共同稱號，並非一人的專稱。《周易》有"無妄之疾勿藥有喜"的話，鵲語輕鬆愉快，給人帶來好感，似乎傳給人們喜信。良醫稱爲扁鵲，可能就是這個道理。

從《藝文志》裏看到醫經、經方卷數之多，再參考司馬遷《史記》的記載，給我們的印象是先秦時期醫方療效的進步，已經達到較高的水平，這是值得我們重視的。

（三）軍謀

研究先秦學術，軍事方面是重要的一環，這裏簡單的提一下,"衛靈公問陳於孔子。孔子對曰:'俎豆之事,則嘗聞之矣;軍旅之事,未之學也。'明日遂行"(見《論語‧衛靈公》)。根據這個記載,似乎儒家孔子是輕視軍事的,其實並不如此。"子之所慎,齊、戰、疾"(見《論語‧述而》),"以不教民戰,是謂棄之"(見《論語‧子路》),"善人教民七年,亦可以即戎矣"(同上);子路問"子行三軍則誰與?"孔丘回答說:"暴虎馮河,死而無悔者,吾不與也。必也臨事而懼,好謀而成者也。"(見《論語‧述而》)其在夾谷之會,協助魯定公折服齊景公,事前有了準備,說"臣聞有文事者,必有武備"(見《史記‧孔子世家》),當時孔丘年五十有二。可見軍事兵謀,正是儒家所重視的。"孔子力闢門關,而不以力聞""吾何執?執御乎?執射乎?吾執御矣"(見《論語‧子罕》),孔丘何嘗是後代常見的文弱書生呢?

　　孔丘門徒,再傳而有衛人吳起,吳起仕魯,仕魏,仕楚,所至都著成績。其對魏武侯"山河之固"的一番對話,主張"在德不在險",列舉過去歷史上"德義不修"的三苗,"修政不仁"的夏桀,"修政不德"的殷紂作爲鑒戒,命意完全和儒家吻合。他在楚國作相"明法審令"的一些措施,也只是儒家的因時制宜的一種合理措施,近人看到他身受頑固守舊的貴戚反對迫害(具見《史記‧吳起列傳》),稱之爲法家,這是不夠確當的。《藝文志‧兵書略》"兵權謀"有"《吳起》四十八篇",《隋書‧經籍志》有"《吳起兵法》一卷",現存《武經七書》中有《吳子》六篇:圖國一,料敵二,治兵三,論將四,應變五,勵士六,書中開端一句就是"吳起儒服以兵機見魏文侯"。儒家談兵,這是吳起的真實面貌,何必一定說他是法家呢?韓非說"藏孫吳之書者家有之"(見《五蠹篇》),司馬遷說"世俗所稱師旅,皆道《孫子》十三篇、《吳起兵法》,世多有"(見《孫子吳起列傳贊》)。吳起和兒子吳期,兩代傳授《左氏春秋》,《左傳》記錄春秋時期的戰事,有詳細的幾個長篇,吳起熟悉過去的歷史,自己又是戰勝攻取的能手,擅長軍事,是當時儒家中傑出人才。

　　班固説:"自春秋至於戰國,出奇設伏,變詐之兵並作。"(見《藝文志·兵書略》)這時軍事方面的人才,如田穰苴、孫武、孫臏、龐涓、兒良,以及魏公子無忌等,屈指難數,這就不一定都在儒家範圍之内了。在春秋和孔子同時的是田穰苴、孫武,在戰國和孟子同時的則有孫臏,桂陵、馬陵兩次戰役,齊國都靠孫臏指揮,而取得勝利。戰爭的場面愈來愈大,死亡的數字越來越多。春秋晉楚邲之戰(《左傳·宣公十三年》)死亡最多,二軍不過二萬三千人,到戰國秦將白起攻趙,前後所斬,達四十五萬人之多(見《史記·白起列傳》)。這個數字,或許有點誇張,但可以看出一般趨勢。當時戰爭的激烈可以想見。

　　劉向《七略·兵權謀》有"《軍禮司馬法》百五十五卷",班固《藝文志》把它移入"六藝略"禮"周官"一類之後,自己没有作出説明。司馬原是官名,在《周官》屬夏官,是專掌軍事的官。《軍禮司馬法》也稱《司馬穰苴兵法》,和田穰苴直接有關。《史記·司馬穰苴列傳》説"司馬穰苴者,田完之苗裔也。文能附衆,武能威敵",齊景公聽從晏嬰的推薦,任"以爲將軍",後來被"尊爲大司馬"。田氏在齊國政治上占有地位,和田穰苴分不開,這是春秋後期的事。到了戰國,田氏的子孫齊威王當國,"用兵行威,大放穰苴之法,而諸侯朝齊。齊威王使大夫追論古者司馬兵法,而附穰苴於其中,因號曰《司馬穰苴兵法》"。這部兵法,司馬遷曾經看到,自説"余讀《司馬兵法》,閎廓深遠,雖三代征伐,未能竟其義,如其文也";他又説:"區區爲小國行師,何暇及《司馬兵法》之揖讓乎?世既多《司馬兵法》,以故不論。"西漢初年,社會上流行很多兵書,包括《孫子》《吴子》《司馬兵法》在内。在《老子》成書的年代裏,所謂"以奇用兵"的思想,是一般人所共知的,而《司馬穰苴兵法》,司馬遷却認爲閎廓深遠,並且還提到了揖讓,那末這部書或許還包含着一些儒家的氣味吧!

一九七二年四月，在山東臨沂銀雀山漢武帝初年的墓葬裏出土《六韜》《孫武兵法》《孫臏兵法》《尉繚子》等幾種殘簡，估計是秦漢之間的寫本。雖是部分殘簡，不是全書，也還可以窺見一斑，特別是已經失傳一千數百年之久的《孫臏兵法》（即《藝文志》裏的齊孫子），得與我們相見，是非常值得珍視的。

（四）曆數

數是六藝之一，曆和數分不開，相傳"黃帝使羲和占日，常儀占月，臾區占星氣，伶倫造律呂，大撓作甲子，隸首作算數，容成綜此六術而著《調曆》"（見《史記・曆書》索隱引《系本》）。曆和數這兩件事，是古代先民在生活實踐中和自然鬥爭逐漸取得的認識，我們從現在的認識看來，曆和數決不是一個人造得出來的，而是綜合了前人許多經驗而歸結出來的。司馬遷說過"文史星曆，近乎卜祝之間"（見《報任少卿書》），遠古史巫紛若，曆數這一派學問，代有傳人。《史記・曆書》寫有"疇人子弟分散"這一句，如淳注說"家業世世相傳爲疇。律，年二十三傳之疇官，各從其父學"。這就是後來所說"家學淵源"的家學。曆數這一門，在古代大概都是家學相傳的。據《史記・天官書》所載，古代懂得天文曆算星紀度數的，重黎、羲和以後，夏有昆吾，商有巫咸，周有史佚、萇弘；春秋時，宋有子韋，鄭有裨竈，齊有甘公，楚有唐昧，趙有尹皋，魏有石申，這些都是文獻資料中的著名之士。其中子韋是宋景公時人，對當時"熒惑守心"一事，有他自己的看法，對宋景公說了一番話（見《呂氏春秋・制樂篇》《論衡・變虛篇》）。《藝文志》陰陽家有"《宋司星子韋》三篇"，班固注說"宋景公史"，這是他所編陰陽家裏的第一部書。晉掌卜大夫卜偃，預知"畢萬之後必大"（見《左傳・閔公元年》）；魯大夫梓慎，預知"宋鄭其饑乎"；鄭大夫裨竈，預知"周王及楚子皆將死"（並見《左傳・襄公二十八年》）。這些事涉神秘，迹近迷信，毫無疑問，和前一些的"史巫"後一些的"讖緯"有一些關係，然而都是"曆數"

方面的事。《史記・曆書》又說:"戰國並爭,……獨有鄒衍明於五德之傳(注:傳,'竹戀反',當即'轉'字)而散消息之分,以顯諸侯。"鄒衍是著名的陰陽家,這裏所說的"五德之傳",就是他所主張的"五德終始",這也和曆數有關。

戰國時期,說"五百年必有王者興,其間必有名世者"(見《孟子・公孫丑》)的孟軻,荀卿批判他,"案往舊造說,謂之五行,……子思唱之,孟軻和之"(見《非十二子篇》)。孟子"五行"之說,現在我們看不到,看他"五百年必有王者興"以及"由堯舜至於湯,五百有餘歲,……由湯至於文王,五百有餘歲,……由文王至於孔子,五百有餘歲"(見《孟子・盡心》)等話,知道他對於"曆數"一門,也很重視。非但這樣,看後來漢代枚乘的《七發》,說"孔老覽觀,孟子持籌而算之,萬不失一",可見孟軻不但懂"五行",而且又能精算術,可惜關於這套,歷史上文獻不足,沒有充分的材料給我們知道。關於曆數方面,先秦時期傳流下來可以知道的著作,除上述"《宋司星子韋》三篇"之外,《藝文志》"數術略"曆譜門載有"《黃帝五家曆》三十三卷",司馬貞說五家"謂五紀,歲、月、日、星辰、曆數,各有一家,顓學習之,故曰五家"(見《史記・天官書》索隱)。還有

  《顓頊曆》二十一卷。
  《顓頊五星曆》十四卷。
  《日月宿曆》十三卷。
  《夏殷周魯曆》十四卷。
  《律曆數法》三卷。

以上主要是"曆"的方面。算術方面,"數術略"有:

  《許商算術》二十六卷。
  《杜忠算術》十六卷。

據《廣韻》去聲二十九換"算"字條下說：

> 算，蘇貫切，計也、數也。《說文》："籌長六寸，計曆數者也。"又有《九章術》，漢許商、杜忠、吳陳熾、魏王粲並善之。

根據這條，知道許商、杜忠，並漢代人，這兩部《算術》，不是先秦時期的著作。但是，《廣韻》提到《九章術》，說"《九章術》，漢、魏、吳三國時人並善之"；《後漢書》也說"馬續、鄭玄並善《九章算術》"，可見《九章算術》決不是到漢代許商、杜忠手裏才有，一定在漢代以前已經存在了。《文獻通考》卷二百二十九《經籍考·子》"雜藝術"著錄《九章算經》九卷，引：

> 晁氏曰：未詳撰人姓名。或曰：周公。"九章"者：一、方田；二、算粟；三、衰分；四、少廣；五、商功；六、均輸；七、盈不足；八、方程；九、勾股。魏劉徽、唐李淳風嘗爲之注，則此術起於漢之前矣。

那末，這門學問，在先秦春秋戰國時期已經展開，決不是在漢代許商、杜忠手裏才有可知。《通志》卷六十八《藝文略》算術一門，首列《九章算術》十卷，注云"劉徽撰"。劉徽是魏晉時人，鄭樵所說的"撰"實際上是晁氏所說的"注"，這《九章算術》，不是劉徽這個人開始撰作的。王應麟說算法有《海島算經》，有人說晉人劉徽，著有《海島算經》（見《中國人名大辭典》），這不知是什麼根據。另外北周司隸校尉甄鸞，他曾經"釋《周髀》等算經"（見《中國人名大辭典》）。《海島算經》《周髀算經》，究竟從什麼時候撰作，現在也無從得知。《周髀算經》只有二卷，其中算法是勾股之祖，推步即蓋天之術，有趙爽的注解，總之是從先秦時期遺留下來的。這大概是可以取信的。

清代學者段玉裁主張把十三經加進《大戴記》《國語》《史記》《漢書》《通鑒》《說文》《周髀算經》《九章算術》八種，擴大而爲二十一經,可見這兩部書的重要了。

《論語》說"堯曰:咨!爾舜,天之曆數在爾躬"(見《堯曰》),可見曆數這一門,是古代先民很早就積累下來的一門學問,這是沒有疑問的。

秦火以前的先秦學術,簡略地講到這裏,從人民中間來的家人言所謂諸子百家九流十家,積累了各方面的智慧,形成了這一時期燦爛文化,爲我們中華民族開闢了廣闊的光輝的文化道路。從陰陽家、墨家、名家、法家、道家發展的一套自然科學社會科學的豐碩成果,都是我們民族的寶貴財富,特別是由中國、黃帝這個概念而形成的民族思想,對於團結統一,歷史上發生良好的影響。管仲以後,他所講的"諸夏親昵,不可棄也"的團結禦侮的正義主張,經過孔丘的表揚,而後人一貫繼承,成爲我們中華民族立國的精神,這是非常可貴的。缺憾的是在這父權中心的社會裏,女子的地位,沒有得到足夠的重視。孔丘開門授徒,沒有一個女的學生,自己還說"惟女子與小人爲難養也"(見《論語·陽貨》);"武王曰予有亂臣十人",孔丘表示反對,說"有婦人焉,九人而已"(見《泰伯》)。簡直沒有把女子當作人看待,這是應該嚴肅地加以批評的。我們談先秦學術,從什麼地方去找女子的影踪呢?沒有!上面所談,沒有一個女子。然而儘管如此,在這時期,明智的女子,還是有的。文字失載,因此被遺漏,被埋沒了。

介之推的母親、伍子胥在溧水遇到的女子、孟軻的母親、聶政的姊姊、後來趙國的趙威后、齊國的君王后,雖然在學術方面沒有什麼可談,但是風格、見識,都有她們一定可取之處,值得我們深思,所以在這裏必須補作說明。特別是趙威后"苟無歲何以有民,苟無民何以有君"的民本思想(見《戰國策·齊》),在孟軻主張"民貴君輕"之後,特別放出了一般異彩。君王后在齊國殘破之後,輔助兒子齊王建治齊,四十年不受兵,"秦始皇嘗使使者遺君王后玉連環,曰:'齊多知,而解此環不?'君王后以示群臣,群臣不知解。君王后引椎椎破之,謝秦使,曰:'謹以解矣!'"(見《戰國策·齊六》)始皇壯其志,益不敢謀齊。君王后這樣的氣魄,以及她一生卓越的事迹,也很令人欽佩,所有這些,都是值得重視的。

# 下 編

# 顏氏學發微

顏氏學,講的不是顏習齋顏元,而是講的孔門高足顏回。顏回早逝,沒有聽到他有什麼門徒,但是《韓非子·顯學篇》說孔子死後,"儒分爲八",其中有"顏氏之儒"。"顏氏之儒",顧名思義,當然就是來自顏回的這一派。這一派,文獻不足,只有在《論語》和《莊子》中可以看到一點記載。我們現在主要根據這些記載,參考一些其它材料,探討一下顏氏學的真實內容,及其歷史價值。

## 一、顏回在孔門

孔子的母親是顏徵在,顏家是孔子的母族。顏回的父親顏路,字無繇,小孔子六歲。孔子開始招生設教,顏路從而受學,後來顏回也從而受學。孔子七十歲那年,顏回逝世,年紀只有三十二歲,所以孔子歎他"短命"。可是,過了兩年,孔子也就死了。孔子是七十三歲去世的,在他生前,對待自己的門徒,只有顏回,得到他全稱肯定的贊許,而顏回呢,也推崇他的老師,無比地予以尊敬。

在整部《論語》中,孔子除對顏回有過十分喜愛,說過一些幽默而又俏皮的話之外,沒有第二個人受到孔子這樣的中心喜悅。

孔子説：

> 我和顏回一天到晚談着，他總是默默地聽着，一些也沒有什麼反應，很像一個笨蛋。過後，仔細觀察他自己平時的行動，很能發揮我對他的指示。可見他不是一個笨人。（見《爲政》）①

又説：

> 顏回這個人，對我是沒有什麼幫助的，對於我的話，沒有一句不喜歡。（見《先進》）②

這兩節的原文，一是説"不違"，二是説"非助我者"，表面看來很像瞧不起他，骨子裏却表現出內心的十分滿意。

孔子曾經當面對顏回説過"用之則行，舍之則藏，只有我和你會得這樣"（見《述而》）③，在這句話裏，充分透露了他們師徒之間志同道合，沆瀣一氣。孔子五十七歲那年，離開魯國，準備到陳國去，路遇於匡，匡人把孔子當作過去曾經對匡人作惡的陽虎看待，把他拘留了四五天。這時顏回和孔子相失，後來顏回來了，和孔子見面，孔子對顏回説："我看不到你，以爲你已經死了。"顏回説："老師活着，我哪裏敢死。"（見《先進》及《史記·孔子世家》）④

大概是孔子六十三歲的時候，他和一群門弟子逗留於陳蔡之間，斷絶了糧食，遭到極大的困難。後來，他回憶這時的情況，

---

① 原文爲："吾與回言終日，不違，如愚。退而省其私，亦足以發。回也，不愚。"

② 原文爲："回也非助我者也，於吾言無所不説。"

③ 原文爲："用之則行，舍之則藏，唯我與爾有是夫！"

④ 原文爲："子畏於匡，顏淵後。子曰：'吾以女爲死矣。'曰：'子在，回何敢死！'"

想到當時跟着自己的學生，第一個提到的便是顏回，把他放在第一項"德行"範圍內首屈一指的介紹(見《先進》)。可見在孔子心目中，他的得意門生，就是顏回。顏回是他具體而微的接班人，是他親自培養的成果。其他，表現不差，多有專長的學生，應有盡有，但都比不上顏回。

就在這絕糧的時候，孔子提出《詩經》裏的"匪兕匪虎，率彼曠野"兩句，問另外兩個門徒子路、子貢，説："我的路子是不是走錯了呢？我爲什麽會得如此？"① 最後，顏回回答道：

> 夫子之道至大，故天下莫能容。雖然，夫子推而行之，不容何病！不容然後見君子！夫道之不修也，是吾醜也。夫道既已大修，而不用，是有國者之醜也。不容何病，不容然後見君子！

孔子聽了這話，"欣然而笑"，説：

> 有是哉！顏氏之子！使爾多財，吾爲爾宰！(見《史記·孔子世家》)

有一次，孔子對喜歡和人比較的學生子貢説："你和顏回相比，哪一個能幹些？"子貢回答道："我哪裏比得上顏回，顏回聽到一點，知道十點；我呢，聽了一點，僅能知道兩點。"孔子説："是的！你不及他，我和你都不及他！"(見《公冶長》)② 由此可見顏回在孔門，確是"出乎其類，拔乎其萃"的頭等人才。孔子説過"自吾有回，門人益親"(見《史記·仲尼弟子列傳》)，非但人才出衆，而且能夠在一群門弟子中，團結一致地起到很好的作用。據

---

① 出自《史記·孔子世家》，原文爲："吾道非邪？吾何爲於此？"
② 原文爲："子謂子貢曰：'女與回也孰愈？'對曰：'賜也何敢望回。回也聞一以知十，賜也聞一以知二。'子曰：'弗如也！吾與女弗如也。'"

説孔子"門人,三盈三虛",只有一個顏回始終不去(見《新論》),這也可見顏回對孔子的信服了。

## 二、顏回的"德行"

孔門以"德行"見稱的顏回,有什麼特出的優點,應該予以重視呢?這在《論語·公冶長》"顏淵、季路侍,子曰盍各言爾志"章有他自己表白志向的一句話,可以看出一些苗頭。當時,子路説了一句"願車馬,衣輕裘,與朋友共,敝之而無憾",孔子也説了"老者安之,朋友信之,少者懷之",氣魄都很偉大;而顏回自己呢,却只説"願無伐善,無施勞",表現得態度非常謙虛,而意境則非常崇高。自己做了一點好事,不要因此自矜;自己有了一分功績,不要以此自誇。他把這一點作爲自我修養的目的要求,你看他這樣平平無奇,而內容十分豐富,他的道德品質,表現得何等崇高呢?孔子説他"有不善未嘗不知,知之未嘗復行"(見《周易·繫辭下傳》),這是他曾經説過的"顏回好學,不遷怒,不貳過"(見《雍也》)的重複。可見顏回平時嚴格要求自己,絲毫不曾對自己放鬆了一些。孔子又稱讚他説:

> 賢哉,回也!一簞食,一瓢飲,在陋巷,人不堪其憂,回也不改其樂。賢哉,回也!(見《雍也》)

又説:

> 回也,其心三月不違仁,其餘則日月至焉而已矣。(見《雍也》)

又説:

> 語之而不惰者,其回也與!(見《子罕》)

又説:

> 惜乎!吾見其進也,未見其止也。(見《子罕》)

顏回不求物質生活方面享受的優越,內心深處,只要求自己和大眾一道過得下去(仁),他在這條路上努力前進,毫不後退,看來似乎十分平常,意義却非常崇高。"德行"第一,不是一句空話,實在是名不虛傳。在《論語·泰伯》一篇裏,記載孔門另一高足曾參的話,説:

> 以能問於不能,以多問於寡,有若無,實若虛,犯而不校,昔者吾友,嘗從事於斯矣。

這裏説的"昔者吾友",沒有説出人名,由今看來,這個人不是別人,就是顏回,只有顏回才配得上,這就是顏回無疑。顏回"有若無,實若虛",我們設想一下,這是何等高貴的道德品質呀!

《論語·子罕篇》記載顏回稱道孔子的話,説:

> 顏淵喟然歎曰:"仰之彌高,鑽之彌堅,瞻之在前,忽焉在後。夫子循循然善誘人,博我以文,約我以禮,欲罷不能,既竭吾才,如有所立,卓爾。雖欲從之,末由也已!"

《莊子·田子方篇》也記載顏回稱道孔子的話,説:

> 夫子步亦步,夫子趨亦趨,夫子馳亦馳,夫子奔逸絶塵,而回瞠若乎後矣……夫子不言而信,不比而周,無器而民滔乎前,而不知所以然。("滔",借爲"舀"。"舀乎前",就是《山木篇》裏的"弟子無挹於前"的"挹於前"——俞樾説)

兩段內容很有共同之處,充分説明顏回對孔子的尊敬,特別是在

《子罕篇》的這一章裏顯示了孔子對顏回教育的方向、路綫、學習目的以及他們的歸宿。揚雄《法言》說"顏淵習孔子者也","孔子鑄顏淵矣","睎顏之人,亦顏之徒也"。孔子教育顏回,顏回接受孔子的教育,目的是在由"博文""約禮"而有"所立",從而做到"無器而民滔乎前,而不知所以然",換句話說,就是要做到人我之間渾然一體地水乳交融,和諧一致,這就是"仁"的境界。

其心三月不違仁的顏回,曾經提出"仁"字,向孔子請教。孔子告訴他:

> 克己復禮爲仁,一日克己復禮,天下歸仁焉。爲仁由己,而由人乎哉!(見《顏淵》)

由"博文"而"約禮",由"約禮"而"歸仁",這全是學者個人自己的事,孔顏所教所學,歸宿就在這裏。這是人與人之間的一個重大問題,先由認識到實踐,再由實踐提高認識,逐步取得完善、圓滿的效果。這是孔顏論學的精髓,我們必須予以重視。

什麼是"文"?"文"是用文字記載的前言往行,通過文字,"多識前言往行",從而豐富自己的知識,提高自己的道德。

什麼是"禮"?"禮"是人們"約定俗成"的一套共同遵守的規範。這種規範,不是一成不變,而是隨着時間的發展有所變化的。經過人們共同公認是合理的規範,便得共同遵守。

什麼是"仁"?"仁"是一團和氣,一條生路。人們大夥兒融洽愉快地合在一塊兒生活下去,這就是"仁"。在整個人群中間,個人自己抬高一點,這就是"驕";虛心一點,這便是"謙"。自己存在一些疙瘩芥蒂,就有私心雜念在內作怪,就不可能很好地和大夥融洽在一塊兒生活下去。這從整個人群來說,就等於一個人四肢百骸局部有些不靈,全身會受影響,一般就會感到"麻木不仁"。

打消自己個人的私心雜念,依照大夥公認的風俗規範,和大夥步調一致地生活在一起,這就是"克己復禮",就能"天下歸仁",就能做到前面所說的"無器而民滔乎前,而不知所以然"。這個關鍵,完全在乎自己,所以說"爲仁由己,而由人乎哉",這完全是自己分內的事,決不是別人可以包办代替,從而可以高低輕重的。

當時顏回聽到孔子"克己復禮,天下歸仁"的教導,進一步請教老師,"克己復禮",從什麽地方用力,究竟要注意哪些事項呢?因此問道:"請問其目?"

孔子告訴他:

> 非禮勿視,非禮勿聽,非禮勿言,非禮勿動。(見《顏淵》)

一切行動都要依據大夥公認的"禮"這個規範,這就叫做"克己復禮"。"克己"是打消自己的私心雜念,不讓自己的私心雜念發生作用。"復禮"是歸向於大夥公認的風俗習慣,而要點則在於注意自己的一切行動,落實到"視聽言動"這四個方面。顏回聽了這話,立刻表示接受,乾脆響亮地說:

> 回雖不敏,請事斯語矣!(見《顏淵》)

顏回"請事斯語",做到"其心三月不違仁",受到孔子的稱贊,這是其他門徒所及不來的。

《論語》裏說孔子"罕言仁"(見《子罕》),可見孔子平時是很不輕易講到這個"仁"字的。但在《里仁》一篇,卻記錄了孔子不少講"仁"的話。說:

> 苟志於仁矣,無惡也。

說:

> 君子無終食之間違仁，造次必於是，顛沛必於是。

説明"仁"是最高的道德，説明"仁"是一刻也不能去掉的。但在《子路篇》裏，却又講到"如有王者，必世而後仁"，可以見到"仁"雖重要，却極不容易完成。門弟子中，"仲弓問仁""司馬牛問仁""樊遲問仁"（並見《顔淵篇》），"子張問仁"（見《陽貨篇》），孔子針對其人作出不同的回答，只有對顔回講的最爲切實（見《顔淵篇》，已見上）。其他各篇提到"仁"字的還有許多，門人以某人某事爲問，這樣是否可以算"仁"，孔子總是回答説"未知，焉得仁"，可見"仁"之難能。只有説顔回"其心三月不違仁"，對管仲，也有"如其仁如其仁"的贊許，這是不可多得的稱道。

孔子非常重視"仁"，而平時却不經常講到"仁"，也不輕易用"仁"字來贊許某一個人，只有顔回，得到他"三月不違"的贊許。當時季康子、魯哀公都問過孔子：你的門弟子中"孰爲好學"？孔子同樣地作出回答：

> 有顔回者好學，不幸短命死矣，今也則亡。（見《先進》《雍也》）

在一群門弟子中，只有顔回最爲好學，其餘都及不來他。他好學的成果主要表現在"不遷怒，不貳過"，"其心三月不違仁"，"人不堪其憂，回也不改其樂"，突出地表現於"德行"方面，自我完成自己人格的這一點上，這是孔子對他特別贊許的所在。

顔回是否只是"德行"可稱，其它就沒有什麽可言的呢？不是的。在"德行"的範疇裏，當然可以包括其它的從屬項目。顔回短短的一生，一直跟隨着孔子，"鼓琴足以自娱，所學夫子之道者，足以自樂也，回不願仕"（見《莊子·讓王篇》），他不像子路、冉有、宰我、子夏等人，曾經任職做官，但是他對於政治，並未予以輕視，曾經向孔子請教治國的方法：

> 顏淵問爲邦。子曰："行夏之時，乘殷之輅，服周之冕，樂則韶舞。放鄭聲，遠佞人。鄭聲淫，佞人殆。"（見《論語·衛靈公篇》）

孔子這番話從大處、遠處着眼，含有高度的政治措施的原則性。這番話，沒有對別的門弟子講，只有對顏回講，可見顏回對於政治，有一定程度的水準；對於"爲邦"，是有一定程度的修養的。緯書《樂稽耀嘉》說：

> 顏回尚三教，變虞夏。（見《白虎通》引）

什麼是"三教"？"三教"說的是"夏教以忠，殷教以敬，周教以文"（見《白虎通》），是政治教化方面的一個極其重要的因時變革問題。"顏回變虞夏"，這件事有些什麼內容？文獻不足，無從取證。從《論語》上述孔子的答話，以及孔子回答"子張問十世可知"而對以"雖百世可知也"的一節（見《論語·爲政篇》）來看，其中論到夏殷周三代損益的道理，也可以窺見"顏淵尚三教"的一個側面，可見顏回是十分重視政治的。"用之則行，舍之則藏"，孔子傾向於"行"，顏回表現在"藏"，這是因爲有孔子在前的緣故。孔子四科設教，"德行，政事，言語，文學"（見《論語·先進》），在這四科中，顏回最出色的是"德行"，而自己說"夫子博我以文，約我以禮"（見前），可見他對於其它三科，絕對不是毫無所知的。總的來說，他是以"德行"見長罷了。看其一生，有一段時間跟着孔子在路上奔跑，曾經爲孔子"馭車"（見《莊子·盜跖》《漁夫》），爲孔子"擇菜"（見《莊子·讓王》）。我們看"子畏於匡，顏淵後。子曰：'吾以女爲死矣。'曰：'子在，回何敢死！'"（見《先進》）。這一節裏的"後"字，可以知道顏回不但能夠爲孔子服役勞動，而且還能以武力捍衛孔子。所有這些，都應該包括在"德行"範圍之內。

爲了顔回的死,孔子哭得非常傷心,說"回也,視予猶父也",他的死,簡直是"天喪予!天喪予!"(並見《先進》)。在這些情況的叙述中,我們覺得孔顔師徒雙方這樣的契合,是史無前例的。上下數千年間,這樣的例子,實在也覺得很少見到。

## 三、莊周的"内聖外王""玄聖素王"

"薪火相傳",顔回的後繼何人?有怎樣的發展?說到這裏,就要談一談重視"内聖外王""玄聖素王"的莊周了。

莊周論學,歸結在"内聖外王""玄聖素王",這和孔子顔回有一定的關係。"孔子貧且賤"(見《史記·孔子世家》),自說"吾少也賤"(見《子罕》),顔回"家貧居卑,不願仕"(見《莊子·讓王》),莊周和顔回一樣,"不用而寓諸庸"(見《齊物論》),"家貧""衣弊履穿"(見《莊子·山木》),曾經想"貸粟於監河侯"(見《莊子·外物》),結果没有貸到。最要好的朋友是魏相惠施,而自己則是一個漆園小吏。兩人交情很好,議論則全然不同,一個廣大,一個精微,現在看來,這就是儒墨之間的不同。過去的學者,一向把莊周看作道家,這是後人給他戴上的帽子,在他書中,找不到他自命爲道家的痕迹。現在看來,莊周不是道家,而是從顔回一派來的儒家。《莊子·說劍篇》說莊周"夫子儒服而見王,事必大逆",這裏的"夫子",有人說不是莊周,應該是莊辛(見《先秦諸子繫年》一四五),這且不談。《莊子·田子方篇》說:

> 莊子見魯哀公,哀公曰:"魯多儒士,少爲先生方者。"……莊子曰:"以魯國而儒者一人耳,可謂多乎?"

司馬彪說"莊子與魏惠王、齊威王同時,在哀公後百二十年",是的,司馬彪說得對,莊周不與魯哀公同時,這段"莊子見魯哀公",

是莊周一貫用慣了的寓言，事實不足爲據。但從"魯多儒士，少爲先生方者"一句來看，莊周自己認爲是"儒士"，則是可以想見的。

莊周著書，要點在於"内聖外王"（見《天下》），"玄聖素王"（見《天道》）。"内聖外王""玄聖素王"是儒家的主張，"聖"是道德修養方面的名詞，"王"是政治地位方面的名詞。有了高等的道德修養（"聖"），而沒有高級的政治地位（"王"），這就是"玄聖素王"。從一個具體的個人來說，存在於内心深處具有高等的道德修養，這是"内聖"；表現於身外世上的，取得了高級的政治地位，這就是"外王"。高等的道德修養，由自己個人的努力可以取得；而高級的政治地位，必須依據外界的政治條件才能決定。所以，真正具有"内聖外王"本領的人，未必一定能夠做到"外王"，雖然不能做到"外王"，却不失其爲無其名而有其實的"玄聖素王"。在過去舊社會裏，同一時期，不同地點，僅可能存在着幾個以上的所謂"王"，同時也並不排除有着較高道德修養的"玄聖素王"。我們古代學人，常把這個"玄聖素王"的名詞，套在老聃、孔子頭上，事實就是如此。

這裏，暫且劈開老聃不談，且觀察一下孔子和顏回，這和莊周學說有沒有關係。"博學而無所成名"（見《子罕》）的孔子，從來不敢以"聖""仁"自居（見《述而》），與此相反，却自稱自己是"無知"，說：

> 吾有知乎哉？無知也！有鄙夫問於我，空空如也，我叩其兩端而竭焉。（見《子罕》）

他不但是自己承認是"無知"，是"空空如也"，還把這個"空"字贊賞顏回，說：

> 回也其庶乎，屢空！（見《先進》）

他稱贊顏回這個"空"字,指的是什麼呢?是指自己所能占有的物質上的財富這方面的所謂"空"嗎?還是指自己所已占有的精神上的知識這方面的所謂"空"呢?從顏回家貧,身居"陋巷""簞食瓢飲",以及和子貢"貨殖""屢中"(見《先進》)的對比來看,似乎可能指物質上的財富;然而從孔子自己"博學"而自稱"無知"這一點來看,則是指的精神上的知識。這兩方面或者可以説兼而有之,而重點則在於知識的有無。仔細加以考察,或許事實上還絶對不僅如此。《子罕篇》記載"子絶四:毋意,毋必,毋固,毋我",孔子這四個"毋"字,實際上就是他所贊賞的"空"字的注解。他斷絶了這四點,一切空諸所有,没有一點私心雜念潛伏於心,這實在是道德修養方面的最高境界。郭象注《莊子·大宗師》説:

> 雖天地之大,萬物之富,其所宗而師者,無心也。

注《應帝王》説:

> 夫無心而任乎自化者,應爲帝王也。

注《人間世》説:

> 與人群者,不得離人。然人間之變故,世世異宜。惟無心而不自用者,爲能隨變所適而不荷其累也。

這裏注家提出的三個"無心",都是"空"的意思,尤其是"無心而不自用"一句,説得更是重要。"無心"在於"不自用",而"不自用"就是無私。

關於這一點,莊周瞭解得最爲透徹,闡發得最爲明白。《人間世篇》記載孔子告訴顏回"心齋"的一段話説:

> 回曰:"敢問心齋。"仲尼曰:"若一志,無聽之以耳而聽

之以心,無聽之以心而聽之以氣。聽止於耳,心止於符。氣也者,虛而待物者也。唯道集虛。虛者,心齋也。"

下文又説:

瞻彼闋者,虛室生白,吉祥止止。

這裏兩處提到"虛"字,"虛"和"空"同一意義。"闋"也是"空"的意義。司馬彪説:

室比喻心,心能空虛,則純白獨生。

這説明"心齋"的意義,是在内心掃除私見,空洞洞的讓它不沾一塵。

《大宗師篇》記載顔回告訴孔子"坐忘"的一段,説:

"回益矣!"……"回坐忘矣!"仲尼蹵然曰:"何謂坐忘?"顔回曰:"墮枝體,黜聰明,離形去知,同於大通,此謂坐忘。"仲尼曰:"同則無好也,化則無常也。而(爾,下同)果其賢乎! 丘也請從而後也。"

顔回一提到"離形去知,同於大通",馬上得到孔子的贊揚,甚至説到自己已經落在顔回的後面了,這和他贊揚顔回"屢空"是同一意義的。

《齊物論篇》開端談南郭子綦的"隱几而坐,嗒焉似喪其耦"("耦"當讀爲寓,"寓",俞樾説:"神寄於身,故謂身爲寓。"),顔成子游説他"形如槁木,心如死灰"。(顔成子游,恰恰是顔氏一家。)南郭子綦自己説是"吾喪我",這實際上就是顔回的"墮枝體,黜聰明,離形去知,同於大通"。南郭子綦的"隱几",實際上等於顔回的"坐忘"。這個境界,説得明白一點,就是孔子的"子絶四",一點也没有私見。用現在的話來説,就是"大公無私",

"大公無私"到不知有我。正因爲不知有我,就能够"同於大通",和整個人群共同地融洽在一起了。顏回畢竟聰明,《人間世》說他在聽到孔子"心齋"的教導之後,接着就說:"回之未始得使,實自回也,得使之也,未始有回也,可謂虛乎?"孔子贊揚他說:"這就完全對了。""虛","未始有回",全是去掉私心的"克己復禮"。"克己復禮"四字,有人批評說是封建糟粕。當然,"禮"是有時代色彩的,我們倘若從廣義來看,就可以用因時制宜這角度來理解爲"奉公守法",那有什麼不好呢?

"不賤門隸"(見《秋水》)、"以隸相尊"(見《齊物論》)、"不廢窮民"(見《天道》)、自說"吾將曳尾於塗中"(見《秋水》)的莊周,這一個安貧樂道的漆園小吏莊周,曾經說:

> 眇乎小哉,所以屬於人也;謷乎大哉,獨成其天。(見《德充符》)

說:

> 與天地爲合,是謂玄德,同乎大順。(見《天地》)

說:

> 忘己之人,是之謂入於天。(見《天地》)

說:

> 人能虛己以游世,其孰能害之。(見《山木》)

"忘己""虛己",完全和孔子的"毋固,毋我",顏回的"屢空""坐忘""克己"相同。所以,莊周應該就是韓非所說的"顏氏之儒",所著書"汪洋自恣以適己"。《逍遥游》《齊物論》《養生主》《人間世》《德充符》《大宗師》《應帝王》,說明這就是他所說的"玄聖素王""內聖外王"之道。歸根結底,在於"虛己""忘己",無往而不逍遙。這一派這一套,實際上是從孔、顏"樂在其中""不改其樂"來的。宋人周敦頤教人要尋"孔顏樂處,所樂何事"。"孔顏樂處"在哪裏呢? 答案是全在這裏。"落木千山天遠大,澄江一道月清明",舞雩春風,"吾與點也",這種境界,值得注意,不容忽視。明代中葉陽明門下泰州學派的祖師王心齋(艮)有一首《樂學歌》,説:"人心本自樂,自將私欲縛。私欲一萌時,良知還自覺。一覺便消除,人心依舊樂。樂是樂此學,學是學此樂。不樂不是學,不學不是樂。樂便然後學,學便然後樂。樂是學,學是樂……"他直截了當地説明了這一點。

《莊子》書裏,提到有用無用的問題,惠施和莊周意見全不一致,而莊周所説,比惠施高明得多。《外物篇》:

> 惠子謂莊子曰:"子言無用。"莊子曰:"知無用而始可與言用矣。天地非不廣且大也,人之所用容足耳。然則廁足而墊之致黃泉,人尚有用乎?"惠子曰:"無用。"莊子曰:"然則無用之爲用也亦明矣。"

"墊"是"下"的意思,有的本子作"塹""掘"的意思。"無用"的地方,才是有用的地方;有用的地方,是在於"廣大"的空曠所在,這是莊周的卓見。早在《莊子》開卷第一篇《逍遥游》的結尾,就有兩件故事,具體交代了莊周與惠施討論有用和無用的問題。惠施種了一棵"瓠"子,果實有五石之大,惠施以爲這樣大的瓠子有什麽用呢? 因此把它打碎了。莊周説這樣大的瓠子,正可以把它挖空了繫在腰間,作爲浮游江湖的工具,爲什麽説它沒有用呢? 這是一。惠施對莊周説"擁腫""捲曲"的樗樹,大是大了,然而"匠石不顧","今子之言,大而無用,衆所同去也",以此嘲笑莊周。莊周説,這樣大的樹,你説沒有用嗎? 把它"樹之於無何有之鄉,廣莫之野,彷徨乎無爲其側,逍遥乎寢卧其下",這就是很大的用處了,這是二。很明白,莊周所説的"用",正是在於"虛無""空曠"的地方,無用之用,乃是大用。

在《人間世》篇中,莊周説過:

> 乘物以游心,托不得已以養中,至矣!

郭注以爲"任理之必然者,中庸之符全矣,斯接物之至者也"。莊周講到"托不得已以養中",而郭象用"中庸之符"來作解釋,"不得已"就是"必然",這説明莊周説的這一套和"中庸"有共同之處,值得我們探討。《養生主》一篇,大講其"庖丁解牛"的故事,庖丁"依乎天理","因其固然","九年而刀刃若新發於硎",講的全是利用空隙的所在,全是講的"中庸之道"。在這段故事的前面,他明白提出自己的看法,説:

> 緣督以爲經,可以保身,可以全生,可以養親,可以盡年。

郭象注説"緣督以爲經"就是"順中以爲常",李、崔並云"緣,順也;督,中也;經,常也",這正是講的中庸之道,指出"中"之爲"用"。可見,"中庸"的道理,莊周是非常明白的。

## 四、"中庸"及其它

莊周之後,有人大談其"中庸"。"中庸"兩字,首先見於《論語·雍也》:

> 子曰:"中庸之爲德也,其至矣乎!民鮮久矣!"

後來又見於戴記,《禮記·中庸篇》説:

> 子曰:"中庸其至矣乎!民鮮能久矣!"

又説：

> 子曰："回之爲人也，擇乎中庸，得一善，則拳拳服膺而弗失之矣！"

又説：

> 子曰："……人皆曰予知，擇乎中庸而不能期月守也。"

這樣，明白交代"中庸"這種思想，和孔子、顏回很有關係。

《禮記·中庸》這篇文字，司馬遷以爲是子思所作（見《孔子世家》），我們知道子思生活在魯繆公時（見《孟子》），當時是戰國初期，還沒有到"今天下車同軌、書同文"的時代。子思魯人，足迹沒有到過周秦地區，心目中接觸到的高山泰山岱宗，是他親知目見的。在他書中，説"振河海而不洩"，這是可能的，却決不可能説到"載華嶽而不重"。現在《中庸》這篇，時事方面，"同文共軌"，涉及秦始皇事；地點方面透露了秦國地點"華嶽"，這決不會是戰國初期子思的作品。有人説"《中庸》僞書，出秦世"（見錢穆《先秦諸子繫年》），這也未必。書中"凡爲天下國家有九經"一段，末尾説到"柔遠人，懷諸侯"，秦始皇統一六國，中土沒有諸侯，這是《中庸》不出秦世之徵。大概這一篇著作，當是西漢初年，黄老之學盛行以後的作品。當時個别儒生受到黄老"虚無""執一"的影響，却從孔子、顏回那裏接受了"中庸"思想，從而發揮了莊周"内聖外王""玄聖素王"的道理，這是從《中庸》整篇内容中完全可以體會得到的。

"中庸"這名詞，在《論語》以及《中庸》篇中自己本身没有什麽解釋。程頤説成"不偏之謂中，不易之謂庸"，這也並不十分貼切。而且"不易"兩字，也很難理解。"中庸"説的是"中"之爲用，也是指的"空"之爲用。

> 三十輻共一轂，當其無，有車之用。埏埴以爲器，當其無，有器之用。鑿戶牖以爲室，當其無，有室之用。故有之以爲利，無之以爲用。（見《老子》）

這是說，虛無空隙的所在，是真正有用的所在。"中"是虛無空隙的所在，這不必多做解釋，已很明白。"庸"呢？莊周說：

> 庸也者，用也；用也者，通也；通也者，得也。適得而幾矣。（見《齊物論》）

毫無疑問，"中庸"，說的是"中之爲用"。有人認爲"中庸"折衷主義，這理解的不夠正確，也不夠完全。《中庸》固然有"執其兩端，用其中於民"這一句，但這句的意思和《論語》孔子說的"空空如也，我叩其兩端而竭焉"意義相同，正是講的用其空隙，絕不是折衷主義。折衷主義是處理事件的一種方法，目的在於調和兩個極端，這是因事制宜的一種權術，不是"中庸"的根本要點。《中庸》說"中也者，天下之大本也"，"大本"是什麼？"大本"是"空""虛"，這個"空""虛"，貫串一切，從"內心"到"外物"，一以貫之，應付得當，就是"中庸"，就是會得用中。"君子之中庸也，君子而時中"，"時中"是經常地不守成見，虛心應物。"時中"的"時"，比"屢空"的"屢"，在程度上當然有極大的飛躍，當然不會有"過"與"不及"的偏差。從"過"與"不及"來說，這都是不符合於"中"這一點的。賢者做得過於要好，愚者做得不夠要好，都是失"中"，都不合適，都在內心深處存在着問題。換句話說，都是不懂"中庸"，不能用"中"，內心深處工夫都做得不夠，這就是孔子所以要說"民鮮能久矣"的了。孔子歎息："道其不行矣乎！""中庸其至矣乎！"這哪裏是折衷主義一句可以包括得了的呢？

《中庸》一篇，講"慎獨"，講"至誠"，講"小德川流，大德敦化"，講"致中和，天地位焉，萬物育焉"。對於"中和"兩字的解釋則是"喜怒哀樂之未發,謂之中;發而皆中節,謂之和"。"中"是"未發","和"是"中節"。"未發"的"中",實際上就是"屢空"的"空";"中節"的"和",實際上等於"執禮"的"禮"。顏回"心齋""坐忘""克己復禮",得力全在於"空"。所謂"慎獨""至誠",全是這個"中"字的異稱,這是"喜怒哀樂未發"時的境界。"禮之用,和爲貴","執禮",效果在於取得人與人之間的和諧。顏回"非禮勿視,非禮勿聽,非禮勿言,非禮勿動","視聽言動"都合於"禮",這是"喜怒哀樂,發而皆中節,謂之和"的境界。所以,《中庸》一篇所講的"中和",和顏回的"心齋""坐忘""屢空""不違"是一致的。從說明性質的角度來說,不妨叫它是"心齋""坐忘""屢空""不違";從真實效果所發生的作用這個角度來說,實際上就是"中和"。與其說《中庸》是子思"筆之於書,以授孟子",不如說《中庸》是莊周以後,漢初儒者追述孔顏學說的作品,與子思、孟子絲毫沒有關係。荀卿《非十二子》譴責子思、孟軻,假如子思真有《中庸》以授孟子,荀卿不會不知道的。所以,程頤說子思"筆之於書,以授孟子"這句話是靠不住的,而其另外一句話說"此篇乃孔門傳授心法",則是十分正確,無可懷疑的。《中庸》一篇,明白敘述孔顏對"中庸"的關係。孔子說自己"擇乎中庸而不能期月守也",說顏回"擇乎中庸,得一善,則拳拳服膺而弗失之矣",這和《莊子》書裏孔子自說不及顏回,意義有什麼不同呢?

《中庸》這一篇,講"聖",講"王天下",而出發點則是從"未發"做起;說"至誠",說"慎獨",這都是從"未發"這點談起。重點都要在"空"和"虛"上做工夫。書中沒有提到"內聖外王""玄聖素王"等字眼,實際上講的就是"玄聖素王""內聖外王"的學問。

《中庸》大力宣揚"成己""成物""合外內之道"的道理,說到"君子無入而不自得焉",說到"君子篤恭而天下平",前一句是"逍遙游",後一句是"應帝王",這完全是"玄聖素王""內聖外王"的說明。莊周,講"逍遙游""應帝王",講"內聖外王""玄聖素王"，又寫了一篇《至樂》，說"至樂活身，唯無爲幾存"，這和《中庸》講"素其位而行，不願乎其外，故無入而不自得"一直到"上天之載，無聲無臭，至矣！"有什麼兩樣呢？《中庸》一書，其中"仲尼祖述堯舜"到"天地之所以爲大也"一段，更是明顯地爲"玄聖素王""内聖外王"做出具體的贊揚，等於提出了一個人物的標準模型，從而顯示給人們。

《中庸》這一篇，肯定是漢皇朝大一統之後的儒家所作，在春秋、戰國年代，不會有這樣博大精深、規模恢廓、意境宏遠的文字的。戰國年代，孟軻、荀卿都重視内心的修養。孟軻自己說"我四十不動心"；講"養氣"，說"持其志，毋暴其氣"；要"勿忘，勿助長"；最後，說"浩然之氣，至大至剛，塞乎天地之間"（見《公孫丑》）。荀卿講"治氣養心之術"，說"内省，則外物輕矣"；要"獨修其身，不以得罪於比俗之人"，效果是"能以公義勝私欲"（見《修身篇》）。兩家所說不同，而歸趣則是一致的，都是要"廓然大公"，不以自己個人的私見妨害公道，等於我們今天所說的要"奉公守法"。這是人們内心方面的自我修養，不是別人可以代勞，也不是別人能夠知道的。論其實質和"至誠""慎獨""心齋""坐忘"等有其共通之處。莊周書裏說"修胸中之誠，以應天地之情而勿攖"（見《徐無鬼》），就是這個道理。

東漢以後，印度佛教傳入中國，而莊周學說無形中成其先導。南北朝梁、魏時代，天竺達摩來華，在嵩山面壁九年，成爲中國佛家禪宗初祖。五祖弘忍傳法時，神秀寫的偈語是：

　　身是菩提樹，心如明鏡臺。時時勤拂拭，莫使惹塵埃。

慧能則說：

　　菩提本無樹，明鏡亦非臺。本來無一物，何處惹塵埃。

唐代另一個高僧寒山有一首詩說：

> 寒山居一窟，窟中無一物。淨潔空堂堂，皎皎明如日。
> 糲食資微軀，布裘遮幻質。任汝千聖現，我有天真佛。

這首詩的內容，和莊周所說的"瞻彼闋者，虛室生白"完全相同，指的都是重視心境方面的"空""虛"。

宋人說"廓然大公，物來順應"（見程顥《答橫渠先生定性書》），這句話很能懂得顏氏學的真諦。他們用功的關鍵，要從靜坐入手，主張"靜中養出端倪"，坐要坐得像"泥塑木雕"（程頤），這和"離形去知""槁木死灰""心齋""坐忘"，又有什麼兩樣呢？

關於"主靜"這一點，《莊子·天道篇》有一段精闢的議論說：

> 明於天，通於聖，六通四辟於帝王之德者，其自為也，昧然無不靜者矣！聖人之靜也，非曰靜也善，故靜也；萬物無足以鐃心者，故靜也。水靜則明燭鬚眉，平中準，大匠取法焉。水靜猶明，而況精神！聖人之心靜乎！天地之鑒也，萬物之鏡也。夫虛靜、恬淡、寂漠、無為者，天地之平而道德之至，故帝王聖人休焉。

又說：

> 夫虛靜、恬淡、寂漠、無為者，萬物之本也。明此以南鄉，堯之為君也；明此以北面，舜之為臣也。以此處上，帝王天子之德也；以此處下，玄聖素王之道也。以此退居而閒游，江海山林之士服；以此進為而撫世，則功大名顯而天下一也。

"靜"是"玄聖素王"之道，也就是"內聖外王"之道。它的要點，在於"虛靜恬淡寂漠"，這和《中庸》所說的"至誠""慎獨""上天之載，無聲無臭"又有什麼兩樣呢？

## 五、結束語

　　顏氏之學,特點在於"德行",它是道德實踐方面踏踏實實的事,不是一般花言巧語可以弄虛作假的。通過莊周,明白提出"玄聖素王""内聖外王"這名稱,這是孔顏學問的精華。到了漢初,又沿用了"中庸"這名詞,闡明了它的意義。在唐人宋人手裏,又有了一些繼承和發展。清代末年,譚嗣同著書,還以《仁學》爲名;康有爲辦報,叫做《不忍》雜誌。《孟子·公孫丑》說"人皆有不忍人之心",《白虎通》說"仁者,不忍也,施生愛人也"。顏氏之學,重在"德行",一言以蔽之,落實到"其心三月不違仁"的"仁"字上,這是中國哲人傳給我們的寶貴遺産。即使古代社會遺存的這種精神財富,不可避免地存在着它的時代局限和階級局限,但在我們今天"大公無私"的無産階級社會裏,要從社會主義走向共産主義,這樣主張"廓然大公""天下歸仁"的崇高理想,必然是我們大家可以接受,而且也是應當接受的。在這基礎上,進一步宣揚虛心、友愛、團結、進步的重要性,這是人類社會的福音,無論對國內、對國際,都是有一定的好處。

一九八〇年三月九日,在南京

　　人生呱呱墜地,中壽不過百年,也就是風馳電掣地過去了,究竟有什麽意義?王梵志有一首《道情詩》說:

　　　　我昔未生時,冥冥無所知。天公强生我,生我復何爲。無衣使我寒,無食使我饑。還你天公我,還我未生時。

　　誠然你這個我在既生之後,有諸般苦惱。但是,你這個我未生而生,你作不得主;既生而死,你也作不得主。未生之前,你固然已經存在，既死之後，你也未見消滅。孟郊的詩説得好：

　　苟含天地秀，皆是天地身。

你不要小看了你這個區區的自己，這區區的自己，是和浩浩蕩蕩的大我——天地渾合無間的一個身體。"萬物皆備於我矣，反身而誠，樂莫大焉"(《孟子·盡心上》)。只要你老老實實地做人，是沒有什麽給你干擾，使你悶悶不樂的。蘇軾的詩説：

　　有主還須更有賓，不知無鏡自無塵。只從半夜安心後，失却當年覺痛人。

明代的元賢和尚也有一首"過劍津偈"説：

　　金雞啄破碧琉璃，萬歇千休秖自知。穩臥片帆天正朗，前山無復雨鳩啼。

離絶，"心齋""坐忘"，内心空堂堂的"虚己以游世""無往而不消摇"。這還有什麽干擾足以使得你苦惱呢？這就是"至樂"。

討論學問，儘管千差萬別，存在着門户派别的紛歧，但是終極目的，大概是一致的。"天下一致而百慮，同歸而殊途"，最高點的終極目的共同一致。這是人類智慧的共同歸宿，我認爲這是十分寶貴的。

一九八〇年十一月八日，又記

# 論宰我子貢

宰我、子貢，同學於孔子之門，同從孔子厄於陳蔡之間，同以言語之長被稱於孔子。然今《論語》所傳，孔子於宰我多抑，於子貢多揚。司馬遷作《史記·仲尼弟子列傳》乃謂"宰我與田常作亂，以夷其族，孔子恥之"。宰我誠與田常作亂，是乃田常之黨，孔子既欲聲討田常，何於宰我不明正其罪，呼"小子鳴鼓而攻之"，一如責冉求者然？《論語》於此闕然，諸弟子亦未有明言之者，是誠千古之疑案也。今據歷史記載，詳審而細核之。蓋《論語》之集，在孔子卒後，當時宰我亦已前卒，而子貢在孔門，威信最高，疑門人之間，不無同異之論，而子貢有以抑宰我者，遂多污衊之辭也。茲不避煩瑣，臚列各條，序而正之。其所未當，達者教焉。

《韓非子·難言》：

> 宓子賤、西門豹，不鬥而死人手……宰予不免於田常……皆世之仁賢忠良有道術之士，不幸遇悖亂闇惑之主而死。

《史記·李斯列傳》載李斯上二世書云：

> 田常為簡公臣，爵列無敵於國，私家之富與公家均，布惠施德，下得百姓，上得群臣，陰取齊國，殺宰予於庭，即弒

簡公於朝，遂有齊國。此天下所明知也。

韓非、李斯所云"宰予"即"宰我"也，韓非、李斯同學於荀卿，荀卿去孔門未遠，二子所述宰予事，當可徵信。是宰我之死，爲田常所殺明甚，其非田常之黨亦明甚。宋龜山楊氏時《答胡康侯第二書》曰：

> 田常爲亂於齊，齊君蓋弗勝也。宰予附田常，則誰得而殺之？使其爲齊君而死，則予何罪焉？

全祖望《經史問答》云：

> 宰我爲簡公死，非爲陳恒死，其死較子路反似過之。

梁玉繩《史記志疑》云：

> 其死爲誅叛討賊，方憫宰我之忠而獲禍，陷胸決脰於凶殘之手，孔子何恥焉？

崔適《史記探源》云：

> 宰予之死，與孔父、仇牧、荀息相若，乃《春秋》之所榮，孔子何以恥之？

今案田常（即陳恒）篡齊事，詳《左傳·哀公十四年》：

> 齊簡公之在魯也，闞止有寵焉。及即位，使爲政。陳成子憚之，驟顧諸朝。諸御鞅言於公曰："陳、闞不可並也，君其擇焉。"弗聽。子我夕，陳逆殺人，逢之，遂執以入。陳氏方睦，使疾，而遺之潘沐，備酒肉焉，饗守囚者，醉而殺之，而逃。子我盟諸陳於陳宗。初，陳豹欲爲子我臣，使公孫言己，已有喪而止。既而言之，曰："有陳豹者，長而上僂，望視，事君子必得志，欲爲子臣。吾憚其爲人也，故緩以告。"

子我曰："何害！是其在我也。"使爲臣。他日，與之言政，說，遂有寵，謂之曰："我盡逐陳氏而立女，若何？"對曰："我遠於陳氏矣。且其違者，不過數人，何盡逐焉？"遂告陳氏。子行曰："彼得君，弗先，必禍子。"子行舍於公宮。

夏，五月壬申，成子兄弟四乘如公。子我在幄，出，逆之。遂入，閉門。侍人禦之，子行殺侍人。公與婦人飲酒於檀臺，成子遷諸寢。公執戈，將擊之。大史子餘曰："非不利也，將除害也。"成子出舍於庫，聞公猶怒，將出，曰："何所無君？"子行抽劍，曰："需，事之賊也。誰非陳宗？所不殺子者，有如陳宗！"乃止。

子我歸，屬徒，攻闈與大門，皆不勝，乃出。陳氏追之，失道於弇中，適豐丘。豐丘人執之以告，殺諸郭關。成子將殺大陸子方，陳逆請而免之。以公命取車於道，及耏，衆知而東之。出雍門，陳豹與之車，弗受，曰："逆爲余請，豹與余車，余有私焉。事子我而有私於其讎，何以見魯、衛之士？"東郭賈奔衛。庚辰，陳恒執公于舒州。公曰："吾早從鞅之言，不及此。"

甲午，齊陳恒弒其君壬于舒州。孔丘三日齊，而請伐齊三。公曰："魯爲齊弱久矣，子之伐之，將若之何？"對曰："陳恒弒其君，民之不與者半。以魯之衆，加齊之半，可克也。"公曰："子告季孫。"孔子辭。退而告人曰："吾以從大夫之後也，故不敢不言。"

《左傳》此文叙齊亂甚詳。重要有關人物爲：
齊簡公，名壬，齊悼公陽生之子。
諸御鞅，齊大夫。
陳成子即田常，即陳恒，亦稱陳常。
陳逆即子行。

陳豹。

大史子餘。

大陸子方，即東郭賈。

闞止，即子我。

此諸人也，陳成子、陳逆、陳豹、大史子餘爲一方，闞止（齊悼公陽生的家臣）、大陸子方爲一方。闞止有寵於悼公，欲盡逐陳氏，爲陳豹所賣，以告陳逆。於是陳恒兄弟分乘四車赴齊簡公、闞止，陳恒兄弟入門而閉闞止於外，闞止之侍人抗禦，陳逆殺之。時齊簡方飲酒於檀臺，陳恒兄弟遷簡公使居正寢，簡公執戈欲擊陳恒，大史子餘言勸止之。陳恒知簡公怒，欲奔，陳逆脅之而止。闞止率徒攻陳氏，不勝而出，失道遂被執，見殺。其臣大陸子方出奔衛。陳恒既敗闞止，卒執齊簡公而殺之。卒齊亂之經過，明諸御鞅之言"陳、闞不可並"之非誣。

此事又見於《史記·齊太公世家》。《史記·齊太公世家》錄此而稍節之，以"監止"爲闞止，改"陳子"爲田成子，凡"陳"悉易爲田。其《田敬仲完世家》亦撮要叙此云：

> 田乞爲相，專齊政。四年，田乞卒，子常代立，是爲田成子。鮑牧與齊悼公有郤，弒悼公。齊人共立其子壬，是爲簡公。田常成子與監止俱爲左右相，相簡公。田常心害監止，監止幸於簡公，權弗能去。於是田常復修釐子之政，以大斗出貸，以小斗收。齊人歌之曰："嫗乎采芑，歸乎田成子！"齊大夫朝，御鞅諫簡公曰："田、監不可並也，君其擇焉。"君弗聽。子我者，監止之宗人也，常與田氏有郤。田氏疏族田豹事子我有寵，子我曰："吾欲盡滅田氏適，以豹代田氏宗。"豹曰："臣於田氏疏矣。"不聽。已而豹謂田氏曰："子我將誅田氏，田氏弗先，禍及矣。"子我舍公宮，田常兄弟四人乘如公宮，欲殺子我。子我閉門。簡公與婦人飲檀臺，將欲擊田

常。太史子餘曰:"田常非敢爲亂,將除害。"簡公乃止。田常出,聞簡公怒,恐誅,將出亡。田子行曰:"需,事之賊也。"田常於是擊子我。子我率其徒攻田氏,不勝,出亡。田氏之徒追殺子我及監止。簡公出奔,田氏之徒追執簡公于徐州。簡公曰:"蚤從御鞅之言,不及此難。"田氏之徒恐簡公復立而誅己,遂殺簡公。簡公立四年而殺。於是田常立簡公弟驁,是爲平公。平公即位,田常爲相。

《田敬仲完世家》此文與《齊太公世家》同叙錄《左傳》者,詳略有別,然爲一事則同,惟《田敬仲完世家》以監止、子我爲二人,自與《齊太公世家》相戾。然兩文並舉御鞅之言,"田、監不可並也",明在簡公之朝爭權者田常與監止也。《齊太公世家》監止即子我,捕囚田逆(子行)後,與"盟諸田於陳宗"者,子我也;欲"盡逐田氏"而立田豹,後爲田豹所賣者,子我也;率其徒攻田氏,不勝出亡而被追殺者,子我也。子我即監止,《左傳》之文甚明。賈逵、服虔並謂子我即監止,《齊太公世家》所叙錄《左傳》者未誤,不知何以至《田敬仲完世家》乃别生異説,謂"子我者,監止之宗人",而以子我、監止别爲二人,此乃司馬遷之過。《吕氏春秋·慎勢》:

　　諸御鞅諫於簡公曰:"陳常與宰予……甚相憎也,臣恐其相攻,……願君去一人。"居無幾何,陳常果攻宰予於庭。

《淮南子·人間訓》:

　　諸御鞅復於簡公曰:"陳成常、宰予二子者,甚相憎也。臣恐其構難而危國也,君不如去一人。"簡公不聽。居無幾何,陳成常果攻宰予於庭中,而弑簡公於朝。此不知敬小之所生也。

又曰：

> 兩人構怨，廷殺宰予，簡公遇殺。陳氏代之，齊乃無呂。

《說苑·正諫篇》：

> 齊簡公有臣曰諸御鞅，諫簡公曰："田常與宰予，此二人者甚相憎也，臣恐其相攻，願公去一人。"簡公曰："非細人所敢議也。"居無幾何，田常果攻宰予於庭，賊簡公於朝。

《說苑·指武篇》又稱：

> 宰我將攻田常，簡公漏其謀，以柔弱見殺。

又曰：

> 田成子常與宰我爭，宰我夜伏卒，將以攻田成子。令於卒中曰："不見旌節，毋起。"鴟夷子皮聞之，告田成子。田成子因爲旌節以起宰我之卒，以攻之，遂殘之也。

《鹽鐵論》：

> 宰我秉事，有寵於齊。田常作難，道不行，身死庭中，簡公殺於檀臺。

《吕氏春秋》《淮南子》《說苑》《鹽鐵論》四書所云，與《左傳·哀公十四年》文所叙正同，亦與韓非、李斯所言相符。然則字子我之宰予，與字子我之監止爲一人，是孔門四科十哲中之宰我，乃與田常爭權失敗而被殺者也。

司馬遷作《史記》，既與《田敬仲完世家》以監止、子我別爲二人，與前《齊太公世家》相戾，又於《仲尼弟子列傳》誣宰我爲"與田常作亂"；以一百七十一字叙宰我，以一千八百餘字叙子貢，於宰我、子貢顯分輕重。其叙宰我之辭曰：

宰予,字子我,利口辯辭。既受業,問:"三年之喪不已久乎?君子三年不爲禮,禮必壞;三年不爲樂,樂必崩。舊穀既沒,新穀既升,鑽燧改火,期可已矣。"子曰:"於汝安乎?"曰:"安。""汝安則爲之。君子居喪,食旨不甘,聞樂不樂,故弗爲也。"宰我出,子曰:"予之不仁也!子生三年然後免於父母之懷。夫三年之喪,天下之通義也。"

　　宰予晝寢。子曰:"朽木不可雕也,糞土之牆不可圬也。"宰我問五帝之德,子曰:"予非其人也。"

　　宰我爲臨菑大夫,與田常作亂,以夷其族,孔子恥之。

《仲尼弟子列傳》,司馬遷於開端亦舉"言語:宰我、子貢",孔子之言,然於叙宰我、子貢行事,顯分高下。在舉宰我名字之後,即以"利口辯辭"一語概其爲人,然後舉"問三年之喪""晝寢""問五帝德"三事,最終以"與田常作亂,以夷其族,孔子恥之"作結。宰我之在孔門,一若全無是處者。其於子貢,則於此傳一千八百餘字之尾,極口贊揚,謂:

　　子貢一出,存魯,亂齊,破吳,彊晉而霸越。子貢一使,使勢相破,十年之中,五國各有變。子貢好廢舉,與時轉貨資。喜揚人之美,不能匿人之過。常相魯衛,家累千金,卒終於齊。

又於《史記·貨殖列傳》中特筆著之,更作崇高之贊揚:

　　子贛既學於仲尼,退而仕於衛,廢居鬻財於曹、魯之間。七十子之徒,賜最爲饒益。原憲不厭糟糠,匿於窮巷。子貢結駟連騎,束帛之幣以聘享諸侯,所至,國君無不分庭與之抗禮。夫使孔子名布於天下者,子貢先後之也。此所謂得勢而益彰者乎?

司馬遷爲李陵事下獄受腐刑,自傷"家貧,財賂不足以自贖,交游莫救,左右親近不爲一言",故於發憤著書之中,特著《貨殖列傳》贊揚子貢。因欲贊揚子貢,特以糟糠不厭之原憲與子貢作比,又於《仲尼弟子列傳》中贊揚子貢,以與子貢並爲孔子所稱在四科中同爲"言語"一門中之宰我與作對比,不顧其餘,特以"利口辯辭""孔子耻之"等極端污蔑之詞,加於宰我。此皆由於司馬遷之私心,遂爲此不誠不實之記載也。

孟子去孔門不遠,而又受學於子思之門,其於宰我、子貢等同齊列,未嘗有所軒輊,曰"宰我、子貢、有若,智足以知聖人,污不至阿其所好。宰我曰'以予觀於夫子,賢於堯、舜遠矣'"。又曰"宰我、子貢善爲説辭"。其舉二人,率以宰我爲首,並未加以輕視。受學於荀卿之門之韓非,習聞其師《非十二子》之言,然於宰我且曰"仁賢忠良有道術之士"。何以至司馬遷之筆,竟以極端污蔑之詞加之耶?

《論語》一書爲孔子及其弟子言論之記錄,其書成於孔子卒後。《漢書·藝文志》云:

> 《論語》者,孔子應答弟子時人及弟子相與言而接聞於夫子之語也。當時弟子各有所記,夫子既卒,門人相與輯而論纂,故謂之《論語》。

孔子卒在魯哀公十六年,孔子卒後三年之内,弟子皆服心喪,三年而去(見《世家》),時蓋在哀公十九年。《論語》之撰集,當在此三年之内。鄭玄謂"《論語》爲仲弓、子夏所撰"(見朱彝尊《曝書亭集》卷六十五《文水縣卜子祠堂記》),程頤云"《論語》之書,成於有子曾子之門人,故其書獨二子以子稱"。今觀《論語》記曾子事,有兩節云"曾子有疾",殆爲曾子卒前之事:一則云"啓予足,啓予手";一則云"人之將死,其言也善"。曾子少孔子四十六歲,孔子卒年七十三,孔子卒時曾子年僅二十七歲,信如程頤之言,曾子門人,曾記曾子將卒之事,則爲時更當後矣。哀公十九年時,孔門弟子分散,此後當不能再爲"門人相與輯而論纂"矣。但據《孟子》:

> 昔者,孔子没,三年之外,門人治任將歸,入揖於子貢,相嚮而哭,皆失聲,然後歸。子貢反,築室於場,獨居三年,然後歸。他日,子夏、子張、子游,以有若似聖人,欲以所事孔子事之,強曾子。曾子曰:"不可。"

是子貢在曲阜泗上"廬於冢上凡六年",至哀公二十二年方去。以子夏、子張、子游、曾參、有若之事觀之,崇敬孔子,至於如此,其於撰集《論語》亦必有所盡力。子貢在冢最久,自然參與其事,現存《論語》於曾參、有若、子夏、子張、子游,皆有良好之記載,於子貢更多美辭,其故可深長思也。

孔子曾云:

> 從我於陳蔡者,皆不及門也。德行:顏淵、閔子騫、冉伯牛、仲弓;言語:宰我、子貢;政事:冉有、季路;文學:子游、子夏。

此是孔子晚年之語,於時顏淵諸子蓋皆不在孔子左右,而宰我猶未卒也。孔子以宰我、子貢並舉,且宰我列於子貢之前。迨撰集《論語》,則宰我似無可以稱道者。今計《論語》記宰我者四則:

1. 哀公問社於宰我。宰我對曰:"夏後氏以松,殷人以柏,周人以栗,曰使民戰栗。"子聞之曰:"成事不說,遂事不諫,既往不咎。"(《八佾》)

2. 宰予晝寢。子曰:"朽木不可雕也,糞土之牆不可圬也;於予與何誅?"子曰:"始吾於人也,聽其言而信其行;今吾於人也,聽其言而觀其行。於予與改是。"(《公冶長》)

3. 宰我問曰："仁者雖告之曰：'井有仁焉'，其從之也？"子曰："何爲其然也？君子可逝也，不可陷也；可欺也，不可罔也。"(《雍也》)

4. 宰我問："三年之喪，期已久矣！君子三年不爲禮，禮必壞；三年不爲樂，樂必崩。舊穀既沒，新穀既升，鑽燧改火，期可已矣。"子曰："食夫稻，衣夫錦，於女安乎？"曰："安。""女安，則爲之！夫君子之居喪，食旨不甘，聞樂不樂，居處不安，故不爲也。今女安，則爲之！"宰我出。子曰："予之不仁也！子生三年，然後免於父母之懷。夫三年之喪，天下之通喪也。予也有三年之愛於其父母乎？"(《陽貨》)

記宰我四則中，最可注意者爲"宰我問三年之喪"之一節。宰我據當時社會實況，一般居喪不過一年，於是提出"期已久矣"。"期已久矣"作爲商討，宰我之言，斟情酌理，未可厚非，而孔子之言，則心存成見，態度不良，全然不是循循善誘、和藹可親。及宰我既出，孔子又作背後之批評，橫以"不仁"加宰我，並斥宰我無"三年之愛於其父母"。孔子之於弟子，何其不善乃爾！其次，"晝寢"一節，孔子亦擴大其辭，一若宰我言行不符，表裏殊致，大有不屑教誨之意。"問社"一節，孔子對"使民戰栗"一語，不作正面之指點，懇切之分析，而僅於背後說風涼話。"既往不咎"，一似甚爲寬容者，此皆未盡合理者也。綜觀《論語》涉及宰我之辭，類皆有意歧視，心存畛域，其中必有原因在焉。

更有可以注意者，《大戴礼記·五帝德》記宰我问孔子□□□□□□□怪。此文壹仟壹佰叁拾餘字，甚爲冗長，記宰我以黃帝、顓頊、帝嚳、帝堯、帝舜、禹六人問孔子，而孔子答之。問答之始，即甚齟齬。宰我首問黃帝，孔子答言"黃帝尚矣，女何以爲？先生難言之"。此三語中，暗含兩層意思：一，黃帝是久遠之事，汝欲問之何爲？二，自己亦說不清楚。宰我昧其言似有不願接待學生之問者然,及宰我申言"上世之傳,隱微之說,……昏忽之意,非君子之道,予之問也固矣",孔子遂以黃帝三百年之說相告。嗣後宰我又問顓頊,孔子又以不耐煩之態度,斥責宰我"女欲一日辨聞古昔之說,躁哉予也",明白告語宰我,不應急躁多問,顯然有拒絕提問之意。及宰我又言"昔者予也聞諸夫子曰:小子無有宿問"。蓋在此之前,孔子曾教道學生有疑即當提問,不應將欲問之語擱置不提,日復一日積疑存留。孔子於宰我提出質問之後無可奈何,於是應答宰我緊迫之追問,順序告以顓頊、帝嚳、帝堯、帝舜、禹事。然於最後竟然鄭重提醒:"予!大者如說,民說至矣。予也非其人也",當面指責宰我不具"說民"之資,而一筆抹殺之。夫以"學不厭而教不倦"自任之孔子,何於宰我輕視之如是?以曾言"人潔己以進,與其潔也,不保其往也"之孔子,何於宰我不願以與人爲善之道,進而誘掖之也如是?此誠深可怪。此文末尾又特作結筆,云:

> 他日,宰我以語人,有爲道諸夫子之所。孔子曰:"吾欲以顏色取人,於滅明邪改之;吾欲以語言取人,於予邪改之;吾欲以容貌取人,於師邪改之。"宰我聞之,懼,不敢見。

細讀此文,覺孔子、宰我師生之間距離頗大,宰我求知向學之誠,未可非議,而孔子有意拒之,此果何爲者耶?虛心誠意,向老師質疑問難,而老師之聲音顏色,拒人於千里之外,竟使學生懼不敢見老師,此其爲何等惡劣之老師耶?宰我以所聞於孔子者告人,人有以宰我所告者告孔子,此中人語,究是何種居心,不亦可以令人作深長之思乎?《大戴禮記》之記載,時間當在《論語》撰集之後,五帝之說,盛於鄒衍之後,爲時不值孔子。此段問答,是否真有其事,尚待思考。良以孔子刪書,起自唐虞,其所恒言,只及堯舜,從未上及黃帝。此段問答,或出後人之虛擬。然而孔氏後學之徒,於宰我貶不少,良如此,其中究有何種原因,不可不細心尋求也。

《史記》以"利口辯辭"述宰我,又記孔子之言"吾以言取人,失之宰予"。宰我善爲説辭,而如何有言與行之事實,史書罕有記述,此言究有若何之價值,亦吾人所當靜心辜榷者也。

《論語》記子貢者三十五則:

1. 子禽問於子貢曰:"夫子至於是邦也,必聞其政,求之與,抑與之與?"子貢曰:"夫子溫、良、恭、儉、讓以得之。夫子之求之也,其諸異乎人之求之與?"(《學而》)

2. 子貢曰:"貧而無諂,富而無驕,何如?"子曰:"可也,未若貧而樂,富而好禮者也。"子貢曰:"《詩》云'如切如磋,如琢如磨',其斯之謂與?"子曰:"賜也,始可與言《詩》已矣,告諸往而知來者。"(《學而》)

3. 子貢問君子。子曰:"先行其言而後從之。"(《爲政》)

4. 子貢欲去告朔之餼羊。子曰:"賜也!爾愛其羊,我愛其禮。"(《八佾》)

5. 子貢問曰:"賜也何如?"子曰:"女,器也。"曰:"何器也?"曰:"瑚璉也。"(《公冶長》)

6. 子謂子貢曰:"女與回也孰愈?"對曰:"賜也何敢望回?回也聞一以知十,賜也聞一知二。"子曰:"弗如也,吾與女弗如也。"(《公冶長》)

7. 子貢曰:"我不欲人之加諸我也,吾亦欲無加諸人。"子曰:"賜也,非爾所及也。"(《公冶長》)

8. 子貢曰:"夫子之文章,可得而聞也;夫子之言性與天道,不可得而聞也。"(《公冶長》)

9. 子貢問曰:"孔文子何以謂之'文'也?"子曰:"敏而好學,不恥下問,是以謂之'文'也。"(《公冶長》)

10. 季康子問："仲由可使從政也與?"子曰："由也果，於從政乎何有?"曰："賜也可使從政也與?"曰："賜也達，於從政乎何有?"曰："求也可使從政也與?"曰："求也藝，於從政乎何有?"(《雍也》)

11. 子貢曰："如有博施於民而能濟眾，何如?可謂仁乎?"子曰："何事於仁？必也聖乎！堯舜其猶病諸。夫仁者，己欲立而立人，己欲達而達人。能近取譬，可謂仁之方也。"(《雍也》)

12. 冉有曰："夫子為衛君乎?"子貢曰："諾，吾將問之。"入，曰："伯夷、叔齊何人也?"曰："古之賢人也。"曰："怨乎?"曰："求仁而得仁，又何怨。"出，曰："夫子不為也。"(《述而》)

13. 太宰問於子貢曰："夫子聖者與？何其多能也?"子貢曰："固天縱之將聖，又多能也。"子聞之，曰："太宰知我乎？吾少也賤，故多能鄙事。君子多乎哉？不多也。"牢曰："子云，'吾不試，故藝'。"(《子罕》)

14. 子貢曰："有美玉於斯，韞櫝而藏諸？求善賈而沽諸？"子曰："沽之哉，沽之哉！我待賈者也。"(《子罕》)

15. 閔子侍側，誾誾如也；子路，行行如也；冉有、子貢，侃侃如也。子樂。若由也，不得其死然。(《先進》)

16. 子貢問："師與商也孰賢?"子曰："師也過，商也不及。"曰："然則師愈與?"子曰："過猶不及。"(《先進》)

17. 子曰："回也其庶乎，屢空！賜不受命而貨殖焉，億則屢中。"(《先進》)

18. 子貢問政。子曰："足食，足兵，民信之矣。"子貢曰："必不得已而去，於斯三者何先?"曰："去兵。"子貢曰："必不得已而去，於斯二者何先?"曰："去食。自古皆有死，民無信不立。"(《顏淵》)

19. 棘子成曰："君子質而已矣,何以文爲?"子貢曰:"惜乎夫子之說君子也!駟不及舌。文猶質也,質猶文也,虎豹之鞟猶犬羊之鞟。"(《顏淵》)

20. 子貢問友。子曰:"忠告而善道之,不可則止,毋自辱焉。"(《顏淵》)

21. 子貢問曰:"何如斯可謂之士矣?"子曰:"行己有恥,使於四方,不辱君命,可謂士矣。"曰:"敢問其次。"曰:"宗族稱孝焉,鄉黨稱弟焉。"曰:"敢問其次。"曰:"言必信,行必果,硜硜然小人哉!抑亦可以爲次矣。"曰:"今之從政者何如?"子曰:"噫!斗筲之人,何足算也?"(《子路》)

22. 子貢曰:"管仲非仁者與?桓公殺公子糾,不能死,又相之。"子曰:"管仲相桓公,霸諸侯,一匡天下,民到於今受其賜。微管仲,吾其被髮左衽矣。豈若匹夫匹婦之爲諒也,自經於溝瀆而莫之知也。"(《憲問》)

23. 子貢方人。子曰:"賜也賢乎哉?夫我則不暇。"(《憲問》)

24. 子曰:"莫我知也夫!"子貢曰:"何爲其莫知子也?"子曰:"不怨天,不尤人。下學而上達,知我者其天乎!"(《憲問》)

25. 子曰:"賜也,女以予爲多學而識之者與?"對曰:"然,非與?"曰:"非也,予一以貫之。"(《衛靈公》)

26. 子貢問爲仁。子曰:"工欲善其事,必先利其器。居是邦也,事其大夫之賢者,友其士之仁者。"(《衛靈公》)

27. 子貢問曰:"有一言而可以終身行之者乎?"子曰:"其恕乎!己所不欲,勿施於人。"(《衛靈公》)

28. 子曰:"予欲無言。"子貢曰:"子如不言,則小子何述焉?"子曰:"天何言哉?四時行焉,百物生焉,天何言哉?"(《陽貨》)

29. 子貢曰："君子亦有惡乎？"子曰："有惡。惡稱人之惡者。惡居下流而訕上者。惡勇而無禮者。惡果敢而窒者。"曰："賜也亦有惡乎？""惡徼以爲知者。惡不孫以爲勇者。惡訐以爲直者。"(《陽貨》)

30. 子貢曰："紂之不善,不如是之甚也。是以君子惡居下流,天下之惡皆歸焉。"(《子張》)

31. 子貢曰："君子之過也,如日月之食焉。過也,人皆見之。更也,人皆仰之。"(《子張》)

32. 衛公孫朝問於子貢曰："仲尼焉學？"子貢曰："文武之道,未墜於地,在人。賢者識其大者,不賢者識其小者,莫不有文武之道焉。夫子焉不學？而亦何常師之有？"(《子張》)

33. 叔孫武叔語大夫於朝,曰："子貢賢於仲尼。"子服景伯以告子貢。子貢曰："譬之宮牆,賜之牆也及肩,窺見室家之好。夫子之牆數仞,不得其門而入,不見宗廟之美,百官之富。得其門者或寡矣。夫子之云,不亦宜乎？"(《子張》)

34. 叔孫武叔毀仲尼。子貢曰："無以爲也。仲尼,不可毀也。他人之賢者,丘陵也,猶可逾也。仲尼,日月也,無得而逾焉。人雖欲自絕,其何傷於日月乎？多見其不知量也。"(《子張》)

35. 陳子禽謂子貢曰："子爲恭也？仲尼豈賢於子乎？"子貢曰："君子一言以爲知,一言以爲不知,言不可不慎也。夫子之不可及也,猶天之不可階而升也。夫子之得邦家者,所謂立之斯立。道之斯行,綏之斯來,動之斯和,其生也榮,其死也哀,如之何其可及也？"(《子張》)

觀《論語》所記子貢之三十五條,首爲子禽之問子貢,末又爲子禽之語子貢，皆涉及孔子。觀此首尾及其餘多條之排列之內容，一若有組織部署而後散入全書者。此在《論語》撰集之時，有意歟？無意歟？頗足引起注意者也。首尾兩條子貢提出"溫良恭儉讓"，子禽指出"子爲恭也，仲尼豈賢於子乎？"前後圍繞"恭"字，疑其本爲一時之言而作兩節記，以之有意作爲首尾者也。此三十五條中，密切涉及孔子者，除前所舉兩條外，復有 8.12.13.14.24.25.28.32.33.34 十條，合計首尾兩條，共十二條之多。此十二條也，子貢以極度之崇敬，吹捧孔子，曰"夫子溫、良、恭、儉、讓"；曰"夫子之文章，可得而聞也；夫子之言性與天道，不可得而聞也"；曰"夫子不爲"；曰"固天縱之將聖，又多能也"；曰"夫子焉不學，而亦何常師之有"；曰"夫子之牆數仞，不得其門而入，不見宗廟之美，百官之富"；曰"仲尼，不可毀也……仲尼，日月也，無得而逾焉"；曰"夫子之不可及也，猶天之不可階而升也"。至矣盡矣，無以復加矣。子貢吹捧孔子，求之《論語》，無有超出其上者。其後，孟軻追述子貢之言，又有"見其禮而知其政，聞其樂而知其德，由百世之後，等百世之王，莫之能違也。自生民以來，未有夫子"之語；與述有若之語"出乎其類，拔乎其萃，自生民以來，未有盛於孔子"同舉。又曰：

> 昔者，子貢問於孔子曰："夫子聖矣乎？"孔子曰："聖則吾不能，我學不厭而教不倦也。"子貢曰："學不厭，智也；教不倦，仁也。仁且智，夫子既聖矣！"

以"聖"評定孔子，首先出於子貢之口，是可見子貢對於孔子崇敬至於何等地步矣。

孔子卒，魯哀公誄之，曰："旻天不弔，不慭遺一老。俾屏余一人以在位，煢煢予在疚，嗚呼哀哉！尼父！無自律。"子贛曰："君其不没於魯乎！夫子之言曰：禮失則昏，名失則愆。失志爲昏，失所爲愆。生不能用，死而誄之，非禮也。稱一人，非名也，君兩失之。"(《左傳·哀公十六年》)孔子既卒，門人疑所服。子貢曰："昔者夫子之喪顏淵，若喪子而無服，喪子路亦然。請喪夫子若喪父而無服。"(《禮記·檀弓》)此一建議，全為弟子所同意，於是"二三子皆絰，群居則絰，出則否"(亦見《禮記·檀弓》)，此即後世所謂"心喪"者是。子貢之在孔門，有如此之權威，如此之地位，此其所以孔子卒後"三年之外"，子貢復"築室於場，獨居三年然後歸"乎？

復次，觀孔子之對子貢，一則曰"可與言《詩》"，一則曰"吾與女弗如"，一則曰"賜也達，於從政乎何有"，一則曰"億則屢中"，一則曰"賜也賢乎哉"，師生默契之情，若水乳之交融，其溢於言表者如是。又《尚書大傳》記孔子之言曰：

> 吾有四友：自吾得回，門人加親；自吾得賜，遠方之士日至；自吾得師，前有光，後有輝；自吾得由，惡言不至於門。

子貢一入孔門，為孔子宣傳張揚，孔子得受"束脩"不少，孔子自然愛此高足，豈若對宰我之一味陰戾險狠者哉！

又有應行深思者，《韓詩外傳》謂"子貢，衛之賈人。學於孔子"。夫以賈人而學於孔子，受學之後，仍行貨殖不廢，以至於累積千金，成為富人。孔子雖云"富貴於我如浮雲"，但"自行束脩以上，未嘗無誨"，一生於衣食享用，並非不加意者，亦曾欣然顧謂顏淵曰："顏氏之子，使爾多財，吾為爾宰"，則非不願多財可知。夫子貢之在孔門，固首屈一指之多財者也，《淮南子·齊俗訓》曾言："子贛贖人而不受金於府，孔子曰：'魯國不復贖人矣。'"夫以"魯國之法，贖人於他國者，受金於府"，子貢贖人而不願受金，則其多財可以想見。其"貧而無諂，富而無驕"之問，其"博施於民，而能濟眾"之問，出於一己多財之基礎，自是情實。換言之，即謂已能富矣，如能不驕於人，且能博施濟眾，當更善也。抑從此更有應予深思者，當時田氏專齊，"田常修釐子之政，以大斗出貸，以小斗收"，齊人有采芑之歌，願歸田氏。此一事也，實爲古代東方之一大事。《左傳》曾詳述其事，昭公三年：

> 齊侯使晏嬰請繼室於晉……既成昏，晏子受禮。叔向從之宴，相與語。叔向曰："齊其何如？"晏子曰："此季世也。吾弗知，齊其爲陳氏矣。公棄其民，而歸於陳氏。齊舊四量，豆、區、釜、鍾。四升爲豆，各自其四，以登於釜，釜十則鍾。陳氏三量，皆登一焉，鍾乃大矣。以家量貸，而以公量收之。山木如市，弗加於山，魚、鹽、蜃、蛤，弗加於海。民參其力，二入於公，而衣食其一。公聚朽蠹，而三老凍餒。國之諸市，履賤踊貴。民人痛疾，而或燠休之，其愛之如父母，而歸之如流水。欲無獲民，將焉辟之！……"

昭公二十六年：

> 齊侯與晏子坐於路寢，公歎曰："美哉室！其誰有此乎？"晏子曰："敢問何謂也？"公曰："吾以爲在德。"對曰："如君之言，其陳氏乎！陳氏雖無大德，而有施於民。豆區釜鍾之數，其取之公也薄，其施之民也厚。公厚斂焉，陳氏厚施焉，民歸之矣。《詩》曰：'雖無德與女，式歌且舞。'陳氏之施，民歌舞之矣。後世若少惰，陳氏而不亡，則國其國也已！……"

田氏專齊而博施於民，如是，子貢蓋無不知之理。子貢之問孔子，"富而無驕"，固以自道；至於"博施濟眾"，則子貢陰以譽田氏者問孔子也。孔子之對子貢一則曰"富而好禮"，一則曰"何事於仁？必也聖乎！堯舜其猶病諸"，以十分肯定之言贊美"博施濟眾"，蓋亦心知子貢問意而有以啓發也。子貢"問一知二"，默識於心，其於田氏，當亦有所默契者矣。《荀子・子道篇》：

子貢入，子曰：“賜！知者若何？仁者若何？”子貢對曰：“知者知人，仁者愛人。”子曰：“可謂士君子矣。”

子貢以"愛人"爲"仁"，故問孔子"如有博施於民而能濟衆，何如？可謂仁乎？"在子貢之意，因以"博施濟衆"爲"仁"也。不意孔子不僅肯定於"仁"，且復進而肯定其"聖"，甚且誇大其辭，至謂堯舜猶有病焉，此其增强子貢對於齊田之崇仰爲何如者！無怪子貢於孔子卒後，去魯至齊，最後"卒終於齊"（見《史記·仲尼弟子列傳》）也。

《韓詩外傳》："子貢曰：人善我，我亦善之；人不善我，我則引之進退而已耳。"《史記·仲尼弟子列傳》，司馬遷述子貢之特性，謂其"利口巧辭""喜揚人之美，不能匿人之過"。子貢"不能匿人之過"，其於"不善我"者，"我則引之進退"，如是，倘同爲孔子所稱之宰我，一有不是，爲子貢所知，則子貢將何如者？"不能匿人之過"，勢必騰其口説，取怨於人。宰我"使民戰栗"，倘爲子貢所聞，其能如孔子所云"成事不説，遂事不諫，既往不咎"已乎？倘二人由此齟齬，則子貢之"引之進退"，又將若何解？觀《左傳·定公十五年》記事，可知子貢不能容忍，心直口快，喜發人過之情狀：

十五年春，邾隱公來朝，子貢觀焉。邾子執玉高，其容仰；公（魯定公）受玉卑，其容俯。子貢曰："以禮觀之，二君皆有死亡焉。夫禮，死生存亡之體也：將左右、周旋、進退、俯仰，於是乎取之；朝、祀、喪、戎，於是乎觀之。今正月相朝而皆不度，心已亡矣。嘉事不體，何以能久！高仰，驕也；卑俯，替也。驕近亂，替近疾。君爲主，其先亡乎？"

夏五月壬申，公薨。仲尼曰："賜不幸言而中，是使賜多言者也！"

注云:"子貢,言語之士,今言而中,仲尼懼其易言,故抑之。"子貢易言,好揭人過。孔子之卒,哀公誄之,子貢評其"不没於魯"可證。然則其於宰我,亦有如"田、監不可並也"之況矣。

孔子於弟子之問,多因其原有基礎而作答,故所問同而所答有異。《論語》所載,弟子、時人,問仁、問孝、問政、問士、問君子,所答多不盡同,率以是故,最明顯之例證,如子路、冉有問"聞斯行諸",孔子對二人不同。公西華不解其故,孔子告之"求也退,故進之;由也兼人,故退之"。觀其所答,審其所聞,故亦有助於知其爲人也。準是以觀子貢與孔子之問答,及其所以告子貢者,可以有助於吾人之知子貢。

孔子答子貢"君子"之問,曰"先行其言而後從之"。子貢長於言語,必有言不符行之處,故孔子告之如是。

孔子答子貢"問友",曰"忠告而善道之,不可則止,毋自辱焉"。子貢好勝,其於友也,必有意氣凌厲、辭語傷人之處,故孔子告之如是。

子貢平時,或有言行不符之處,其於同學,或有辭語傷人之處。吾人誠思其對同爲孔子所稱之宰我,態度果何如者,能保其低首下心,沆瀣一氣也耶?

孔子曾云:"自吾得回,門人加親。"信斯言也,顔淵未學孔門之前,孔子門人固不甚相親。顔淵受學之後,孔門弟子之間,雖曰"加親",但仍存有不親者在,可想而知也。顔淵少孔子三十歲,子貢少孔子三十一歲,二子之在孔門,不知其孰爲先後。宰我、子貢,一則"利口辯辭",一則"利口巧辭",二人相處,不知能否相客相讓,没有齟齬,不知誰能虛心服善。今所知有關宰我之記載不多,吾人不能審知其性格。

子貢好勝性强,喜與人較短論長,所謂"子貢方人"者是。其問"師與商也孰賢",其曰"賜也,何敢望回";其曰"賜也何如",皆所謂"方人"之表現也。觀《論語》"哀公問社"一節,孔子於"使民戰栗"一語既聞之後,遂曰"成事不說,遂事不諫,既往不咎"。夫弟子對問有誤,爲人師者,自當巧譬善導,正言以明之,何爲不作正面之指導,而作婉轉之微詞？吾人細思"洙泗之間齗齗如也"一語之實況,覺孔門弟子,平時相處,爭辯之風甚烈。"使民戰栗"一語傳播之後,其在孔門,必有一番更劇烈之論爭與駁斥,馴致使孔子最後以調人之姿態,説此息事寧人之風涼話。宰我、子貢善爲説辭,一則"辯辭",一則"巧辭",設或因此而起爭辯,還有犀利之鋒,雙方不讓可知。孔子曾曰"我於辭命,則不能也",於是遂爲此調停解紛之詞。今觀此段記載"使民戰栗"一語之後,即緊接"子聞之曰"云云,其間似不相銜接者然,如云在一番爭論之後,則於"不說、不諫、不咎"之"説""諫""咎"三字,皆有着落,乃符事態發展之情況。否則此段文字説不通也。此項設想,倘爲事實,則子貢於其間,必爲對宰我攻擊之能手。

《家語》雖僞,其言亦當有由。《家語》記顏淵警告子貢之語：

> 顏回謂子貢曰："吾聞諸夫子,身不用禮,而望禮於人；身不用德,而望德於人,亂也。夫子之言,不可不思也！"

顏淵警告子貢者如是,觀其所以警告,不亦因於子貢"身不用禮,而望禮於人；身不用德,而望德於人"乎？子貢若無此短,顏淵豈能爲此無的放矢之言哉！

《家語》又云：

> 孔子曰："吾死之後,則商也日益,賜也日損。商也好與賢己者處,賜也説不若己者處。"

孔子卒後,子貢之在弟子群中,幾如雞群之鶴矣,其於宰我,自必多有微詞,然則《論語》所記於宰我多抑詞者,亦何足怪哉！

《墨子・非儒下》：

# 論宰我子貢

> 孔丘之齊，見景公，景公説，欲封之以尼溪。……晏子曰："不可。"……於是厚其禮，留其封，敬見而不問其道。孔丘乃恚，怒於景公與晏子，乃樹鴟夷子皮於田常之門，告南郭惠子以所欲爲，歸於魯。有頃，間（聞）齊將伐魯，告子貢曰："賜乎！舉大事於今之時矣！"乃遣子貢之齊，因南郭惠子以見田常，勸之伐吴，以教高、國、鮑、晏，使毋得害田常之亂。勸越伐吴，三年之内，齊、吴破國之難，伏尸以言術（隧之假字）數，孔丘之誅（謀）也。

《史記·仲尼弟子列傳》：

> 田常欲作亂於齊，憚高、國、鮑、晏，故移其兵欲以伐魯。孔子聞之，謂門弟子曰："夫魯，墳墓所處，父母之國。國危如此，二三子何爲莫出？"子路請出，孔子止之。子張、子石請行，孔子弗許。子貢請行，孔子許之。遂行，至齊，説田常曰……子貢一出，存魯、亂齊、破吴、彊晉而霸越。

由此可知，田常篡齊，孔子實爲主謀，而子貢其助手也。子貢與齊田之關係，事實彰明如此。宰我與田常爲政敵，而子貢與田常有關係，此一事實，明白在人面前，於此吾人可以試作解釋前疑之猜測矣。

《論語摘輔象》："宰我握户，是謂守道。"宰我爲守道之人，與韓非所言"仁賢忠良有道術"相符。《尸子》："仲尼志意不立，子路侍；儀服不修，公西華侍；禮不習，子游侍；辭不辯，宰我侍；亡忽古今，顔回侍；節小物，冉伯牛侍。曰：'吾以夫六子自厲也。'"尸佼與衛鞅同時，在李斯、韓非之前，其時去孔門不遠，於孔門之事，當可徵信。子路、公西華、子游、宰我、顔回、冉伯牛六人，孔子引以自厲，而宰我以言辭辯析爲尚，於此不舉子貢，而舉宰我，與《論語》"言語、宰我、子貢"，宰我在子貢之前相符。

孔子六十三歲，將適楚，厄於陳蔡之間，楚使人聘孔子，孔子將往，於是使子貢至楚，楚昭王興師迎孔子，將以書社地七百里封孔子。楚令尹子西曰："王之使使諸侯，有如子貢者乎？"曰"無有"；"王之輔相，有如顏回者乎？"曰"無有"；"王之將率，有如子路者乎？"曰"無有"；"王之官尹，有如宰予者乎？"曰"無有"。此事見於《史記》。是時子貢、顏回、子路、宰予四人，並從孔子厄於陳蔡之間，與《論語》孔子之言相符。而此四人者，並爲楚令尹子西所忌，子貢以長於出使見忌，宰我以長於官尹見忌。其後，宰我仕齊，《史記》云"宰我爲臨菑大夫"，司馬貞索隱謂"齊都臨菑，故云爲臨菑大夫"。宰我之所以仕齊，以"齊簡公之在魯"與之相識而見信賴，以故簡公"即位"，遂"使爲政"。此事見於《左傳》，亦見《史記》。宰我仕齊，爲齊簡公之臣，與田常爲"左右相"，而爲田常所"憚"所"害"，二人積不相能，成爲政敵。此事亦明見於《左傳》《史記》。其後事態發展，宰我竟爲田常所殺，是宰我爲田常之敵，非田常之黨明甚。

觀此四段，子貢對於朋友之間，不能含容模糊；於朋友之中，喜自我表暴。觀"子貢方人"之言，可知其好勝之心，甚爲強烈。其與宰我，同以言辭見長，其間必有齟齬不合可知。宰我既爲田氏所殺，"異學之徒，造言污蔑"（崔適語），子貢於其身後，在孔門既有權力，又有地位，故於《論語》撰集，於宰我多所攻擊，殆爲意中之事，此實千載不白之冤，吾人不可不深揭之者也。

抑又有甚者，《莊子·盜跖》記孔子受田常之賄賂，其詞曰：

> 田成子常殺君竊國，而孔子受幣。論則賤之，行則下之，則是言行之情，悖戰於胸中也。不亦拂乎？故《書》曰："孰惡孰美，成者爲首，不成者爲尾。"

田常之殺齊簡公，孔子"沐浴而朝，告於哀公"，正言請討。又承哀公之旨，"告夫三子者"。如此義形於色，豈宜有暗受賄賂之事？於是可見孔子陽一面陰一面之行爲。《莊子·盜跖》雖寓言,但此事決不容僞。安知歷世相尚所謂"萬世師表"之聖人,而操行乃反覆若是!執是以觀孔子一生前後事蹟,顯其虛僞可疑者至多,於此不能一一列舉之也。

宰我臣事齊簡公,爲"臨菑(淄)大夫",與田常爲政敵,兩人不能並立,卒爲田常所殺。孔子雖表面請討田常,實於其後受田常之幣。子貢黨於田氏,曾爲田常出謀劃策。孔子子貢沆瀣一氣,以此孔子卒後,門弟子撰集《論語》,於宰我多致誣蔑,使宰我成爲孔子不屑教誨之惡人。此事真相,沉埋千載,令人有積冤莫白之歎。吾人今日平心靜氣,細讀古昔記載,反覆考核,於是真相昭然,幾於洞垣一方,明若觀火。

又《荀子·法行篇》:"南郭惠子問於子貢曰:'夫子之門何其雜也?'子貢曰:'君子正身以俟,欲來者不距,欲去者不止。且夫良醫之門多病人,檃栝之側多枉木,是以雜也。'"南郭惠子此問不問別人,而問子貢,而子貢之答直承師門之雜,則其平日之爲論人短長可知,是更有助於吾人之理解也。

錄後又記

# 從"中"字想起的一些問題

關於"中"這個字,我們現在看來,似乎很容易理解,但從古人遺存給我們的文獻來考察,義蘊很不簡單,相當豐富,而且似乎有些神秘。

> 堯曰:"咨,爾舜!天之曆數在爾躬,允執其中。四海困窮,天祿永終。"舜亦以命禹。(《論語·堯曰》)

這個"中"字,就很不好理解。如果說"史"字從"中"從"又",是史官手執竹簡的會意,"中"是竹簡,"竹簡"就是典籍,"執中"等於說"有德司契"的"司契"。"左執鬼中,右執殤宮"(見《國語·楚語上》),"鬼中"等於說鬼的名册。總的一句,"中"是簡册、典籍的意思。堯教舜"執中",是教他掌握好治國的寶書,這樣說,似乎說得過去。然而僅僅掌握好典籍而絲毫沒有政治上的合理措施,怎樣能夠免於"四海困窮"呢?所以說"中"是客觀存在的一件實物,這也並不完全妥當。

《左傳·成公十三年》:

> 劉子曰:"吾聞之,民受天地之中以生,所謂命也。是以有動作禮義威儀之則,以定命也。"

劉康公這個"中"字,更其顯得玄妙了。"中"是什麼?"中"字簡直等於人的"生""命",既是固定,而又活動。這樣空靈虛無的東西，人們從什麼地方去捉摸呢？"可以意會而不可言傳"，這個"中"字，真是難於理解。

莊周的《齊物論》說"樞始得其環中，以應無窮"，"環中"可以"應無窮"，請問"環中"是什麼呢？郭象的注回答道："環中，空矣"，說明"中"是空的所在。《養生主》說"緣督以爲經"，接着就講"庖丁解牛，游刃有餘"的故事，郭象解釋"緣督以爲經"就是"順中以爲常"，"督"就是"中"，原來"督"就是"中"字的急呼，"督"和"中"都是指的虛無空隙的所在。《在宥》說"中而不可不高者，德也"，陸德明《音義》說"中者，順也，順其性而高也"，順着虛無空隙的地方去，這就是很高的道德。莊周認識到虛無空隙的所在，能夠發揮很大的作用，由此移植到人生方面來理解，很好地掌握了這一點，那就是所謂"中庸之道"。

《中庸》述孔子的話，說"愚而好自用，賤而好自專"，這樣的人一定要"災及其身"。"自用""自專"，就是不能"中庸"，也就是孔子所說的"小人而無忌憚"。"無忌憚"是毫無顧忌，一意孤行，全憑自己的私心在作祟，換句話說就是毫不虛心。與此相反，則是廓然大公，虛懷若谷。《尚書·洪範》"汝則有大疑，謀及卿士，謀及庶人，謀及卜筮"，這真是虛懷若谷到了頂點了。《白虎通》說，古代"天子下至士，皆有蓍龜，重事決疑，亦不自專"，古人不分等級而表現得這樣虛心，這是值得重視的。"中庸"之教，以"至誠""慎獨"爲先，這就是虛心，這是道德修養的基礎，我們不可不知。《管子·弟子職》有一句話說："凡言與行，思中以爲紀。"這裏的"中"字也值得注意。

歷史上"中國"這名稱，從西周到戰國，含義是逐漸發展的。《詩經·大雅》有周厲王時召穆公的詩，《民勞》《蕩》都提到"中國"兩字。《民勞》"惠此中國，以綏四方"，"中國"與"四方"對稱；《蕩》"內奰於中國，覃及鬼方"，"中國"與"鬼方"對稱；《毛傳》"鬼方，遠方也"，"四方，諸夏也"，"中國，京師也"。依照毛公的解釋，可知"中國"兩字的含義，和"中土"相同，等於《尚書·召誥》"自服於土中"的"土中"，"土中"指的是當時京師成周"洛邑"，那確是"均教道平往來"（見《白虎通》）的地方。劉熙説"帝王所都爲中，故曰'中國'"（見《史記》注引）。"中土""中國"一樣，不是固定的地理上的名稱，而是從政治教化這一方面着眼的一種稱號。《夏書》説"惟彼陶唐，有此冀方"，"冀方"説的是"冀州"，唐虞夏三代同都冀州；《淮南子·地形訓》説"正中冀州曰中土"，注"四方之主，故曰中土"。

洛邑是"土中"，冀州是"中土"，時間先後不同，而政教中心有了轉移，這可見"中國"兩字的含義，是有它發展的過程了。"夫然後之中國踐天子位焉"（見《孟子·萬章》），這是指的舜在冀州；"越王勾踐遇吳王之醜，而尚攝中國之賢君"（《墨子·親士》），"中國之君子，明乎禮義而陋於知人心"（《莊子·田子方》），這是指的廣泛的黃河上下游一帶。到了戰國末年，鄒衍"以爲儒者所謂中國者，於天下乃八十一分居其一分耳。中國名曰赤縣神州。赤縣神州内自有九州……中國外如赤縣神州者九，乃所謂九州也"（《史記·孟荀列傳》）。鄒衍當時大家公認的"中國"，已經包括戰國七雄在内的整個《禹貢》九州幅員，版圖遼闊。秦皇朝統一以後，經過漢唐兩代以及元明清歷代的開發，從華夏族發展的漢民族，與其四周兄弟民族通過戰爭融化，共同對外，"中國"這名詞更是範圍擴大了。

不但"中國"這名詞是這樣，中國人民祖先"黃帝"這名詞，也是這樣。黃帝是遠古中土的部落酋長，文治武功，協和萬國，"始作制度，萬世常存"（見《白虎通》），受到後來長遠的贊揚。從春秋戰國到西漢初期，傳說多所增益，逐漸趨於神化，而"黃帝"這名詞，簡直可以作爲"中國""中土"的代表。商鞅的老師尸佼，寫作《尸子》，其中有一段用孔子、子貢的名義，記載了有關"黃帝"的一個傳說：

> 子貢問於孔子曰:"古者黃帝四面,信乎?"孔子曰:"黃帝取合己者四人,使治四方,不謀而親,不約而成,大有成功,此之謂四面也。"

"四面"就是四個方面,四個方面的中間,就是中央,這中央當然就是"黃帝"。"面觀四方,與時消息"(《莊子·盜跖篇》語),黃帝有這樣的本領,所以能夠取得成功。這中央既可以用"中國"來代替,也可以用"中土"來代替,而人物的代表則是黃帝。秦代初年,呂不韋的《月令》說:"中央土,其日戊己,其帝黃帝,其神后土。"在呂不韋這時期,"黃帝"這名詞,實際上已經早就成爲超人格的神了。

"黃"與"中",在古代,有它相互關涉的含義。

> 黃,中之色也。(《左傳·昭公十二年》
> 黃者,中也。(《禮記·郊特牲》注)
> 黃者,中和之色,自然之性,萬世不易。(《白虎通》)

五方的"中"、五色的"黃",在古人看來是同一事物的兩種表現。比這更早一些,《詩經·大雅·旱麓》就說"瑟彼玉瓚,黃流在中",《周易·坤卦》"文言"也說"君子黃中通理,正位居體,美在其中,而暢於四支,發於事業,美之至也"。古代人把"黃"與"中"等同起來看,無怪"黃帝"之與"中國",簡直可以作一而二,二而一的理解了。

1980.3.26

# "中庸"考實

宋儒程頤説《中庸》一書乃"孔門傳授心法,子思恐其久而差也,故筆之於書,以授孟子"(見朱熹《中庸章句》),這是程氏憑空臆測的話。孟軻自己説:

> 予未得爲孔子徒也,予私淑諸人也。(《離婁》)

説明他和孔門没有直接關係。他的書裏雖然提到子思,却看不出從子思受教的痕迹。《史記·孟荀列傳》説他:"受業子思之門人。"子思的弟子,可能有的是孟軻的老師,這也證明孟軻没有直接受到子思的教育。程氏説"子思筆之以授孟子",顯然是没有根據的了。不但孔門子思和孟軻没有直接關係,子思不會把《中庸》傳給孟軻,就是子思自己作《中庸》這件事,也不符合於事實。

"子思作《中庸》"這句話,明見於《史記·孔子世家》,司馬遷大概知道《子思子》一書中有《中庸》一篇,所以這樣説。《子思》二十三篇,《漢書·藝文志》儒家有這部書,唐楊倞注《荀子·非十二子篇》只有七篇,晁公武《郡齋讀書志》也只説有七卷。"二十三篇"這數目,現在無法探究。沈約《奏答》謂:

> 漢初典章滅絶,諸儒捃拾溝渠牆壁之間,得片簡遺文,與禮事相關者,即編次以爲禮,皆非聖人之言。

又云:

《月令》取《吕氏春秋》，《中庸》《表記》《坊記》《緇衣》皆取《子思子》，《樂記》取《公孫尼子》，《檀弓》殘雜，又非方幅典誥之書也。

上述所舉有關的《禮》文七篇，除《月令》《樂記》《檀弓》，沈約認爲漢初諸儒"捃拾""編次"，"皆非聖人之言"。《中庸》一篇雖然來自《子思子》，然而也不例外。沈約這個說明，是很有分量的見解。

《子思子》無論說是二十三篇，或是七篇，或是七卷，總之都已失傳，只有沈約提到的四篇，被保存在《禮小戴記》中。《小戴記》是漢宣帝時后倉的學生戴聖所編寫的，現在稱作《禮記》。沈約提到的四篇，戴聖把它編在一處，次序是《坊記》第三十、《中庸》第三十一、《表記》第三十二、《緇衣》第三十三。這四篇是不是子思的手筆呢？不是的。理由是《坊記》《表記》《緇衣》每篇都是以"子言之"三字開端，這個"子言之"的"子"，指的是什麼人呢？如果這三篇都是子思手筆，不應自稱爲"子"；如果說是子思追述他的祖父孔子之言，那末，嫡孫對於親祖父，古人一向沒有稱"子"的道理。這很明顯，這決不出於子思自己，而是子思的門人記述子思的話，所以稱子思爲"子"。從這一點來說，這三篇絕非子思自作可知。這三篇除"子言之"之外，又有"子曰""子云"等叙述。這"子曰""子云"是不是子思轉述孔子的話，而用"子"字來述說孔子呢？也不盡然。儘管這些話的内容，有的確是孔子的話而出於子思的轉述，而在子思的門人看來，却都是他們的老師子思的話，不會明白區分是孔子的話。依照《論語》的慣例，稱孔子爲"子"，而是依據自己的身份，尊稱自己的老師子思爲"子"。所以這三篇裏的"子曰""子云"，記的決不是孔子之言，這在《坊記》有一個明顯的例證。《坊記》説：

> 子云："君子弛其親之過而敬其美。《論語》曰：'三年無

> 改於父之道，可謂孝矣。'高宗云：'三年其惟不言，言乃讙。'"

這裏的"子云"，如果説記的是孔子的話，哪裏會自己説了，又引後來自己門人弟子所記的《論語》呢？很明顯，這個"子云"，是子思門人記述子思的話。依此類推，別的"子曰""子云"也就由此可知。還有一個例子，《緇衣》一篇的開端説：

> 子言之曰："爲上易事也，爲下易知也，則刑不煩矣。"子曰："好賢如《緇衣》，惡惡如《巷伯》，則爵不瀆而民作願，刑不試而民咸服。《大雅》曰：'儀刑文王，萬國作孚。'"

這裏，既有"子言之"，又有"子曰"，末尾卻引用《大雅》，不説"萬邦作孚"而説"萬國作孚"，這明明是西漢初年作者避劉邦的諱，哪裏會是子思的手筆呢？《表記》有一段話"子言之：水親而不尊，火尊而不親。土親而不尊，天尊而不親"云云，這可能就是《荀子·非十二子篇》裏，指斥子思"案往舊造説，謂之五行，子思唱之，孟軻和之"的一些殘存的遺説，這也可以證明這幾篇的所謂"子言之"的"子"，確實是子思的門徒指的子思，決不是其它另一個人。然而就在這裏，證明"子言之"的幾篇，不是子思自己的作品。晁公武説：《子思子》七卷，載孟軻問牧民之道何先，子思曰先利之。(見《郡齋讀書志》)這不知是在哪一篇，子思孟軻的關係，這句話裏可以找到一些證據，但也無法探究，證實孟軻的確是子思的門人。

上文説明《坊記》《表記》《緇衣》三篇是子思門徒記述子思的話，決不是子思自己的作品，有的章節寫作時間，可能遲至西漢初期。

《中庸》一篇與《坊記》《表記》《緇衣》並列，據例類推可知也決不出於子思之手。固然，《中庸》一篇文體與其他三篇不同，全篇首尾完整，一氣呵成，不像其他三篇的支離瑣碎，類似雜湊，誠如程頤所說："其書始言一理，中散爲萬事，末復合爲一理。放之則彌六合，卷之則退藏於密。"這是一個有機的整體，是一篇精思熟慮的論著，和其他三篇隨筆拼湊不同。但是從内容來看，有些具體事實，和子思生活的時期不相符合。例證一：

《中庸》説："今天下車同軌，書同文，行同倫。"

同文共軌，是秦滅六國以後的事，子思當時決不會看到，孔子活着的時候，也無必要説出這樣的話來。例證二：

《中庸》説"知所以修身則知所以治人"；"故君子以人治人改而止"。

"治人"一語，不見於《論語》，孔子只説"安人""正人"，如云"修己以安人""修己以安百姓""不能正其身如正人何"。後出的《老子》書中，始有"治人事天"的話。例證三：

《中庸》説："知所以治人，則知所以治天下國家矣。"

"治天下"一語亦不見於《論語》。《論語》提到"天下"兩字的語句，只有"天下之無道也久矣""君子之於天下也""三分天下有其二""一匡天下""天下有道""天下無道"及"滔滔者天下皆是也""天下之惡皆歸焉"等語，絶無"治天下"的話。《莊子·在宥篇》説"聞在宥天下，未聞治天下也"，孟軻却説"夫天未欲平治天下也；如欲平治天下，當今之世，舍我其誰也"。然而也沒有單獨説"治天下"。"治天下"一語，是戰國末期的用語。例證四：

《中庸》説"非天子不議禮，不制度，不考文"；"雖有其位，苟無其德，不敢作禮樂焉；雖有其德，苟無其位，亦不敢作禮樂焉"。

作者寫作此文，當時在什麼情況之下，有此必要必須提出這些"議禮、制度、考文""作禮樂"這些大事呢？子思在春秋戰國之際，當時談不到這些。孔子既說"夏禮""殷禮""周禮""吾從周"，也不會無的放矢地提到這些大事。例證五：

《中庸》說："載華嶽而不重。"

"孔子西行不到秦"，子思留在東方，沒有看到華山，爲什麼不提平素所熟悉的泰山而要說"華嶽"呢？有人說宋鈃宋人、尹文齊人，作爲華山之冠以自表，證明東方人也可以提到華山。沒有想到宋鈃、尹文是"上說下教""周行天下"，情況是和孔子、子思不同的。據此五疑，可以斷言《中庸》一篇決然不是子思的作品。

《中庸》這一篇，朱熹把它分爲三十三篇，承認全篇自始至終都是子思之言，其中有的是"子思引夫子之言"，有的是子思"雜引孔子之言以明之"。總的一句，全篇出自子思之手，話都是子思的話，其中的"子曰"，則是出於子思的轉述。現在我們看來，說是出於子思之手，這是不正確的；說不是子思所作，作於另一個子思之後儒者，由他稱道仲尼孔子，宣揚"中庸"學說，則是正確的。

《中庸》專講"君子"，兩次提到"仲尼"，二十一次引了"子曰"，現在看來《中庸》沿用《論語》的語句很多，有的直抄原文，有的改掉了原文的命意，有的雖然說是孔子的話，仔細看來，却不像孔子本人的口吻。直抄原文的有：

1. 故君子內省不疚，無惡於志。

這"內省不疚"四字，抄自《論語·顏淵篇》，"子曰：'內省不疚，夫何憂何懼？'"

2. 溫故而知新，敦厚以崇禮。

這裏"溫故而知新"五字,抄自《論語·爲政篇》,"子曰:'溫故而知新,可以爲師矣'"。

> 3. 送往迎來,嘉善而矜不能。

這裏"嘉善而矜不能"六字,抄自《論語·子張篇》,"子張曰:'異乎吾所聞。君子尊賢而容衆,嘉善而矜不能'"。

改換了原文的有:

> 1. 子曰:"吾説夏禮,杞不足徵也;吾學殷禮,有宋存焉。吾學周禮,今用之,吾從周。"

這番話是把《論語·八佾篇》裏的兩節混合拼湊而成的:一,"子曰:'夏禮,吾能言之,杞不足徵也。殷禮,吾能言之,宋不足徵也,文獻不足故也。足則吾能徵之矣'";二,"子曰:'周監於二代,鬱鬱乎文哉,吾從周'"。

> 2. 忠恕違道不遠,施諸己而不願,亦勿施於人。

這句話是《論語》裏三段話的概括:一,"曾子曰:'夫子之道,忠恕而已矣'"(《里仁》);二,"子貢問曰:'有一言而可以終身行之者乎?'子曰:'其恕乎!己所不欲,勿施於人'"(《衛靈公》);三,"仲弓問仁。子曰:'出門如見大賓,使民如承大祭。己所不欲,勿施於人。在邦無怨,在家無怨。'仲弓曰:'雍雖不敏,請事斯語矣'"(《顔淵》)。

> 3. "正己而不求於人則無怨"。"故爲政在人,取人以身"。"故君子之道,本諸身"。"大哉!禮儀三百,威儀三千,待其人而後行"。

"政"與"身"與"人"的關係,《論語·子路篇》有兩段話:一,"苟正其身矣,於從政乎何有!不能正其身,如正人何?";二,"子曰:

'其身正,不令而行;其身不正,雖令不從'"。

4. 繼絕世,舉廢國。

這見於《論語·堯曰篇》,"興滅國,繼絕世,舉逸民,天下之民歸心焉"。

5. 或生而知之,或學而知之,或困而知之,及其知之,一也。

《論語·季氏篇》:"子曰:生而知之者,上也;學而知之者,次也;困而學之,又其次也;困而不學,民斯爲下矣。"

6. "上不怨天,下不尤人","君子依乎中庸,遯世不見知而不悔,惟聖者能之"。

《論語·憲問篇》:"子曰:'莫我知也夫!'子貢曰:'何爲其莫知子也?'子曰:'不怨天,不尤人,下學而上達,知我者其天乎?'""遯世無悶",見《周易·文言》。

7. 明乎郊社之禮,禘嘗之義,治國其如示諸掌乎!

《論語·八佾篇》:"或問禘之說,子曰:'不知也。知其說者之於天下也,其如示諸斯乎!'指其掌。""指其掌"與"示諸掌"意義有很大的出入,不知怎樣會改成"示諸掌"的!

8. 子曰:"射有似乎君子,失諸正鵠,反求諸其身。"

這句話明明是說《論語·八佾篇》,"子曰:君子無所爭,必也射乎。揖讓而升,下而飲,其爭也君子"脫胎而來。"失諸正鵠,反求諸其身"的人,明明就是"下而飲"的沒有射中的射者。這個射者,表現着君子之風,這是"人"的方面的事,不是"射"的方面的事,怎樣可以把人事上的表現強加於技術方面"射"的這一方面說它"有似乎君子"呢？這在語言方面是不正確的,孔子哪裏會説出這樣的話來！《莊子》雜篇《庚桑楚》"不見其誠已而發,每發而不當",這正和"射"有些巧合。《中庸》的作者採用了這個内容而比附《論語》寫作這幾句,現在看來,這決像是孔子的話的改頭換面,過了份,不像孔子的口吻,失去了《論語》裏的表現孔子的風格,而且有些話説得太絶對化了。

例1:"中庸不可能也"

《論語·雍也篇》只説"子曰:'中庸之爲德也,其至矣乎！民鮮久矣'"。《中庸》改爲"子曰:'中庸之爲德也,其至矣乎！民鮮能久矣'",添了一個"能"字,説"民鮮能",這已是太生硬了,不料下文進一步更强調地説"子曰:'天下國家可均也,爵祿可辭也,白刃可蹈也,中庸不可能也'"。這樣斬釘截鐵地斷定説"不可能",這哪裏像是孔子的話呢？倘若要點在於要説明"中庸"之難能可貴,那末任你怎樣説都可以,但決不允許肯定地説"不可能"。試問既然事實上是"不可能"的,那末任你怎樣的説,説來還有什麽用處呢？是不是説也徒勞的嗎？

例2:"人莫不飲食也,鮮能知味也"

要説明"過"與"不及"都不是"中庸",顯示"中庸"的難能,用譬喻來作比附,盡可以采取旁的門道,怎樣用牛頭不對馬嘴的"飲食"和"知味"來作比附呢？飲食太多或是太少,都不是"中庸",然而這和"知不知味"有什麽相關？作爲聖人的孔子,怎麽會説出這樣的話來？"子在齊聞《韶》,三月不知肉味"(《論語·述而篇》),他三個月吃了肉而不知肉味,是不是在這三個月中,他竟是完全忘記了"中庸"這一點了呢？是不就是"擇乎中庸而不能期月守也"了呢？顯然這是不對的。

例3：鬼神祭祀

《中庸》提到鬼神的一段，宣傳鬼神的實有，充滿了恐怖的氣氛，說：

> 子曰：鬼神之爲德，其盛矣乎！視之而弗見，聽之而弗聞，體物而不可遺。使天下之人，齊明盛服，以承祭祀。洋洋乎！如在其上，如在其左右。《詩》曰："神之格思，不可度思，矧可射思。"夫微之顯，誠之不可揜，如此夫！

這裏兩個"如在"，活靈活現的顯得鬼神的存在，後面既引詩句，又作斷言，說明鬼神的實有，真的令人有毛骨悚然的感覺。我們檢閱《論語》，"子不語怪力亂神"（《述而篇》）；"樊遲問知，子曰：'務民之義，敬鬼神而遠之'"（《雍也篇》）；"季路問事鬼神，子曰'未能事人，焉能事鬼'"（《先進篇》）。孔子對於鬼神的態度，是有一定的距離的。《論語》又說"祭如在，祭神如神在"（《八佾篇》），這一句的前面，沒有"子曰"兩字，說明這不是孔子的話，而是門人記述孔子的情況。這裏兩個"如在"描繪了孔子祭祀時自己恭敬的態度，鬼神實在沒有，而孔子表現得十分恭敬，這和《中庸》所說的"如在"，雙方存在着主客兩面的不同，這怎樣會令人相信說是孔子的話呢？祭祀是活着的人們自己作出的一種紀念儀式，《中庸》借此說明鬼神的實有，這過於牽強附會了。

例4："君子之道四，丘未能一焉"

《論語·憲問篇》"子曰：'君子道者三，我無能焉。仁者不憂，知者不惑，勇者不懼。'子貢曰'夫子自道也'"；《子罕篇》也說"子曰：'知者不惑，仁者不憂，勇者不懼'"；《顏淵篇》還說"子曰：'君子不憂不懼'"。這是《論語》裏的話，重點在於自我的修養。《中庸》的作者依據這些寫了一大段文章，說"知、仁、勇三者，天下之達德也,所以行之者一也";"子曰:'好學近乎知,力行近乎仁,知恥近乎勇。知斯三者,則知所以修身;知所以修身,則知所以治人;知所以治人,則知所以治天下國家矣'"。兩段話的目的趣向,截然不同,一在於"不憂不懼",一在於"知所以治天下國家"。《中庸》的作者又把"君子道者三,我無能焉"一變而爲"君子之道四,丘未能一焉",把"君臣父子夫婦昆弟朋友之交"的"天下之達道五"去掉了"夫婦",即所謂"君子之道,造端乎夫婦"的"夫婦",而說"君子之道四"。去掉"夫婦"這一項而不談,說:"所求乎子以事父,未能也;所求乎臣以事君,未能也;所求乎弟以事兄,未能也;所求乎朋友,先施之,未能也。"這四個"未能",是不是孔子真的未能呢?我們看這裏父子兄弟兩項,不是孔子未能,而是孔子未得。《論語・子罕篇》:"子曰:'入則事父兄……何有於我哉?'"孔子明明自己交代没有機會奉侍自己的父兄。因爲自己幼年就没有父親,三歲那年,父親叔梁紇去世了。二十歲生了兒子伯魚(鯉),這時叔梁紇久已不在,"所求乎子以事父",孔子當然没有這個機會。孔子是老二,老大是孟皮,孟皮和孔子不是一母所生,看不出有些什麼關係。至于"所求乎弟"這件事,孔子根本没有弟弟,這句話又從何說起呢?所以這一番話,至少有一半是無的放矢的,哪裏會是孔子的話呢?而且這一番話,和下面"庸德之行,庸言之謹"(二語沿襲《周易・乾卦・文言》)一段,關係也不十分貼切,不知作者爲什麼要這樣地寫。至於"朋友先施"的一點,很有一些類似於後來《老子》書裏的權術,和孔子平日一貫的思想作風很不相近,所以這一番話很是可疑。由此看來,沈約所說"非聖人之言"這一句,我們是值得考慮的。

  《中庸》的作者,用較多的篇幅宣揚一個"誠"字,這在《中庸》是一個要點。《中庸》開始說"天命",講"性",講"道",講"教",講"獨",講"中",講"和",講"大本",講"達道",這些術道、這些概念,都和後面的"誠"字息息相關。可是,這個"誠"字見於《論語》，只有在《顏淵篇》引用成語時出現了一次，"誠不以富，亦祇以異"一句裏有這一個"誠"字；《子路篇》裏有"誠哉是言也"一句也有一個"誠"字，這兩個"誠"字都不是重要的字面□□□□當年孔子說教，沒有把"誠"字當作一個重要的德行方面的項目，特地把它強調地提出來教人。《周易·乾卦·文言》"閑邪存其誠"，這個"誠"字和"邪"字對稱，是一個重要的字面；說"修辭立誠"，這個"誠"字也很重要。相傳《文言》是孔子所作，這兩個"誠"字都在"子曰"之下，可是不一定是孔子的親筆。如果真的是孔子的話，那末這兩個"誠"字，可以算是孔子提出"誠"字的最可靠的材料了。

上文提到《莊子》雜篇《庚桑楚》"不見其誠己而發，每發而不當"，《徐無鬼》"修胸中之誠，以應天地之情而勿攖"。這兩個"誠"字，一說"誠己"，一說"胸中之誠"，和《中庸》所說很是一致。《老子》："曲則全，枉則直。古之所謂'曲則全'者，豈虛言哉？誠全而歸之。"這又指出"曲"和"誠"的關係，這些似乎都與《中庸》有關。戰國後期，荀卿著書《修身篇》有"端慤誠信"，普通的一句話顯不出"誠"字的特別重要。《成相》裏有三處：一，"主誠聽之"；二，"君子誠之好以待"；三，"顯者必得，隱者復顯民反誠"，特別是後面的字有點重要。"反誠"兩字，在荀子前面，《孟子》書中曾經說過。《盡心上篇》孟子曰"萬物皆備於我矣。反身而誠，樂莫大焉。強恕而行，求仁莫近焉"，"反身而誠"指出了修養方面的重要環節。這在孟軻之前似乎不曾有過這樣有分量、有意義的重要啟示，這是繼在孔子之後儒家中首屈一指的卓越的見解。《孟子》曰：

> 居下位而不獲於上，民不可得而治也。獲於上有道，不信於友，弗獲於上矣。信於友有道，事親弗悅，弗信於友矣。悅親有道，反身不誠，不悅於親矣。誠身有道，不明乎善，不

> 誠其身矣。是故誠者,天之道也。思誠者,人之道也。至誠而不動者,未之有也;不誠,未有能動者也。

這裏說"誠"、說"至誠"、說"反身而誠",比荀卿所說的"反誠"詳細得多了,這是在荀子之前的孟子所特有的卓越的話。說也奇怪,這一段話,又重複出現於《中庸》,要放在"凡事豫則立,不豫則廢"的一段之下,作爲"豫則立"的一個例證。原文是:

> 在下位不獲乎上,民不可得而治矣。獲乎上有道,不信乎朋友,不獲乎上矣;信乎朋友有道,不順乎親,不信乎朋友矣;順乎親有道,反諸身不誠,不順乎親矣。誠身有道,不明乎善,不誠乎身矣。誠者,天之道也;誠之者,人之道也。誠者不勉而中,不思而得,從容中道,聖人也。誠之者,擇善而固執之者也。

兩段文字如出一轍,只有末尾幾句彼此有些出入。這兩段文字決不會同一個人同時寫在兩處。究竟是誰抄誰呢?我們的意見是《孟子》寫作在前,《中庸》寫作在後,是《中庸》的作者抄《孟子》,決不是《孟子》的作者抄《中庸》。假如《孟子》的作者知道有《中庸》這一篇,看到《中庸》這一段,《孟子》的作者,無論是孟子自己,或者是孟子的門徒,決不會抄了這段而前面冠以"孟子曰"三字。末尾的幾句雙方截然不同,孟子說的"至誠而不動者,未之有也;不誠,未有能動者也",是這段的高度概括,指出"誠"與"至誠"的功能,特別是"至誠"這兩個字,值得注意。《中庸》這段末尾的幾句,說"誠者不勉而中,不思而得,從容中道,聖人也。誠之者,擇善而固執之者也"。這是順著上文演繹出來的語句,沒有特出什麼,沒有顯出"至誠"兩字,沒有提到"至誠"的重要。兩段文字,在這一點上,有明顯的區別。

《中庸》在這裏沒有寫上"至誠",在別處有沒有談到"至誠"

呢？有的，有四五處之多，大力地贊揚"至誠"。說到這裏，我們先來檢查一下《中庸》裏"誠"字出現和開展的次序。《中庸》開端提出"君子必慎其獨"，指出"莫見乎隱，莫顯乎微"，然後在"鬼神之爲德"的一段裏說"夫微之顯，誠之不可揜如此夫"，明白點清"誠"字。這是"誠"字的初次出現，而到"哀公問政"的一段裏，再次出現"誠"字，說"反諸身不誠"，這一段全然是采用《孟子》裏的話。在這之後，特意標出"自誠明"，"自明誠"的一段綱領性的文字，然後過渡到對於"至誠"兩字的闡發，前後有五段之多：

　　一，"唯天下至誠，爲能盡其性"；
　　二，"唯天下至誠爲能化"；
　　三，"至誠之道，可以前知……故至誠如神"；
　　四，"故至誠無息"；
　　五，"唯天下至誠，爲能經綸天下之大經"。

特別是三、五兩段，說得最爲崇高、神化。

　　三，"至誠之道，可以前知。國家將興，必有禎祥；國家將亡，必有妖孽。禍福將至：善，必先知之；不善，必先知之。故至誠如神"。

　　五，"唯天下至誠，爲能經綸天下之大經，立天下之大本，知天地之化育。夫焉有所倚？肫肫其仁，淵淵其淵，浩浩其天。苟不固聰明聖知達天德者，其孰能知之？"

"誠"與"至誠"的功能，簡直是至高無上，無以復加的了。孟子只說了一句"至誠而不動者，未之有也；不誠，未有能動者也"，而《中庸》的作者，却鋪張揚厲地說了這許多，這說明這是《中庸》的作者采取了孟子的話而加以發揮，絕不是《孟子》的作者抄襲了《中庸》。孟子的話說得很平易，而《中庸》的作者却說得那樣的神化，那樣的崇高。

## "中庸"考實

　　《孟子》"居下位而不獲於上，民不可得而治也"這一句，在《中庸》裏出現兩次，都在"哀公問政"這一段。前一段是作爲"君子不可以不修身"的根據而提出來的，説"在下位不獲於上，民不可得而治矣，故君子不可以不修身"；後一句是在"凡事預則立，不預則廢"之下，作爲例證而提出來的，由此全盤抄了《孟子》原文，説了一大段。前句引了之後，没有全抄而另作發揮；後一句引了，直抄原文，而於結尾有所改變，不直接抄錄"至誠而不動者，未之有也"，而於這段之後另外單獨提出"至誠"的重要，説了五大段。由此可見，《中庸》的作者，是如何重視《孟子》這句話而加以發揮。

　　《中庸》在"唯天下至誠，爲能盡其性"的一段之後，緊接着"其次致曲，曲能有誠"，説明"至誠"與"曲"與"誠"的緊密相關。聯繫上文提到《老子》"曲則全，枉則直。古之所謂'曲則全'者，豈虛言哉？誠全而歸之"，《中庸》《老子》説"曲"説"誠"如出一轍，足徵《中庸》成書亦在《老子》成書之後，否則"其次致曲"的一句是没什麽來由的。

　　《中庸》絶不出於子思之手，它的成書，在《孟子》《老子》成書之後，那末究竟是什麽人的作品呢？錢穆説"《中庸》僞書，出秦世"（見《先秦諸子繫年考辨》一六〇頁），這也不合。秦并六國，決不會有"興滅國""繼絶世""懷諸侯"等話，我很懷疑這可能是漢初叔孫通定朝儀，這時候不願跟着叔孫通回去的"魯兩生"這班人的作品。《史記·叔孫通傳》説：

> 漢五年，已并天下，諸侯共尊漢王爲皇帝於定陶。……群臣飲酒爭功，叔孫通説上："……願徵魯諸生，與臣弟子共起朝儀。"上曰："可試爲之。……"於是叔孫通使徵魯諸生三十餘人。魯有兩生不肯行，曰："禮樂所由起，積德百年而後可興也，吾不忍爲公所爲。吾不行。"

這時"魯兩生"沒有參加共定朝儀,但是其他的儒生是跟着叔孫通去的,這正是《中庸》裏所說"天子議禮制度考文"的時候,是不是《中庸》的作者就在這一批人的中間呢?很有理由,作者就在這批人的中間。

《中庸》一篇,從"天命"開始,一直到"上天之載,無聲無臭,至矣"是一篇結構完整的論著。天道方面,從"天命之謂性"到"天地位焉,萬物育焉";人事方面,從"君子之道,造端乎夫婦"到"贊天地之化育"而"不能盡";個人修養方面,從"至誠""慎獨"到"篤恭而天下平"。一整套的理論歸結總的一句話,是"中也者,天下之大本也;和也者,天下之達道也"的"致中和","中庸其至矣乎"的中庸之道。

"中庸"一語,雖然最早見於《論語》,是孔子說出來的,但在此之前不是沒有來由。"執中"是堯舜禹相傳的要訣,《論語·堯曰篇》說:"堯曰:'咨!爾舜,天之曆數在爾躬,允執其中,四海困窮,天祿永終。'舜亦以命禹。"思中是古代先生教學生的一句要言,《管子·弟子職篇》說:"凡言與行,思中以爲紀。"《左傳·成公十三年》記:"劉子曰:'吾聞之,民受天地之中以生,所謂命也。是以有動作、禮義、威儀之則,以定命也。'"劉康公這幾句話,顯然就是《中庸》開端的"天命之謂性,率性之謂道,修道之謂教"所依據的藍本。這些都是在孔子之前。

孔子當時以"好學"自居(見《公冶長》),自稱"無可無不可"(見《微子》),"學而不厭,誨人不倦"(見《述而》),平生"不爲已甚"(《孟子·離婁下》),"毋意,毋必,毋固,毋我"(見《子罕》),自說"見賢思齊焉,見不賢而內自省也"(見《里仁》),"三人行,必有我師焉。擇其善者而從之,其不善者而改之"(見《述而》),自己孜孜不倦地挑選中道而行。教誨學生"求也退,故進之;由也兼人,故退之"(見《先進》),也是以"中庸"爲標準,雖然曾經說過"不得中行而與之,必也狂狷乎",然而總的目的終是在於"中行"。看《論語》裏的記載,孔子對於門徒們的問話,問仁、問孝、問政、問義、問君子,所問相同,所答各有一套,全不相同,這完全是對症下藥,求其適當,這全然是"中庸之道"。其"於鄉黨,恂恂如也,似不能言者。其在宗廟朝廷,便便言"(見《鄉黨》),所有舉止行動,無不處之合宜,真是"依乎中庸"的"聖者"。看來很是平常,實際很不平常,這真是非常可貴的了。孔子首先提出"中庸"兩字,自己一生實踐了"中庸"之道。

《鄉黨篇》結尾記載"山梁雌雉"一節作爲結束,含義很是深長,孔子特別對於"色斯舉矣,翔而後集"的這一隻雉連聲贊揚,説它"時哉時哉",這個"時"字,不是《論語》開端"學而時"的"時"嗎?不是《孟子》書裏所説"孔子聖之時"的"時"嗎?《中庸》説"君子而時中","時中"是之同義聯詞,意思是非常適合,完全得當。孔子贊美這一隻雉,完全欣賞它的的動作,正確適當,這正是《中庸》所説"君子無入而不自得焉"的具體的生動的形象,難怪孔子要極口稱贊它了。

孔子所贊美的學生,第一要推顔淵,在"德行"方面,大家公認的第一個便是顔淵。孔子説他"好學"(見《雍也》),説他"不遷怒,不貳過"(見《雍也》),説他"吾見其進也,未見其止也"(見(《子罕》),説他"用之則行,舍之則藏""惟吾與爾有是夫"(見《述而》)。顔淵早死,"子哭之慟",哀歎"天喪予,天喪予"(見《先進》),他們師徒之間,志同道合。曾經在子貢面前嗟歎説"吾與汝弗如也"(見《公冶長》),承認自己不如顔淵。《中庸》裏記到孔子自己"擇乎中庸而不能期月守也",而説顔淵則是"擇乎中庸,得一善則拳拳服膺,而勿失之矣",這幾句的内容,雖然不見於《論語》,但是"回也其庶乎,屢空"的一句是明見於《論語·先進篇》的。顔淵"心齋""坐忘"兩件事又詳細記載於《莊子》(見《人間世》),可見顔淵對於"中庸之道"確實到達了卓越的水準。

孔顔之後懂得"心齋""坐忘",從而知道"朝徹見獨"的道理的只有莊周（見《大宗師》）。《莊子》內篇《逍遙游》《齊物論》《養生主》《人間世》《德充符》《大宗師》《應帝王》七篇，說的就是他所主張的"玄聖素王""內聖外王"之道，實際上就是"中庸之道"。表面上，在語言方面沒有提到"中庸"兩字，骨子裏都是闡明"中庸"之道。"庖丁解牛"這個故事，鮮明生動地描繪出"中庸"的形象，就在這故事之前出現了"緣督以爲經"一語，郭象解釋爲"循中以爲常"，看，這不是說"中庸"而是說什麼呢？《齊物論》說"彼是莫得其偶，謂之道樞。樞始得其環中，以應無窮"，又說"唯達者知通爲一，爲是不用而寓諸庸。庸也者，用也；用也者，通也；通也者，得也。適得而幾矣。因是已，已而不知其然謂之道"。這些說的都是"中庸"。"齊物""逍遙"，這真是《中庸》"故君子無入而不自得焉"的境界；"從容無爲而萬物炊累焉"（見《在宥》），也就是《中庸》"致中和，天地位焉，萬物育焉"的境界。所以，《莊子》一書，雖然沒有提到"中庸"，實際上說的就是"中庸之道"。他的"汪洋自恣以適己"，無往而不逍遙，要點就是在於"中庸"。

《老子》書裏講"天地之間，其猶橐籥乎？虛而不屈，動而愈出"，"有之以爲利，無之以爲用"，講"萬物負陰而抱陽，冲氣以爲和"，說的也就是"中庸"，就是"中和"。"曲則全""誠全而歸之"和《中庸》說的"其次致曲，曲能有誠"，內容都是說明"曲"和"誠"的關係。這一點《大學》裏有一節講"絜矩之道"，"所惡於上，毋以使下"等等，和《中庸》所說"所求乎子以事父"等等，如出一轍。《大學》的"誠意""慎獨"和《中庸》的"至誠""慎獨"也是一致的。

必須指出，事實證明，"中庸"兩字自從孔子首先提出，記錄在《論語》之內以後，孔氏門徒逐漸有所繼承發展，特別是"儒分爲八"，通過"顏氏之儒"而到莊周，他從顏淵的"心齋""坐忘"，闡明了"內聖外王"之道，內容更加豐富。必須指出，事實證明，孔門自從孔子逝世之後，孔子門徒心喪三年，沒有離開闕里。三年之後，門徒四散，而信仰孔子，認爲"仲尼，日月也，無得而逾"的子貢,仍然留在孔子冢上三年,這就是後來《中庸》作者特出贊揚"仲尼祖述堯舜,憲章文武"一段中竭力崇奉孔子到了無以復加的頂點的藍本。從此之後,"其在於《詩》《書》《禮》《樂》者,鄒魯之士、搢紳先生多能明之"(見《莊子·天下篇》),"諸儒亦講禮、鄉飲、大射於孔子冢"(見《孔子世家》)。孔子九世孫孔鮒,爲陳王涉博士,漢高祖劉邦"過魯,以太牢"致祭,司馬遷自云"講業齊魯之都,觀孔子之遺風,鄉射鄒嶧"(見《太史公自序》),又說"適魯,觀仲尼廟堂、車服、禮器,諸生以時習禮其家,余祇徊留之,不能去云"(見《孔子世家》贊)。可見,闕里弦歌,始終未絕,叔孫通帶領一批儒生包括"魯兩生"在內,當然就在其中。

證明《中庸》不出於子思之手,並不證明《中庸》和子思沒有關係,也並不從此貶低了《中庸》的價值。《漢書·藝文志》"六藝略"裏有"《中庸說》二篇",文佚不傳;《志》有《明堂陰陽》,又有《明堂陰陽說》,據此爲例,可見這二篇《中庸說》,一定是在《中庸》一篇之外,另有這兩篇說明,這證明了漢代初年,儒家對於《中庸》一篇的重視。"中庸"這名詞,從孔子提出之後,通過門徒們的學習,豐富了內容,完成了體系,寫成了一整套的文章,例如"天地之道,可一言而盡也:其爲物不貳,則其生物不測",這是"厥初太極,道立於一","道生一,一生二,二生三,三生萬物"的翻版;"語大,語小",也是"大言炎炎,小言詹詹"以及"大言賦,小言賦"之後才會出現的用語;又如"道並行而不相悖",□□□會是說"道不同,不相爲謀"的□□□說的話,必然是在□□□議諸子爭鳴各道其□□□會發出這種論調,由此可見,《中庸》是儒學的發展,是在《莊子》《老子》成書之後,"黃老之學"盛行的同時,儒家在繼承孔子之後,吸收了當時新的因素,融會貫通,寫成了一篇巨著,可以看作是新的儒教的開始。

《中庸》"至大至小"與《天下篇》惠施"至大無外,至小無內"同看,定在這篇之後。

《中庸》一篇,講的是什麼呢？講的是"不可須臾離"的"人之爲道",這就是《論語》裏所說"造次必於是,顛沛必於是"的"人之爲道"的"道"。《中庸》不是道家言,《中庸》的作者不是道家,全篇所說,却離不開這一個"道"字。這"人之爲道"是密切與人結合在一起的"人道",是不"遠人"的"人道";這"人之爲道"而不"遠人"的"人道",是從人的生命開始一直到死亡,"不可須臾離"的必須要走的一條路子,講的範圍,雖然局限於"人之爲道",却與整個天地息息相關、互相一致、不可分割的渾然一體的"道"。

《中庸》提到"道"字,一開始就說"天命之謂性,率性之謂道",指出"道"是天生的自然的,從每一個人來說,是生命所依存所順沿着的一條路子,換句話說,也就是生命之道。"道"在《中庸》出現了很多名稱,有"天道""地道""人道""外内之道""至誠之道""至道""君子之道""小人之道""古之道""天下之達道"。特別指出"天地之道,可一言而盡也,其爲物不貳,則其生物不測",這是一;又特別指出"天下之達道"在於"和",認爲"誠者,天之道也",天道至誠,至誠純一,所以"生物不測",而其作用全在於"和"。"博、厚、高、明、悠、久",整個宇宙,充滿了一團生氣,這就是開首所說的"天命之謂性,率性之謂道"。必須指出《中庸》的目的,在於教人,所以接着就說"修道之謂教"。"教",要教出怎樣的人來呢？《中庸》首先區別"君子""小人",要使"君子道長""小人道消",培養更多的"君子","君子遵道而行","君子依乎中庸",要教出大批的"君子"。區別"君子""小人"的標準是什麼呢？是地位的高下嗎？不是的;是財富的多少嗎？不是的。是什麼呢？是道德的有無。明白指出"君子"是:

> "戒慎乎其所不睹,恐懼乎其所不聞";"慎其獨","中庸","時中","寬柔以教,不報無道";"和而不流";"中立而不倚";"國有道不變塞焉";"國無道至死不變";"遵道而

行";"依乎中庸,遯世不見知而不悔";"費而隱";"造端乎夫婦,及其至也,察乎天地";"所求乎子以事父,所求乎臣以事君,所求乎弟以事兄,所求乎朋友先施之";"言顧行,行顧言";"素其位而行,不願乎其外";"無入而不自得焉";"在上位不陵下,在下位不援上,正己而不求於人";"上不怨天,下不尤人";"居易以俟命";"失之正鵠,反求諸其身";"辟如行遠必自邇,辟如登高必自卑";"不可以不修身""不可以不事親";"不可以不知人""不可以不知天";"溫故而知新,敦厚以崇禮";"居上不驕,爲下不悖";"國有道,其言足以興,國無道,其默足以容";"本諸身,徵諸庶民,考諸三王而不謬,建諸天地而不悖,質諸鬼神而無疑,百世以俟聖人而不惑";"動而世爲天下道,行而世爲天下法,言而世爲天下則。遠之則有望,近之則不厭";"闇然而日章";"淡而不厭,簡而文,溫而理";"知遠之近,知風之自,知微之顯";"內省不疚,無惡於志";"所以不可及者,其爲人之所不見乎";"不動而敬,不言而信";"不賞而民勸,不怒而民威於鈇鉞""篤恭而天下平"。

"小人"是:

"反中庸";"無忌憚";"行險以徼幸";"的然而日亡"。

這是"君子""小人"的區別。區別的關鍵在哪裏呢？在"修身",在"慎獨"。"君子"是一個修養完善、一個圓滿的人格的名詞。這裏有一個問題,必須注意提出,作適當的說明。根據上文所引"本諸身,徵諸庶民"一語,似乎"君子"的對立面是"庶民","君子""小人"的區別,似乎就是"君子""庶民"的對立。這裡,很明顯,"君子""小人"的區別,是依地位、財富方面的等級來區別,不是從道德來劃分的了。的確,在《中庸》裏也存在着"天子""諸侯大夫及士庶人"以及"民"和"人"的名詞,這是從政治地位的等級來作區別的。但是否可以斷言,"天子諸侯大夫""士"肯定都是"君子",而"庶人"和"民"都是所謂"小人"呢?顯然並不如此。地位高、財富多的這一批中,不完全是有道德的"君子",地位低、財富少的這一批中,不完全是沒有道德的"小人"。桀、紂、幽、厲,從沒有人稱之爲"君子",與之相反,"側微"的"舜","在陋巷"的顏回,自説"舜何人也,予何人也,有爲者亦若是"的顏回,也從來沒有人説他們是"小人",可見"君子""小人"的區別,標準在於道德。《白虎通》説"君子,道德之稱,丈夫之通稱"。《中庸》教人,目的在於培養大批的"君子",這是很明顯的。儘管"君子"和"庶人"在地位上有對立的一面,但在儒家的看法來説,"君子"畢竟是指有道德有教養的人。古代"君""群"同聲,所以《周書·謚法》説"從之成群曰君",《廣雅·釋言》也説"君,群也",《白虎通》也説"君之爲言群也"。不難解,"君子"該是一般群衆所擁護的人。反過來説,不是爲群衆所擁護,即便地位很高,也就不稱其爲"君子"了。《中庸》極口稱道的"君子",企圖大力培養的"君子",當然不是專指地位而言可知。《中庸》明白指出"君子依乎中庸,遯世不見知而不悔,唯聖者能之"。這哪裏是專指地位而説的呢?從這句話來看,明明是説這樣的"君子"毫無疑問的當然就是"聖人"了。

《中庸》一篇,沒有講到"内聖外王",實際上講的就是"内聖外王之道"。《莊子》一書,推尊"内聖外王之道",而無一字提到"中庸",我們今天來看,實際上是同一回事。話雖不同,趨向是一致的。

《中庸》講人道,講培養"君子",講"人之爲道",講"君子之道",講"聖人之道"。"君子之道,造端乎夫婦,及其至也,察乎天地""大哉聖人之道,峻極于天","小德川流,大德教化",一直到"上天之載,無聲無臭,至矣",這是何等崇高的境界!然而開始下手的功夫,"行遠自邇,登高自卑",只是從最最簡單、最最平易的自己個人"至誠""慎獨"開始。

必須指出,這個只有自己個人知道的自己專有的"獨",這個"至誠",就是自己從天地的大家庭中占着自己的一分所分得來的所謂生命,也就是《中庸》首先指出的"天命之謂性"。這段生命,是分到天地之大的整個生命長河中的一點一滴。這個生命,首先應該肯定它是最好也没有的,這就是"至善"(語見《大學》)。"人性至善",這是"性善說"的語句。"孟子道性善,言必稱堯舜"(見《滕文公上》),毫無疑問《中庸》的性善說是從孟子那裏演繹而來的。

"性善""性惡"是一個爭論的大問題,這裏不能多作討論。主張性惡論的,儘管"言之成理,持之有故",但總是得不到一般人的同情。理由很簡單,這個天地,這個人生,站在我們人的立場來說,你究竟願意肯定這個天地(這個世界)、這個人生來說呢?還是否定這個天地(這個世界)、這個人生來說呢?你若說性是惡的,毫無疑問必須承認這個由天地分來的生命,本身就是惡的,有誰願意承認這個天地從古到今滾滾洪流,這個生命集團本身就是惡的呢?說性是惡的,就是承認生命是惡的,既然否定了生命,豈不是否定了自己、毁滅了自己?與此相反,承認了"性善",等於肯定了生命,那有什麼不好呢?所以主張"性善論"的畢竟是多數。這是歷史事實。

《中庸》主張"性善",提出"誠"字,給人們很大的鼓舞。正因為承認充滿在這天地之間的一團生氣,人占有了它的一部分而為生命,從而活動着,這是一件好事,而承認它是"善",因此而感到喜悦,感到了這世界、這生命的有意義。如其不然,承認人的本性是"惡"的,那末,根本否定了這生命、這世界,也就等於根本否定了自己——這個"人",這樣,試問這個"人"還有什麼意義?所以,儘管性惡論者說得有理,總是失去了人的同情,得不到人的同意。

　　《中庸》講"獨",講"至誠",由此發展而到達"小德川流,大德敦化"的境界,贊美"此天地之所以爲大也"。的確,這是"天地之大",也就證明這個"人",這個"人之爲道"的偉大。"獨"與"誠",是你一個人的事,世界上不僅是你一個人,你這個人是不能離開這個群的大夥而獨自生存的。與此同時,離開了這個群的大夥,也就見不到你的"獨"和"誠"。所以《中庸》在講"獨"與"誠"之外,更重要的是進一步講人與人之間的關係。

　　《中庸》講"道不遠人,人之爲道而遠人,不可以爲道",説明這個"道"是人之道,是人與人之間的道,是一條人與人之間的一條共同通行的路子。"君子以人治人,改而止"這一句,是否可以理解爲使用一種人的力量來對付另一種人,要求另一種人的改變他們呢? 不是的,這是誤解。這句話的意義,是説要依據"人"的常情處理"人"們的事件,取得適可而止,這是正確的理解。所以下文接着就説"忠恕違道不遠,施諸己而不願,亦勿施於人"。"忠恕"兩個字在《中庸》裏出現,是值得注意的。"盡己之心爲忠,推己及人爲恕",這是人我雙方渾同一體的事。離開了人,看不出自己"盡己之心"的"忠";沒有了"己",別人也不會覺察到你的"推己及人"的"恕"。所以"忠恕"兩字不是單獨自己個人的事,而是自己在群的大夥中的渾然一體的一件大事。

　　提出"忠恕"兩字,總會想到《論語》裏的:

　　　　子曰:"參乎! 吾道一以貫之!"曾子曰:"唯。"子出,門人問曰:"何謂也?"曾子曰:"夫子之道,忠恕而已矣!"(《里仁》)

人我雙方,渾然一體,孔子提出"一貫"的論調,這是孔子的偉大所在,而曾子體會到這就是忠恕,這是非常確當的。孔子教人,要求對方能够舉一反三,所謂"舉一隅,不以三隅反,則不復也"

(《述而》)。舉一反三,是往全盤着想,有全域觀點。"忠恕"也是從全盤全局,整個人群出發的,把自己一個放在整個人群□□着想,這就顯得無□□□。提到"忠恕"就顯出伟大的特色。《中庸》在提出"忠恕"之後,緊接着就用孔子的話舉出四個"未能",說"所求乎子以事父","所求乎臣以事君","所求乎弟以事兄","所求乎朋友先施之",都是從自我出發的"推己及人",這個方法,也就是"舉一反三"的方法。這是從自己願意的一隅"推己及人"。《大學》篇中有一段:

> 所惡於上,毋以使下;所惡於下,毋以事上;所惡於前,毋以先後;所惡於後,毋以從前;所惡於右,毋以交於左;所惡於左,毋以交於右。

這是從自己不願意的一隅"推己及人",在自己的上下左右前後,凡是自己所不願意的,不把它對付別人。在《大學》這有一個名稱叫做"絜矩之道"。

選擇自己所樂意的來對待別人,禁止自己所不樂意的,不把它對待別人。自己在整個人群中間,處處以別人的利益作爲標準,作出行動,取得自己在整個人群中的融洽無間、和諧一致。這就是孔子所說的"忠恕違道不遠,施諸己而不願,亦勿施於人"。

《大學》講"絜矩之道",《中庸》說"其次致曲,曲能有誠"。"絜矩"與"曲",實際上是一回事。"曲"字作 ,標著着一個直角。"矩"是曲尺,工人使用的曲尺,也是一個直角。舉一反三,就是要用這邊一個直角,推測衡量那邊一個直角。這邊一個直角,反過去形成那邊一個直角,這樣,造成了一個整整的四方的一個全面。既有這邊的一個角的"一隅",又有那三面的三個角的"三隅","舉一隅,以三隅反",用自己的心,推測、衡量別人的心,"施諸己而不願,亦勿施於人","盡己之心爲忠,推己及人爲恕"，用這樣的"忠恕"之道把自己融洽於整個人群之中，這就是《中庸》所說的"君子依乎中庸"，也就是所說的"君子遵道而行"，這應該是人類道德的最高標準。依照這個標準做去，人人都愛別人之所愛，都惡別人之所惡，融洽無間，和諧一致，整個群體，如同一人。這個世界豈不充滿了幸福？

道"中庸"，不是離人太高，去人太遠的東西，說穿了，就在你的身邊，就在你的心裏。"獨""誠""忠恕""絜矩之道""其次致曲"，"曲"，我們今天還說"心曲""衷曲"。"曲"就是"一隅"，指着你的心之一角。只要從你內心的一角做起，就可以馴致造成了不起的大業。《中庸》明說"君子之所不可及者，其唯人之所不見乎"，又說"內省不疚，無惡於志"，指的明明就是你的內心深處。這區區方寸之間，就是你"慎獨""至誠"的基地。這塊基地是你個人獨有，然而和整個群體息息相關，休戚與共，盡己之心，推己及人，人人如此，整體充滿了幸福。

設身處地，體貼別人，這是我們今天的語言，在這裏，我把它借用作爲"忠恕"兩字的注解，我看這是說得過去的。"體貼"這個詞語，我看應該是我們人群中間最最崇高的一個字眼。倘若人人用自己的個體，體會別人的個體，處處予以同情照顧，這不是我們常說的"一心奉公，舍己爲群"的最高道德嗎？"道不遠人"，基地就在你的方寸之間。

想起一個例子，請懷念一下偉大的詩人杜甫。杜甫在"茅屋爲秋風所破"的那個晚上，"床頭屋漏無乾處，雨腳如麻未斷絕。自經喪亂少睡眠，長夜沾濕何由徹"的那個晚上，忍受了自己生活的痛苦，却高唱着"安得廣廈千萬間，大庇天下寒士俱歡顔，風雨不動安如山"；高度熱情地慨歎着："嗚呼！何時眼前突兀見此屋，吾廬獨破受凍死亦足！"他非但存着"民吾同胞"的胸懷，而且還有"物吾與也"的心理。可以又說"盤餐老夫食，分減及溪魚"，所以後來的王安石對他表示得十分敬佩，說"寧令吾廬獨破受凍死,不忍四海赤子寒颼颼。……推公之心古亦少,願起公死從之游"了(見《題子美畫像》)。懷念杜甫作爲推己及人的榜樣,人人像杜甫那樣"體貼人民",這個人群將是何等可愛。

話扯得遠了,我們歸結到"中庸"。《中庸》這本書,並不怎樣高深。正相反,講的是一個極其平常的做人的道理,希望培養大批的君子,馴至到達"中和位育"的境地。儒家思想,本身就是政治思想。□□□政的意味,所以説"爲政在人","其人存,則其政舉","禮儀三百,威儀三千,待其人而後行"。儒家重禮,這是時代的□□,是當時歷史條件所決定的。七十子後學,繼承了儒家的特點,推尊堯舜文武周公,一直到仲尼,比之於天地日月,這是儒家自己的吹捧,没有什麼必須加以指摘。儒家在仲尼之後,繼承發展,自有一系列的事實,例如《春秋》三世三統,"據亂世,升平世,太平世",通過公羊家言,到漢代初年,大見流行。《中庸》一書,和它同在《小戴記》裏的《禮運》一篇,開頭就説:"昔者仲尼與於蜡賓,事畢,出游於觀之上",與其門人言偃(即子游)講"大道之行"。在這篇中,他首先提到"天下爲一家,中國爲一人",他曾經提出"大同""小康"等名詞,説:

> 大道之行也,天下爲公。選賢與能,講信修睦。故人不獨親其親,不獨子其子,使老有所終,壯有所用,幼有所長,矜寡孤獨廢疾者皆有所養,男有分,女有歸。貨惡其棄於地也,不必藏於己;力惡其不出於身也,不必爲己。是故謀閉而不興,盜竊亂賊而不作,故外户而不閉。是謂大同。

接着講到"大道既隱"之後,"禹、湯、文、武、成王、周公""是謂小康"。"小康""大同"這種説法,除此之外,别無它見。這和《春秋》三世的主張配合起來看,都可以知道戰國後期西漢初年,儒家思想的發展,而歸根則在推重仲尼。

《禮運》大講其"大道之行",《中庸》在開始一段,記述孔子兩次哀歎"道之不行"説："道其不行矣夫！"可見《中庸》和《禮運》自然有其內在的聯繫的。"中庸"是道德方面的名詞，"大同""小康"是政治上的名詞，表面上有所區別，然而內容實質，自有它很深的關係。我們在這裏不妨這樣說，從每個人的道德修養來說，人人如果"遵道而行，依乎中庸"，這就是一條大路，一座橋梁，可以從"小康"而走向"大同"。這樣說來，《中庸》一書，就不能"等閑視之"的了。

宋代學者，濂、洛、關、閩四派，周敦頤教人尋孔顏樂處，自己稱道"中通外直，不蔓不枝"（見《愛蓮說》），主張"性"即是"誠"，寫作《太極圖》《太極圖說》《道書》，發揮了《中庸》的意義。同時有名的詩人黃庭堅，形象性地用了"光風霽月"四個字稱贊了他的人品。什麼是"光風霽月"呢？我們的體會是純潔光明，絕無一點渣滓。換句話說，就是我們現在常用的俗語所說的"漂亮到了極點"。黃庭堅這四個字的推崇，可以說是贊揚到了極點了。這個人品，表裏洞達，內外一致，完全像水晶球一樣玲瓏純潔，這還有什麼污點可以指責的呢？純潔的心靈，這是周敦頤的體現，這就是《中庸》裏所說的"至誠"。

張載少喜談兵，范仲淹授以《中庸》。所著《正蒙》《西銘》全與《中庸》有關，說"但當合心於太虛，心虛則公平，公平則是非較然可見"，就是指出"中"之爲"用"。他又說"《中庸》文字輩，直須句句理會，使其言互相發明"。可見他對《中庸》的重視了。

程顥、程頤兄弟性格不同，學風也有歧異，從程顥而有後來的陸九淵、王守仁，從程頤而有當時的朱熹。程朱表彰《中庸》，特別把它從《禮記》中提出來，和《大學》一道配上《論語》《孟子》，稱作"四書"，雖然所說不全可信，但重視這篇的眼光，這是一個卓識，應該給予肯定的。

陸九淵講"宇宙即心，心即宇宙"；王守仁講"良知良能"；他的門徒泰州王艮，講"樂是樂此學，學是學此樂"，還是"尋孔顏樂處"的意思。清代學者戴震反對朱熹"理"與"氣"的學說,指出"天理"就在"人欲"中,說來說去,離不開《中庸》所說的範圍。

我們生來就是中國人,對於中國先民一向重視的《中庸》這一篇古典作品,有責任、有義務,應該加以繼承、重視、鑽研和發揚。應該看作這是對於人類進步前途作出貢獻的一件大事!

1981.6.10
11.14 第一次補充修改

# 黃帝傳說概述

司馬遷寫《史記》,一開始就碰到一個難題,這就是"黃帝"的問題。關於"黃帝",司馬遷寫下了肆佰柒拾個大字,說明他是寫得很費斟酌的。爲什麼說"黃帝"問題是個難題呢？這是一個寫歷史從哪裏寫起的問題。

遠古歷史,從哪裏寫起,這的確是一個大問題。古來傳說,盤古開天地,接着就是三皇五帝。"三五之代,書有典墳,悠哉邈矣,不可得而詳"(劉知幾說,見《史通·二體》)。"典墳"又叫"三墳五典",說是三皇之書,謂之三墳;五帝之書,謂之五典。在春秋時代,有人曾經讀過"三墳五典"(楚左史倚相)。可是,這書一向就沒有傳流下來。遠古的事迹渺茫,從什麼地方着筆談起呢？

司馬遷寫《史記》是從"黃帝"開始的。黃帝的史料,司馬遷是從哪裏得來的？這是一個問題。劉知幾《史通·采撰篇》說:"子長之撰《史記》也,殷、周以往,采彼家人。"這句話很值得注意。

"家人"是什麼呢？"家人"是後起的傳說,是戰國時期的"百家言",司馬遷曾經說"百家言黃帝,其文不雅馴,薦紳先生難言之"。他的《五帝本紀》,表面上看是托始於黃帝,仔細看他的話,他並非從黃帝開始,而是以唐虞開始的。司馬遷自己說:"述陶唐以來,至於麟止,自黃帝始。"(《自序》)這是一句自相矛盾的話,既說"述陶唐以來",又說"自黃帝始",這究竟是從哪裏開始呢？司馬貞索隱說："《史記》以黃帝爲首，而云'述陶唐'者，案《五帝本紀》贊云：'五帝尚矣，然《尚書》載堯以來。百家言黃帝，其文不雅馴'，故述黃帝爲本紀之首，而以《尚書》雅正，故稱'起於陶唐'。"那末，司馬遷實際上是以唐堯爲開始，並不承認傳說中的黃帝是確定的信史了。

值得注意的是，最早在周武王初年，夷齊采薇的時候，只說"神農虞夏，忽焉没兮"，没有提到黃帝。後來，就在司馬遷同時而稍前，司馬相如作《封禪書》，說："軒轅之前，遐哉邈乎，其詳不可得聞也。"又說："五三六經載籍之傳，維見可觀也。《書》曰：'元首明哉，股肱良哉。'因斯以談，君莫盛於唐堯，臣莫賢於后稷。"分析相如的話，他也承認五帝三王以前的事，其詳不可得知，歷史當自唐堯開始。他雖然提到軒轅，也没有明說黃帝，也没有說出"君莫盛於黃帝"的話來，這裏可以引起我們考慮的。司馬相如的《封禪書》，正在漢武帝那時，漢武帝元年，"漢興已六十餘歲"（見《封禪書》及褚少孫補《孝武本紀》），黃老之學正在風行，而司馬相如在這裏却没有提到黃帝。司馬相如死於元狩五年（前118年，見《司馬相如傳》徐廣注），死後第二年，汾水出鼎。漢武帝聽了齊人公孫卿的話，認爲這是黃帝的寶鼎，因此改元元鼎，相信他們所說，"漢興復當黃帝之時"，應該進行封禪。漢武帝深信不疑，自歎"吾誠得如黃帝，吾視去妻子如脱躧耳"。對於黃帝的傳說，到了這個時候，可以說到了頂峰了。

關於黃帝的傳說是從什麼時候開始的呢？《論語》二十篇裏没有提到黃帝，在孔子二十八歲的時候，這時是魯昭公十七年（前525），一個郯國之君來到魯國，在他對人的談話中，提到過去說：

> 昔者黃帝氏以雲紀（官），故爲雲師而雲名。

接着他讀到炎帝、共工、太皞、少皞、伏羲的官名，特別是少皞氏以鳥名官說得最詳。孔子知道了這個消息,"見於郯子而學之"。這事見於現存的《左傳》,這個記載倘若可信,那末孔子是知道有黃帝這人的。然而在《論語》裏,他却沒有一句提到黃帝。

《禮記·樂記》記載孔子回答賓牟賈的問話,說:"武王克殷反商,未及下車,而封黃帝之後於薊。"這是《小戴記》裏的話。《大戴記·武王踐阼篇》也說:

> 武王踐阼三日,召師尚父而問曰:"黃帝顓頊之道存乎?"尚父曰:"在《丹書》……"

《丹書》沒有流傳下來,姜尚知道黃帝之道在《丹書》,而武王却提出了黃帝之道存在不存在的問題,可見武王對黃帝是有疑問的。關於黃帝,文字上的記載,這要算在時間上最早的了,這是西周初年的話。然而大小戴的文字,畢竟是戰國後期的材料。儘管孔子說武王封黃帝之後的事,這還是渺茫的。

黃帝之後究竟封在哪裏,就有不同的記載。《史記·周本紀》說武王克商之後,"乃襃封神農之後於焦,黃帝之後於祝,帝堯之後於薊,帝舜之後於陳,大禹之後於杞"。在這裏說明薊是"帝堯之後"的封地,而不是黃帝之後的封地。黃帝之後的封地在祝,祝就是夾谷,就是祝其,地點在東海郡,在現在的山東。封地在傳說裏有問題,說明這件事的可信性是不夠堅强的。孔子談古史只從"陶唐"談起,《左傳·哀公六年》記載他批評楚昭王的一段話,提道:

> 《夏書》曰:"惟彼陶唐,帥彼天常。"

他的根據,在於《夏書》。儘管《夏書》今亦失傳,但是據他所見該是可以徵信的。《論語》記孔子的話,只說:"大哉,堯之爲君也!"說:"君哉舜也!"從沒有提到黃帝。《史記》"述陶唐以來",這話是和孔子相同的。

孔子提到黃帝的話，戰國中商鞅的老師尸佼所著的《尸子》裏有一段，這是孔子高足弟子子貢問孔子，孔子回答他的話：

> 子貢問於孔子曰："古者黃帝四面，信乎？"孔子曰："黃帝取合己者四人，使治四方，不謀而親，不約而成，大有成功，此之謂四面也。"

這段對話，尸佼生在戰國，何所依據而有這樣的記載，這是一個疑問。"四面"的問，子貢懷疑的是什麼？假如說有四只面孔，聰明的子貢決不會這樣地呆板；假如說四個方面，照子貢那樣的"億則屢中"，豈有對這點還不瞭解，必須專等孔子回答然後才能懂得？所以這段問答，本身就有可疑。這是借重孔門師徒的高名，而兜售自己關於黃帝誑言的一個例證。

孔子說及黃帝的話，《大戴禮記》裏還有一段，這一段《史記·五帝本紀》注司馬貞、張守節所引，文字上有些不同：

> 索隱：案《大戴禮》，宰我問孔子曰："榮伊言黃帝三百年。請問黃帝何人也？抑非人也？何以至三百年乎？"對曰："生而人得其利百年，死而人畏其神百年，亡而人用其教百年。"

> 正義：《大戴禮》云："宰我問於孔子曰：'予聞榮伊曰黃帝三百年。請問黃帝者人耶？何以至三百年？'孔子曰："勞勤心力耳目，節用水火材物。生而民得其利百年，死而民畏其神百年，亡而民用其教百年，故曰三百年也。"

文字不同，分歧不大，但是這一段師生對話，又表現得非常幼稚。孔子善爲說辭的高足弟子，何以會發出這樣的問話？人與非人的懷疑，究竟從何而起呢？這是值得注意的。"好古，敏以求之"的"聖人"對話出於詭辯，實際上只說明了生和死的二百年，數目還差一百年。宰我難道不懂"死"與"亡"是同一件事，而硬要把它分成兩個時期,多占一百年的數字呢?這一段話顯然也是騙人的,是戰國末年捏造出來的鬼話,孔門師生哪裏會有這樣幼稚的問答?

武王、姜尚對話之後,較早提到黃帝的,要算《左傳·僖公二十五年》卜偃的一句話。當時周王朝有王子帶之亂,襄王出居於鄭,秦晉兩國都打算送襄王回都,晉文公"使卜偃卜之,曰吉,遇黃帝戰於阪泉之兆"。"黃帝戰於阪泉"這句話是卜偃第一個說出來的,和卜偃同時一道在晉文公手下的晉大夫司空季子(胥臣曰季)知道:

> 昔少典娶於有蟜氏,生黃帝、炎帝。黃帝以姬水成,炎帝以姜水成。成而異德,故黃帝為姬,炎帝為姜,二帝用師以相濟也。(《國語·晉語四》)

又知道:

> 黃帝之子二十五人,其同姓者二人而已。(同上)

從這些材料裏,知道黃帝這名詞,是從春秋晉文公時的晉國傳出來的。這裏可以注意的是黃帝的次序,在炎帝之前,不像後來所說的次序。晉,唐叔虞之後,姬姓國,提出黃帝來,是說他們老祖宗的故事。黃帝姓姬,這是姬姓後人推尊他們祖先的實證。司空季子又說:

> 凡黃帝之子二十五宗,其得姓者十四人,為十二姓。(同上)

這"十二姓"中第一個就是"姬"。關於這個"姬",大家知道周家王朝是姓"姬",它的遠祖后稷,"后稷母為姜嫄,出見大人迹而履踐之,知於身,則生后稷。姜嫄以為無父,賤而棄之"(《史記·三代世表》及附褚少孫語,語本《詩·生民》)。周家姓姬,是從后稷來的,然而后稷却沒有父親,這對黃帝有什麼關係呢?褚少孫在《史記·三代世表》之後補上一段文字,說:"堯知其(后稷)賢才,立以爲大農,姓之曰姬氏。姬者,本也。"又說:

> 孔子曰:"昔者堯命契爲子氏,爲有湯也;命后稷爲姬氏,爲有文王也。"

孔子這段話,不知褚少孫從哪裏聽來的,這簡直是不可究詰的誑話。試問孔子怎樣會說出這樣的混話?堯又怎樣會預先知道契之後有湯,后稷之後有文王?然而這類情況中也可以察覺到傳說只是傳說而已,決不能據作信史。

"姬者,本也"這一句,似乎有些道理。"姬"和"基""居"同聲,《廣雅·釋言》:"姬,基也。""姬,居也。"姬姓的周王朝發迹的基地是岐山之陽,名爲岐周,《詩》所謂"居岐之陽"。顔之推説江南呼岐"爲神祇之祇"(《顔氏家訓》),神祇的祇,指的是土地的神。"祇"和"姬"也是同聲,姬姓的後人,推尊他們的祖先是黃帝。統治天下的周王朝,繼承着黃帝的傳統,把黃帝神化一下,這是完全符合情理的。

榮伊"黃帝三百年"這句話,本身說明黃帝有問題。這問題的提出,可能就在戰國年代,可是問題一直沒有解決。

漢初黃老之學盛行的時候,淮南王劉安的門客共同著書,《說林訓》裏有句話說"黃帝生陰陽",後來高誘作注說:"黃帝,古天神也,始造人之時,化生陰陽。""黃帝,古天神",這句話真的拆穿了西洋鏡,"三百年"的疑問,可以不解自解。然而黃帝神化這個事實是有演變過程的。《淮南子·修務訓》說:

> 世俗之人多尊古而賤今,故爲道者必托之於神農、黃帝而後能入說。亂世闇主,高遠其所從來,因而貴之……

一邊"托之於神農、黃帝",一邊"高遠其所從來",騙和被騙,這實在是同一件事，説的和聽的都是把古代神化。投其所好，十句話有七句可以見信；托之古人，十句話有九句可以見信。這種情況在戰國年代，成爲普遍現象。莊周在《寓言篇》的開端就説明這個情況，"寓言十九，重言十七"。把古人神化，或者老實假托古人，捏造事實，這在戰國年代是不算稀奇的。

司馬遷説：

> 余讀諜記，黃帝以來皆有年數。稽其曆譜諜終始五德之傳，古文咸不同，乖異。夫子之弗論次其年月，豈虛哉！"
> （見《史記·三代世表序》）

爲什麼"乖異""不同"，甚至懷疑它是"虛"的呢？原因就是因爲有些是本來没有的不情不實的托詞，也就是所謂"寓言""重言"的緣故。

根據這一點，我們深入地考察一下有關黃帝的事。

在春秋戰國時期，南方的楚國、吳國、越國，不聞有黃帝的傳説，説黃帝的主要是在黃河流域上下游一帶。説得最早的，大概要算晉文公時候，前面所舉卜偃之外，其次就是和晉公子重耳一道出亡的晉大夫胥臣臼季，又稱司空季子的。他説：

> 昔少典娶於有蟜氏，生黃帝、炎帝。黃帝以姬水成，炎帝以姜水成。成而異德，故黃帝爲姬，炎帝爲姜，二帝用師以相濟也，異德之故也。

他又説：

> 黃帝之子二十五人，其同姓者二人而已。

又説：

> 凡黃帝之子二十五宗，其得姓者十四人，爲十二姓。惟

> 青陽與蒼林氏同於黃帝，故皆爲姬姓。（並見《國語・晉語四》）

他所說的黃帝，在炎帝之前，這是可以注意的，這是黃河上游晉國人的話。

同時，其次要推魯國的展禽，就是魯大夫柳下惠，他知道：

> 黃帝能成命百物，以明民共財。

又知道：

> 有虞氏禘黃帝而祖顓頊，夏后氏禘黃帝而祖顓頊。（並見《國語・魯語上》）

這是黃河下游魯國人的話。再後一些，要算魯昭公十七年秋天，來到魯國朝見魯昭公的郯子，他知道：

> 昔者黃帝氏以雲紀，故爲雲師而雲名。炎帝氏以火紀，故爲火師而火名。

他又知道古帝王的次序是"黃帝氏、炎帝氏、共工氏、太皞氏、少皞、摯、顓頊"（並見《左傳》）。黃帝在炎帝之前，和司空季子所說的相同，這年孔子二十八歲，就拜他爲師，向他請教。這也是黃河下游魯國人的話。這是春秋時期，文獻可徵，確實知道有黃帝的一種傳說，主要見於《國語》《左傳》，地點則在黃河流域。其在長江流域，則沒有聽到這個傳說。

這時的楚國是有人懂得古代歷史的，左史倚相就能讀"三墳五典"，到了戰國還有"離次之典"。可惜這些早就失傳，不知道是否有黃帝的記載。楚國的"先王之廟及公卿祠堂"有"天地山川神靈琦瑋僑佹及古聖賢怪物行事"的"圖畫"（王逸《楚辭章句》），然而在屈原的《天問》裏沒有提到黃帝，他的任何作品裏也没有黄帝。可见在战国时期,南方的楚国是不知道有黄帝的。说得正确一些,至早在屈原时代,楚国是没有人提到黄帝的。

有一件事,在这里值得注意,这就是《山海经》里提到了黄帝。《山海经》不出于一人之手,王充说禹、益作《山海经》(《论衡·谈天篇》),这也和《神农本草》《黄帝内经》同样性质的骗人。但这些都是古籍,则不容怀疑的。刘歆《七略》,《山海经》有十八篇;班固《艺文志》"形法六家",首列《山海经》十三篇,大约是《大荒经》以下五篇不算在内的缘故。司马迁说"《禹本纪》《山海经》所有怪物,余不敢言"(《史记·大宛列传》)。现在看《海外》以下诸经,很多是图说之辞,这可能和"禹鼎"有关,和楚国先王祠庙里的壁画或许也有一定的关系。《山海经》不是出于一人之手,很有可能最后有楚国人的手笔,插了进去。颜之推说"《山海经》,禹益所记,而有长沙、零陵、桂阳、诸暨"(《颜氏家训·书证篇》),这些地名都在楚国境内。《大荒西经》说:"有西周之国姬姓。"《大荒北经》说:"有北齐之国姜姓。"这里说"周"在"西",说"齐"在"北",正是按照楚国的方位来说的。这里提到的姬、姜两姓也值得重视。《海内东经》又说:"会稽山在大楚南。""楚"而冠之以"大",这不是明明白白地说明了这些是楚人的手笔了吗?还有一点,古人提到四方方位,不是说东南西北就是说东西南北,《山海经》的次序,只有最后五卷《大荒四经》次序是东南西北,《海内经》的次序是东西南北,此外绝大部分从南说到西,又从西说到北说到东,这也可以证实这是从南方楚国出发的楚人的安排。

《山海经》里提到黄帝的:

  1.《西山经》:"峚山。其上多丹木,员叶而赤茎,黄华而赤实,其味如饴,食之不饥。丹水出焉,西流注于稷泽。其中多白玉,是有玉膏。其原沸沸汤汤,黄帝是食是飨,是生玄玉。玉膏所出,以灌丹木。丹木五歲,五色乃清,五味乃馨。黃帝乃取崟山之玉榮而投之鍾山之陽。"

2.《西山經》:"又西三百五十里,曰玉山,是西王母所居也。又西四百八十里,曰軒轅之丘,無草木,洵水出焉,南流注於黑水,其中多丹粟,多青雄黃。又西三百里,曰積石之山。"

3.《海外西經》:"軒轅之國在此窮山之際,其不壽者八百歲。……窮山在其北,不敢西射,畏軒轅之丘。在軒轅國北。其丘方,四蛇相繞。"

4.《大荒東經》:"東海之渚中,有神,人面鳥身,珥兩黃蛇,踐兩黃蛇,名曰禺䝞。黃帝生禺䝞,禺䝞生禺京。禺京處北海,禺䝞處東海,是惟海神。"

5.《大荒東經》:"東海中有流波山,入海七千里。其上有獸,狀如牛,蒼身而無角,一足。出入水則必風雨,其光如日月,其聲如雷,其名曰夔。黃帝得之,以其皮爲鼓,橛以雷獸之骨,聲聞五百里,以威天下。"

6.《大荒北經》:"大荒之中,有山名曰不句,海水入焉。有係昆之山者,有共工之臺,射者不敢北鄉。有人衣青衣,名曰黃帝女魃。蚩尤作兵伐黃帝,黃帝乃令應龍攻之冀州之野。應龍畜水,蚩尤請風伯、雨師,縱大風雨。黃帝乃下天女曰魃,雨止,遂殺蚩尤。魃不得復上,所居不雨。叔均言之帝,後置之赤水之北。叔均乃爲田祖,魃時亡之。所欲逐之者,令曰:'神北行!'先除水道,決通溝瀆。"

7.《大荒北經》:"大荒之中,有山名曰融父山,順水入焉。有人,名曰犬戎。黃帝生苗龍,苗龍生融吾,融吾生弄明,弄明生白犬,白犬有牝牡,是爲犬戎,肉食。有赤獸,馬狀,無首,名曰戎宣王尸。"

8.《海內經》:"流沙之東,黑水之西,有朝雲之國、司彘之國。黃帝妻雷祖，生昌意。昌意降處若水，生韓流。韓流擢首、謹耳、人面、豕喙、麟身、渠股、豚止，取淖子曰阿女，生帝顓頊。"

9.《海內經》："有木，青葉紫莖，玄華黃實，名曰建木，百仞無枝，上有九欘，下有九枸，其實如麻，其葉如芒，大皞爰過，黃帝所爲。"

10.《海內經》："黃帝生駱明，駱明生白馬，白馬是爲鯀。帝俊生禺號，禺號生淫梁，淫梁生番禺，是始爲舟。番禺生奚仲，奚仲生吉光，吉光是始以木爲車。少皞生般，般是始爲弓矢。帝俊賜羿彤弓素矰，以扶下國，羿是始去恤下地之百艱。帝俊生晏龍，晏龍是爲琴瑟。帝俊有子八人，是始爲歌舞。帝俊生三身，三身生義均，義均是始爲巧倕，是始作下民百巧。后稷是播百穀。稷之孫曰叔均，是始作牛耕。大比赤陰，是始爲國。禹、鯀是始布土，均定九州。炎帝之妻，赤水之子聽訞，生炎居。炎居生節並，節並生戲器，戲器生祝融，祝融降處於江水，生共工。共工生術器，術器首方顛，是復土壤，以處江水。共工生后土，后土生噎鳴，噎鳴生歲十有二。洪水滔天，鯀竊帝之息壤以堙洪水，不待帝命。帝令祝融殺鯀於羽郊。鯀復生禹，帝乃命禹卒布土，以定九州。"

這10條《山海經》，除2、3兩條說的是"軒轅之丘""軒轅之國"而外，其他都說到黃帝。《大戴記·帝繫篇》開端就說："少典産軒轅，是爲黃帝。"又說："黃帝居軒轅之丘。"可見，"軒轅之丘""軒轅之國"，就是黃帝所居的地方。這10條說的都是黃帝，但本身存在問題。

一，第4條"黃帝生禺䝞"與第10條"帝俊生禺號"，"䝞""號"或許是同一個字異寫，那末黃帝就是帝俊了。

二，第1條丹水西流注於稷澤，中有玉膏，黃帝是食，這裏的黃帝與稷有關，不是明白交代稷就是黃帝嗎？

三，第10條"黃帝生駱明"一段，共有二百七十八字，歷舉黃帝到禹的世系，和《世本》《竹書》《國語》多不相同，和本書亦有出入。郝懿行説："大抵此經非出一人之手，其載古帝王世系尤不足據，不必強爲之説。"那末這個"黃帝生駱明"也當在存疑之列了。

爲什麽《山海經》裏説黃帝的存在着這種情況？我們的推測是：春秋戰國時期提到黃帝的，本身就很混亂。

《莊子·盜跖篇》説："世之所高，莫若黃帝。"《大戴禮·虞戴德篇》開端説"黃帝慕修之曰"，結尾説"黃帝之制，制之大禮也""雖有美者必偏屬於斯"。這些都是盛行黃帝之説的時候，儒家和儒家的反對者共同假托孔子編造出來的話，這個時候，估計是在戰國末期。戰國末期，就是黃帝之説的流行時期。歷史文獻，證實了這一點。

現在就從《大戴禮》這部書談起。

《大戴禮》這部書"史子混陳"，是一部雜湊的書，編集的人是戴德，西漢宣帝劉詢時的信都王太傅，是禮家后蒼的學生。這一部書不是戴德自己的著作，是"漢儒所傳，皆出於七十子之徒"（宋淳熙間韓元吉序），其中《保傅篇》有"秦爲天子，二世而亡"的話，説明這篇是秦亡之後的作品；《公符篇》末有"孝昭冠辭"，這是在漢武帝劉徹之後。估計《大戴禮》所收各篇，都是戰國年代的作品，説是"七十子之徒"可能還要後些。前面提到的《武王踐阼篇》裏有一段"盥盤之銘"，説：

> 與其溺於人也，寧溺於淵。溺於淵，猶可游也；溺於人，不可救也。

這幾句《太平御覽》引説是春秋中業晉士會隋武子的盤銘，最近河北平山縣出土戰國後期中山王墓裏的鼎銘説："寡人聞之，蒦（與）其汋（溺）于人施，寧汋于淵。""盥盤之銘"，似乎是中山王引用了隋武子的盤銘，抄襲了這鼎銘而加以申説。可見《武王踐阼》這篇寫作的時期不會在這戰國後期這個鼎銘之前。《武王踐阼篇》有武王問黃帝、顓頊之道於師尚父的記載，這也可能是戰國後期的文字，絕不是西周初期的史料。

《大戴禮》這部書的編集，是司馬遷身後的事。司馬遷沒見過這部《大戴禮》，然而現存的《大戴禮》中《五帝德》《帝繫》兩篇，司馬遷是見到的，他寫《五帝本紀》説："孔子所傳宰予問《五帝德》及《帝繫姓》，儒者或不傳。"又説："總之，不離古文者近是。"（並見《五帝本紀》贊）他認爲"《帝德》《帝繫》二書，近是聖人之説""是古文"（據司馬貞索隱），所以，他寫黃帝，從"名曰軒轅"到"成而聰明"，從"順天地之紀"到"節用水火材物"，共 77 字都是采取《五帝德》；從"黃帝居軒轅之丘"到"生高陽"凡 72 字，內容和《帝繫》相涉，但非全襲《帝繫》；"黃帝二十五子，其得姓者十四人"，這句根據《晉語》胥臣的話，但也沒有完全抄錄。林伯桐説："《史記》於《黃帝紀》最慎，所謂擇其言尤雅者也。"現在看來，司馬遷寫黃帝，抄《五帝德》《帝繫》字數確不多，但是他認爲這兩篇材料，都是不離古文者近是，認爲《五帝德》是"儒者或不傳"的"孔子所傳"的信史，哪裏知道這些材料都是戰國後期的傳説，根本就是"百家言黃帝"的百家言呢？

《五帝德》"宰我問於孔子"，從黃帝問起，問顓頊，問帝嚳，問帝堯，問帝舜，問禹，最後孔子批評宰我"予也，非其人也"，甚至"宰我聞之，懼不敢見"。宰我在孔門，雖以"言語"見許，然而也最爲孔子所不滿，《八佾》説"既往不咎"，《公冶長》説"於予與何誅"，《陽貨》説"予也有三年之愛於其父母乎"。這篇《五帝德》，儘管宰我在孔子面前表示對於"上世之傳"的迫切要求，但是孔子仔細地説了一通之後，最後還是給予沉重的教訓，這完全是依照《論語》所說的情況加以仿造,本身體現了這是戰國後期的作品,根本不足取信。

還有一個確定的根據,《尚書·堯典》"流共工於幽州,放驩兜於崇山,竄三苗於三危,殛鯀於羽山,四罪而天下咸服"。孟子的學生萬章讀過這段書,也說"舜流共工於幽州,放驩兜於崇山,殺三苗於三危,殛鯀於羽山,四罪而天下咸服",萬章的話,全依《堯典》,只有極少數的個別字有些不同。而《大戴禮·五帝德》孔子告宰我,則說"流共工於幽州,以變北狄;放驩兜於崇山,以變南蠻;殺三苗於三危,以變西戎;殛鯀於羽山,以變東夷",在每一件事之後,多着以變四夷的文字。這段書宰我當然知道,何必再聽老師的嘮叨,而且一個"殺"字,恰恰是從萬章嘴裏抄來的。可見《五帝德》這篇決不是孔子的話,而它的寫作時期是在《萬章》之後無疑。

《帝繫篇》從"少典黃帝"說起,說到"禹啓",性質風格完全和《山海經·海內經》"黃帝生駱明"一段相同,然而內容完全不同,這說明在戰國末期,對於黃帝這些古帝王的世系,本來就有很多的傳說,所以彼此不能相同。類似《帝繫》的古書,還有《世本》,這部書,久已失傳。劉向說:"《世本》,古史官明於古事者所記,錄黃帝以來帝王諸侯及卿大夫系諡名號,凡十五篇。"班固說:"古史官記黃帝以來訖春秋時諸侯大夫。"(《漢書·藝文志》)兩家都說《世本》是"古史官"所記,可是劉知幾却認爲是:"楚漢之際,有好事者,錄自古帝王、公侯、卿大夫之世,終乎秦末,號曰《世本》,一十五篇。"(《史通·正史篇》)"楚漢之際"的成書,還不是從戰國末期傳說裏產生出來的嗎?所以《世本》即使存在的話,也和《帝繫》一樣,總之是戰國末期的產品。沈欽韓說:"《隋志》,漢初得《世本》,叙黃帝以來祖世所出"(見顧實《漢書藝文志講疏》數術略曆譜條引),《世本》是"漢初得",當然是戰國後的人所編著的。戰國早期,上接春秋,孔子在春秋年代,沒有高談黃帝,《論語》一書,涉及古史的只有堯舜禹,可見孔子是不信黃帝的。

墨子在孔門七十子之後,《墨子·非攻下》以荆越齊晉為四大國,那時還沒有進入戰國時期,蘇時學說"凡書中涉戰國時事者,皆其徒爲之"(見《墨子閒詁》)。現在看來,墨子常說"古者聖王",常說"古者明王聖人",然而只說"昔者三代聖王堯舜禹湯文武",從來沒有提到黃帝。假如孔子宰我真有關於黃帝問答的話,《墨子》書裏必然有反映。《墨子》書裏沒有黃帝,可見《五帝德》《帝繫》等篇,至早寫在墨子著書之後,這是沒有疑問的了。總而言之,在墨子的頭腦裏是不知道有黃帝的。

《孟子》書裏,和《墨子》同樣沒有黃帝。

和孟子同時的莊子,書裏出現了16次之多的黃帝:

1. 長梧子的話,"是黃帝之所聽熒也"。(內篇《齊物篇》)

2. "黃帝得之,以登雲天。"(內篇《大宗師》)

3. 意而子的話,"黃帝之亡其知"。(內篇《大宗師》)

4. "昔者黃帝始以仁義攖人之心,堯舜於是乎股無胈,脛無毛。"(外篇《在宥》)

5. "黃帝立爲天子十九年,令行天下,聞廣成子在於空同之山,故往見之。"(外篇《在宥》)

6. 北門成問於黃帝曰:"帝張《咸池》之樂於洞庭之野……"(外篇《天運》)

7. (子貢)遂以孔子聲見老聃,……老聃曰:"……余語汝三皇五帝之治天下:黃帝之治天下,使民心一,民有其親死不哭而民不非也。"(外篇《天運》)

8. "德又下衰,及神農、黃帝始爲天下。"(外篇《繕性》)

9. "昆侖之虛,黃帝之所休。"(外篇《至樂》)

10. "此神農、黃帝之法則也。"(外篇《山木》)

11. 仲尼聞之曰:"伏羲黃帝不得友。"(外篇《田子方》)

12. 知見黃帝而問焉。黃帝曰:"無思無慮始知道。"(外篇《知北游》)

13. "狶韋氏之囿,黃帝之圃,有虞氏之宮,湯武之室。"(外篇《知北游》)

14. "黃帝將見大隗乎具茨之山,至於襄城之野,七聖皆迷,無所問塗。"(雜篇《徐無鬼》)

15. 盜跖大怒曰:"黃帝不能致德,與蚩尤戰於涿鹿之野,流血百里。世之所高,莫若黃帝,黃帝尚不能全德,而戰涿鹿之野,流血百里。"(雜篇《盜跖》)

16. "黃帝有咸池,堯有大章,舜有大韶。"(雜篇《天下》)

在這 16 條中,關於黃帝的次序,已經把他排在神農之後。他所涉及的地名,已有"空同之山""洞庭之野""昆侖之虛""具茨之山""襄城之野""涿鹿之野"等等,地域相當廣遠,這是已經到了黃帝至上的時候了。然而如第 10 條裏所說的全文,簡直是一篇誑話。

正和孟子、莊子同時的蘇秦,據說他開始的主張是:

> 昔者神農伐補遂,黃帝伐涿鹿而禽蚩尤,堯伐驩兜,舜伐三苗,禹伐共工,湯伐有夏,文王伐崇,武王伐紂,齊桓任戰而霸天下。由此觀之,惡有不戰者乎?(《戰國策·秦一》)

這段文字從"堯伐驩兜"到"武王伐紂",見於《荀子·議兵篇》,是荀卿回答他的學生陳囂的話。這裏所引蘇秦的話,是後來寫這段文字的游士抄用荀卿的話。荀卿的話前沒有神農、黃帝,後沒有齊桓任戰的事,可見"神農伐補遂,黃帝伐涿鹿"以及下面齊桓霸天下的事都是後來加上去的。這可見黃帝這名字這個時候有力地吸引了他。依靠武力,統一中國,把黃帝神化,這種思想是戰國後期在思想意識領域裏,新興地主階級企圖采用武力摧毀殘餘的舊的封建貴族,從而取得政權、混一中土的一種反映。

　　□□□□□□□□畢竟力量虛弱,沒有資格表現他的雄心壯志,而曾經相互吹捧爲東西二帝的齊秦兩國,則都是雄心勃勃,躍躍欲試,企圖"苳中國而朝四夷",特別是齊,處心積慮,表現得更爲突出。戰國後期,齊威王因齊,自己承認是黃帝的遠孫。他鑄造的"陳侯因齊敦"說"高祖黃帝",齊威王原來是陳完的子孫,陳完是陳厲公的兒子,陳完奔齊,改姓田氏,後來奪取齊國的政權。陳原是虞舜之後,姓嬀氏,齊威王明明是虞舜的子孫,怎麼自己扯上了黃帝做他的老祖宗呢?這是因爲太公封齊的齊是姜姓,是炎帝神農之後,現在齊威王說自己是黃帝的子孫,這說明田姓的齊國代替了姜姓的齊國恰好符合了黃帝繼神農之後的傳說。而自己的雄心壯志也可以在世系方面有所繼承,找到根據。齊威王開創稷下學派,黃帝是田齊的老祖宗,後來所說的黃老之說就從這裏產生。

　　僻居西陲的秦國,本來是周王朝姬姓的老地方,秦文公十年,作鄜畤,郊祭上帝(見《秦本紀》),說是秦文公因爲做了一個夢,夢見一條大黃蛇,從天下來一直連着地面,黃蛇的嘴,正好停在鄜的地面上,因此作這鄜畤。有人來說從古以來,因爲秦地"雍州積高",是"神明之隩",所以"立畤郊上帝",立了許多神祠,"蓋黃帝時嘗用事,雖晚周亦郊焉"。這些話,司馬遷把他記在《封禪書》裏,自己却說這些話"其語不經見,縉紳者不道"(並見《封禪書》),可見這些話就是所謂"家人言",出於戰國後期的百家。"黃帝"這名字就在家人言的百家中神化流傳出來。

　　"黃帝何人也?抑非人也",宰我問孔子的這句話,在這個時候才有事實依據,毫無疑問,這裏的黃帝,是神不是人。秦國祭過白帝、青帝、黃帝、赤帝。戰國初期"秦靈公作吳陽上畤,祭黃帝;作下畤,祭炎帝"(見《封禪書》),炎帝就是赤帝。青黃赤白黑,這裏沒有黑帝,直到劉邦做了皇帝,才有黑帝。《史記·封禪書》說高祖入關,問:"故秦時上帝祠何帝也?"對曰:"四帝,有白青黃赤。"高祖曰:"吾聞天有五帝,而有四,何也? 吾知之矣,乃待我而具五也。"乃立黑帝祠,命曰北畤。依照方位祭祀,這是從秦國開始的。這裏的"黃帝"和青赤白黑一樣,代表方色。秦相呂不韋門客所編的《呂氏春秋》其中《月令》一篇,以青、赤、白、黑、木、火、金、水分配春夏秋冬,春帝太皞,其神句芒;夏帝炎帝,其神祝融;秋帝少皞,其神蓐收;冬帝顓頊,其神玄冥;又以五行中的土,五色中的黃,作爲春夏秋冬四季裏的中央領導,由它分屬四季,說"中央土,其日戊己,其帝黃帝,其神后土"。這裏的"黃帝"和太皞、炎帝、少皞一樣,既是過去的人,又是當時的神了。

由此可見,把黃帝作爲五方帝之一而舉行祭祀,這是秦國的風俗,可以知道從戰國後期直至秦始皇時,秦國是重視黃帝的。

東方的齊國,西方的秦國,都重視黃帝。《管子》《韓非子》《呂氏春秋》都講到黃帝。《韓非子·揚權篇》說:"黃帝有言曰上下一日百戰。"這和假作出於蘇秦之口的"由此觀之,惡有不戰者乎"有什麼兩樣? 這種思想代表戰國時期,各國都想采用武力統一全國的一般思想,哪裏真的是"黃帝有言"呢?

《管子》這一部書,不可能是管仲自己的親筆,晉代傅玄說有一半是"後之好事者所加"(見劉恕《通鑒外紀》引),有一些則是"春秋末年人所爲"(見葉適《水心集》)。現在我們看書中提"梁趙"(《輕重甲篇》),提到"代趙"(《輕重戊篇》),這明明是戰國時期的名稱,管仲哪裏會知道呢?《韓非子》說"今境內之民皆言治,藏商管之法者家有之"(見《五蠹篇》),管仲的書和商鞅的書在當時這樣風行,可見就有僞作摻了進去。《管子》八十六篇,到了梁隋時亡了十篇,《封禪篇》是亡了的十篇之一。《管子》原來的《封禪篇》,我們看不到。《史記·封禪書》裏"齊桓公既霸,會諸侯於葵丘,而欲封禪"一段,該是司馬遷所看到的《管子·封禪篇》的文字,這裏有"黃帝封泰山,禪亭亭"的話,是否確實當時齊桓公問過管仲,管仲確有這番話呢?管仲這番話裏講十二個封禪,在伏羲之前,第一個封禪是無懷氏,無懷氏這名字,不見其它古籍,服虔說"無懷氏,古之王者,在伏羲前,見《莊子》"(《封禪書集解》引)。管仲和齊桓公問答封禪的這段話,是在莊周著書之後有人造作出來的,這哪裏可以作為信史對待呢?

戰國後期,本來有一派所謂"術士"的齊國稷下學派興起之後,又出現了燕齊之間的一批方士,封禪這件事,是秦漢之間一批方士搞出來的。一直到漢武帝聽從方士進行封禪,黃帝這名詞神化到了極點。這之後談黃帝的就比較少。

黃帝這事,首先提出的是周武王問姜太公,這裏又有管仲對齊桓公,而封禪最主要的惟一的地點,是在泰山,姜太公、齊桓公、管仲,泰山都和齊國有關,而黃帝之說,就在齊國盛行起來,這不是值得我們深思的嗎?

《管子》書裏還有這一段話:

> 黃帝得六相而天地治,神明至。蚩尤明乎天道,故使為當時。大常察乎地利,故使為廩者。奢龍辯乎東方,故使為土師;祝融辯乎南方,故使為司徒;大封辯乎西方,故使為司馬;后土辯乎北方,故使為李。是故春者土師也;夏者司徒也;秋者司馬也;冬者李也。

這一段講到的是東南西北和天地上下,這和《月令》所說性質大體類似,又和《尸子》子貢問黃帝四面一致,都說明黃帝是中央最高的領袖而已。《管子》這一番話,恰恰和戰國後期的思想符合。

《管子·桓公問篇》有管仲對桓公的話,說:"黃帝立明臺之議者,上觀於賢也。"《管子·國准篇》有管仲對桓公的話說:"黃帝之王,謹逃其爪牙。"這些話,看來都是借重於一個動人的名詞——"管仲",實際上都是假托的。非但沒有黃帝這一回事,連管仲說這些話也是假的。《管子》這部書,據郭沫若考證,"《明法篇》乃韓非後學所為,《水地篇》成於西楚霸王時,《侈靡篇》乃呂后稱制時作品,《輕重》諸篇成於漢文景之世"。所以管仲說黃帝的事,也就不足取信了。

不要忘記,值得注意的,這都是齊國人的材料。黃帝和齊國的關係,還不盡於此。黃帝削平四帝(見《萬機論》),四帝有不同的方色(見《尚書運期授》等書)。黃帝削平的四帝,不是高陽黑帝,少昊白帝(見劉師培《讖緯論》),黃帝實際上是中央的代表。《莊子》說:"南海之帝為儵,北海之帝為忽,中央之帝為混沌。"(《應帝王》)荀卿的學生記錄荀卿的話:"欲近四旁,莫如中央,故王者必居天下之中,禮也。"(《大略篇》)這是一種理想,周代末年到了戰國,用青赤白黑黃五色,東南西北中五方相互配合,既有天的五帝,又有人的五帝。於是有所謂黃帝。五帝這名稱就在這時流行。"昔田巴毀五帝,罪三王,一旦而服千人,魯連一說,使終身杜口"(曹植《與楊德祖書》)。可見五帝之說在魯仲連時已經流行。那末那時的所謂中央,指的是哪裏呢?這本來是很靈活的,什麼地方都可以自認為中央。"我知天之中央,燕之北、越之南是也"(《莊子·天下篇》),可以說,"燕之北、越之南"是"天之中央",為什麼不可以說越之北、燕之南是地之中央呢?果然,齊國人是以齊作為中央的。"齊所以謂齊,以天齊也"(《封禪書》)。集解引蘇林說:"當天中央齊。"據說,"臨菑南郊山下"有"天齊淵水","言即天之腹齊"(並見《封禪書》),這樣,齊國就有資格以中央自居。

查看有關黃帝早期活動的地點:

壽丘是黃帝出生的地方,張守節說:"在魯東門之北,今在兗

州曲阜縣東北六里。"(《史記·五帝本紀》正義)

有熊是黃帝父親少典的國名,皇甫謐說:"今河南新鄭。"(《史記·五帝本紀》集解)

涿鹿是黃帝的初都,張守節引《輿地志》說:"涿鹿本名彭城,黃帝初都,遷有熊也。"(《史記·五帝本紀》正義)

阪泉是黃帝戰勝炎帝的地方,皇甫謐說:"阪泉在上谷。"張守節引《括地志》說:"阪泉今名黃帝泉,在媯州懷戎縣東五十六里,出五里至涿鹿,東北與涿水合,又有涿鹿故城在媯州東南五十里。本黃帝所都也。"又引晉太康《地理志》說:"涿鹿城東,一里有阪泉,上有黃帝祠。"日本瀧川資言說:"阪泉今在直隸保定境。"(以上並見《史記會注考證·五帝本紀》注)

這些地點,都在黃河下游一帶,至於說"東至於海,登丸山及岱宗"以及"封泰山,禪亭亭",岱宗就是泰山,丸山據說就是"丹山,在青州臨朐縣界朱虛故縣西北二十里"(《史記·五帝本紀》正義),這些都是在齊國的境內。

後期活動的地點:

空桐、雞頭,並是黃帝西征所到之處,韋昭說:"在隴右。"

江、熊湘,並是黃帝南行所到之處,成孺說:"在長沙益陽。"

釜山,黃帝北逐葷粥之後合符的所在,張守節引《括地志》說:"釜山在媯州懷戎縣北三里。"(以上並見《史記會注考證》)

涿鹿之阿,是黃帝所都的地方。(見前)

軒轅之丘,是黃帝所居的地方,皇甫謐引《山海經》說是"在穹山之際,西射之南"。(見《史記五帝本紀集解》)

橋山,黃帝安葬的地方。司馬貞引《地理志》說:"橋山,在上郡陽周縣,山有黃帝冢也。"張守節據《括地志》說:"黃帝陵在寧州羅川縣東八十里子午山。"(並見《史記會注考證》)

這些地方,極大多數都是在黃河上游一帶,和秦國有了關係。這裏指出的地點是軒轅之丘。軒轅之丘,見前《山海經》1.

2.3條,這個地方,說是黃帝所居的地方,那就必須明確説清它的所在地點。出於汲冢的《穆天子傳》,和《山海經》同樣是戰國年代的書,其中說:"吉日辛酉,天子昇於昆侖之丘,以觀黃帝之宫,而封豐隆之葬,以詔後世。"昆侖之丘有黄帝之宫,説明這昆侖之丘,就是黃帝所居的軒轅之丘。軒轅和昆侖,是同一的對象,同一的地名。顧祖禹説:"河源發於昆侖,⋯⋯至朵甘思,東北有大雪山,其山最高,多積雪,即昆侖也。"(《讀史方輿紀要》卷一百二十五)顧祖禹又説:"昆侖山在(肅州)衛西南二百五十里,南與甘州山連,其巔峻極,經夏積雪不消,俗呼雪山。《志》云:'山有昆侖之體,因以爲名。'或曰即《禹貢》之西戎昆侖也,周穆王西巡至侖丘,見西王母於此。漢平帝時,金城塞外羌獻魚鹽之地,遂得西王母石室云。或謂之小昆侖。"(《讀史方輿紀要》卷六十三)成公(子安)《大河賦》:"潛昆侖之峻極,出積石之嵯峨。"顧祖禹説:"積石山在西寧衛西南百七十里,禹貢導河自積石是也。"(見《讀史方輿紀要》卷五十二)根據顧説,昆侖、積石,都很明確。郝懿行注《山海經》説:"軒轅之丘,在積石山之東三百里。"(《海外西經》"窮山"條下注)那末軒轅之丘,即是昆侖之丘了。郝懿行又説:"《西次三經》有軒轅之丘,郭云黃帝所居,然則此經軒轅之國,蓋黄帝所生也。《水經·渭水》注云:軒轅谷水出南山軒轅谿,南安姚瞻以爲黃帝生於天水,在上邽城東北十里軒轅谷。案《地理志》,上邽在隴西郡也。"(《海外西經》"軒轅之國"注)軒轅之國不等於軒轅之丘,説是黄帝所生的地方,其地在隴西上邽。離開積石山、昆侖之丘,並不太遠,都是黃河上游。黃帝的生地,有的説在下游(山東曲阜,見前),有的説在上游(隴西上邽縣)。

司馬遷説"黃帝葬橋山"(《五帝本紀》),顧祖禹以爲"橋山即子午山,山綿亘深遠八百餘里,其在鄜州中部縣治北者,相傳黃帝葬衣冠於此"(《讀史方輿紀要》卷五十二)。總之,黄帝活動的地點，主要是黃河上下游一帶。

現在考察一下"黃帝"這個名詞所含的意義。

"秦初并天下"，丞相王綰、御史大夫馮劫、廷尉李斯都說"昔者五帝地方千里"，今"五帝所不及，臣等謹與博士議曰：古者有天皇、有地皇、有泰皇，泰皇最貴"。王曰："去泰、著皇，采上古帝位號，號曰皇帝。"（《史記・秦始皇本紀》）在這段話裏，他們提到了"三皇"，說是天皇、地皇、泰皇。關於三皇，從來衆說紛紜，莫衷一是。班固說："謂伏羲、神農、燧人也。或曰伏羲、神農、祝融也。"（見《白虎通》）自己就不能斷定。其它還有天皇、地皇、人皇的說法，這裏暫且不談。至於五帝，王綰等沒有提出名字，《易傳》《禮記》《春秋國語》《史記》都認為是黃帝、顓頊、帝嚳、帝堯、帝舜，但也有不同的說法，這裏且不管他。總之，其中有一個黃帝，則是沒有疑問的。李斯等說："昔者五帝，地方千里。""千里"不是很廣的區域。孟軻對齊宣王說："海內之地方千里者九，齊集有其一。"（《孟子・梁惠王》）五帝之地不過千里之大，那末傳說裏的黃帝地域綿亘黃河上下游一帶，哪裏會是事實呢？

什麼叫"帝"？《禮疏》引鄭注《中候・敕省圖》說："德合五帝座星者稱帝。"為什麼叫"黃帝"？班固說："黃者，中和之色，自然之性，萬世不易。黃帝始作制度，得其中和，萬世常存，故稱黃帝也。"（見《白虎通》）為什麼先黃後帝？不像帝堯、帝舜那樣說帝黃？董仲舒根據齊人公羊家言說：

> 王者之法必正號，絀王謂之帝，封其後以下國。下存二王之後以大國同時稱帝者五，稱王者三。周人之王，存杞宋為三王，存顓頊、帝嚳、堯、舜並黃帝為五帝。黃帝直首天黃號，以其德視四帝為大，故獨稱黃帝，美者在上也。（見《白虎通疏證》二引）

班固接着說：

美者在上,黃帝始制法度,得道之中,萬世不易,後世雖聖,莫能與同也。後世德與天同,亦得稱帝,不能製作,故不得復稱黃帝。(見《白虎通》)

《淮南子·天文訓》:"中央土也,其帝黃帝,其佐后土,執繩而制四方。其神爲鎭星,其獸黃龍。其音宮,其日戊己。"高誘注:"黃帝,少典之子也,以土德王天下,號曰軒轅氏,死托祀於中央之帝。"《月令注》:"此黃精之君,后土,土官之神。"這些內容都是後來裝扮增飾,層層加上去的。《周書·謚法》"靖民則法曰皇",蔡邕《獨斷·帝謚》作"靖民則法曰黃","皇"和"黃",原是同聲同義,内容都是美好。黃帝以武力征服天下,好像爲秦始立一個樣本。秦始皇自稱"皇帝",其實何嘗不是以"黃帝"自居呢?

《太平御覽》引《佐助期》說"天子法斗"。現在看看黃帝和北斗的美稱。

"獻侯鼎"有㊀,"敕陵鼎"有㊁。

郭沫若謂"天黿"二字,原作㊂,器銘多見,舊釋爲子孫。余謂當是天黿,即軒轅也。《周語下》"我姬氏出自天黿",猶言出自黃帝,十二歲之單閼,即十二次之天黿。近年據余考知,實當於十二宮之獅子座。軒轅由氏姓演爲星名,與商星同(說見《兩周金文辭大繫圖錄考釋》"獻侯鼎"條)。軒轅即天黿,這是同一聲音。軒轅當是部落圖騰的標記,它的形象,寫作㊃,郭氏所說"演爲星名",這個星,指的是北斗星。《史記·天官書》《漢書·天文志》都說:"斗爲帝車,運於中央,臨制四鄉(《漢書》作'海'),分陰陽,建四時。"又並說:"魁下六星,兩兩相比者,名曰三能。"這個"三能",是北斗星的軀幹,這就是獅子座,就是大熊星。《史記》張守節正義説：

> 黃帝，有熊國君，乃少典國君之次子，號曰有熊氏，又曰縉雲氏，又曰帝鴻氏，亦曰帝軒氏，母曰附寶，之祁野，見大電繞北斗樞星，感而懷孕，二十四月而生黃帝於壽丘。（《史記・五帝本紀》注）

這段傳說，指出黃帝和北斗、三能有關。北斗，代表天的中央；昆侖，代表地的中央；人的中央，就用黃帝來作標誌。"有熊""軒轅""天黿"，實際上都是同一對象，自然有着同樣的含義了。

"三能"，注家一向讀作"三台"，這個"台"字成為後來對人尊敬的稱呼。其實這個"能"字，和"熊"字相同。相傳鯀化為能，張守節說："鯀之羽山化為黃熊，入於羽淵。熊音乃來反，下三點為三足。束皙《發蒙紀》鼈三足曰熊。"（《史記・夏本紀》注）由此可見"三能""三台"和"有熊""軒轅""天黿"的關係。鼈和黿，本是同類的物名。《漢書・藝文志》"數術略"有《泰階六符》一卷，注李奇說："三台謂之泰階，兩兩成體，三台故六。觀色以知吉凶，故曰符。"這一卷書已經亡失，應劭說："《黃帝泰階六符經》也。"（《東方朔傳》，亦見《郎顗傳》注）

這一卷書是黃帝的經，很有可能也是戰國時期的作品。中央、中土、中國，在含義上有其共同相通之處。"中國"這名詞，古代較早出現的文獻，有《詩經・大雅・蕩》這一章詩裏；有周文王的話，說"文王曰咨，咨女殷商。女炰烋於中國，斂怨以為德"；又說"内奰於中國，覃及鬼方"。嗣後秦繆公和由余的對話中提到"中國"，孔伋作《中庸》，有"聲名洋溢乎中國，施及蠻貊"的話。到了戰國年代，諸子著書多有說到"中國"的。《孟子》"欲辟土地，朝秦楚，莅中國，而撫四夷"；《莊子》"中國之君子，明乎禮義而陋於知人心"（《田子方》），"中國有人焉，非陰非陽"（《知北游》），"計四海之在天地之間，不似礨空之在大澤乎？計中國之在海内,不似稊米之在大倉乎?"(《秋水》)《荀子》"中國得而畜使之""中國得而衣食之""中國得而食之""中國得而用之"(《王制篇》)。到了鄒衍就有"中國名曰赤縣神州",又説"儒者所謂中國者,於天下乃八十一分居其一分耳"的話,這已是在戰國的末期了。"中國"之名詞,盛行於戰國,戰國紛爭,趨於統一,而"黃帝"這名詞,正好就有其象徵使用武力來統一中國的資格。

戰國時期,特別是後期,著書的人往往僞托神農黃帝。有關黃帝的書,很多很雜。《漢書·藝文志》道家、陰陽家、小説家、兵陰陽、天文、曆譜、五行、雜占、醫經、經方、房中、神仙各門都有。有的是篇數,有的是卷數。在"諸子略"道家部分,班固原注説明是六國時人寫的書名有:

> 《黃帝君臣》十篇。原注:"起六國時,與《老子》相似也。"
> 《雜黃帝》五十八篇。原注:"六國時賢者所作。"
> 《力牧》二十二篇。原注:"六國時所作,托之力牧。"

這些有關黃帝的書,現在雖然已經亡失,但在漢代,班固明白知道是六國時人的作品,只是不知道作者是誰而已。"陰陽家"有《黃帝泰素》二十篇,原注"六國時韓諸公子所作"。這一部分也已亡失,據顏師古的注説:"劉向《別錄》云或言韓諸公孫之所作也。言陰陽五行,以爲黃帝之道也,故曰《泰素》。"

這是在公元前 4 世紀時,説是韓的諸公子,或是諸公孫,那末和"喜刑名法術之學而其歸本於黃老"的韓非,當然是有一定的關係的。從班固的注文中看,我們可以知道有關黃帝的話,大概是六國時人造出來的。《漢書·藝文志》裏還有許多關於黃帝的書,如《黃帝四經》四篇、《黃帝銘》六篇,前者亡,後者殘。這二書排列的次序,在道家最後部分,在《莊子》《鶡冠子》之後。班固雖然沒有明白注清説是六國時人,但是,他的用意是可以知道的。這也正如韓諸公子或公孫所作的《黃帝泰素》二十篇次序,在《鄒子終始》五十六篇之後,自然是在鄒衍之後,無須再說的了。

"小說家"有:《黃帝說》四十篇,班固注說"迂誕依托",亡。"兵陰陽"有《黃帝》十六篇,圖三卷,亡。《封胡》五篇,班固注說"黃帝臣,依托也",亡。《風后》十三篇,圖二卷,班固注說:"黃帝臣,依托也",亡。《力牧》十五篇,班固注說"黃帝臣,依托也",亡。《鬼容區》三篇,圖一卷,班固注說:"黃帝臣,依托也",亡。

"數術略"天文,有《黃帝雜子氣》三十三篇,亡。"數術略"曆譜,有《黃帝五家曆》三十三卷,亡。"數術略"五行,有《黃帝陰陽》二十五卷,亡。《黃帝諸子論陰陽》二十五卷,亡。"數術略"雜占,有《黃帝長柳占夢》十一卷,亡。"方技略"有《黃帝内經》十八卷,殘。《泰始黃帝扁鵲俞拊方》二十三篇,亡。《神農黃帝食禁》七卷,疑。《黃帝三王養陽方》二十卷,亡。《黃帝雜子步引》十二卷,亡。《黃帝岐伯按摩》十卷,亡。《黃帝雜子芝菌》十八卷,亡。《黃帝雜子十九家方》二十一卷,亡。

有關黃帝的書很多很雜,極大部分久已失傳,現存的也有殘缺。失傳的許多,看到書名,可以推想一些內容。有的,班固明知它是六國時人的作品,有的還知道是韓國諸公子或諸公孫的作品,這就給我們可以着手探求的一條綫索。

前面,我們說過,《論語》《孟子》沒有提到黃帝,《墨子》也沒有提到黃帝。這裏,我們再補充一些,在戰國後期,屈原、荀卿都沒有提到黃帝。只有莊周、韓非書裏出現着黃帝的名字。屈原的文章,《離騷》說"三后",說"堯舜",說"堯舜之耿介",說"湯禹儼而祗敬",《離騷》《涉江》《懷沙》三次提到了"重華",却沒有一句說着黃帝。荀卿的著作,說五帝,說三代,只說"堯""舜""禹""湯""武";《議兵篇》說"二帝""四王",二帝是堯舜,四王是禹湯文武,都沒有提到黃帝。荀卿有《正名篇》,"黃帝正名百物",這句話見於《禮記·祭法》,似乎荀卿在《正名篇》裏該是要涉及黃帝的了，然而没有。《成相篇》"道古賢聖"也只提到伏羲，始終没有涉及黄帝。

孔、墨、論、孟、屈、荀都没有提黄帝。黄老刑名之術，開始起源於韓國。《史記·老莊申韓列傳》説："申子之學，本於黄老而主刑名。"黄老並稱，開始見於這裏。韓昭侯八年（前355），申不害相，二十六年（前337）卒。《孟子·荀卿列傳》説："慎到趙人，田駢、接子齊人，環淵楚人，皆學黄老道德之術，因發明序其指意。"慎到、田駢、接子、環淵，這些人比申不害稍後一些（慎到、田駢生約351前後）。《孟荀列傳》又説："鄒衍後孟子，深觀陰陽消息而作怪迂之變，《終始》《大聖》之篇十餘萬言。先序今以上至黄帝，學者所共術。"鄒衍比申不害更後一些（鄒衍生約在前301稍前）。後來又有韓非，《史記·老莊申韓列傳》"韓非者，韓之諸公子也，喜刑名法術之學，而其歸本於黄老"。韓非生於申不害卒後五十多年，活四十多歲，韓王安五年（前234），韓非使秦，九年（前230）秦虜韓王安，韓亡。韓非之死約在前234年之後。

這樣，可以知道黄老之學的興起與流傳是在韓齊兩國之間，而齊國的稷下學派，尤是其中主要的原因。這裏必須一提的，恰恰在這韓齊兩國之間，出生了一個莊周，這個人説説老子，又説黄帝。這在後面要説到的。

齊國的稷下學派從"齊桓公（田午）立稷下之宫"（見徐幹《中論·亡國篇》）起，經過威王、宣王、湣王、襄王直至王建，前後五、六世，時間百餘年，參加的前有孟軻，後有荀卿。"先生""老師"講學著書，"不治而議論"（見《田敬仲完世家》），在戰國後期的東方，這是一個知識份子成群的地方。特别是威、宣兩代，向外擴張的意圖更是旺盛，文事配合武功，言治亂，議政治，成爲一時風氣。但是時間先後不同，議論主張不一，有宋銒、尹文，有慎到、田駢，有環淵、王斗，最後則有鄒衍。《荀子·非十二子篇》説：

> 猶然而材劇志大，聞見雜博，案往舊造說，謂之五行，子思唱之，孟軻和之。世俗之溝猶瞀儒，嚾嚾然不知其所非也，遂受而傳之。

孟子"五行"的話，沒有其它材料可證，但是"五百年必有王者興"這樣的話，孟子是說過的，這不能說和"五行"沒有關係。荀卿批評孟軻，他自己在稷下"三爲祭酒"，成爲稷下後期的"老師"，却沒有批評鄒衍，可見鄒衍參加稷下，還在荀卿之後。一向認爲鄒衍的時期爲早，這是錯誤的。然而荀卿說"世俗之溝猶瞀儒，嚾嚾然不知其所非也，遂受而傳之"，這裏或許指的就是鄒衍亦未可知。

《史記·封禪書》："鄒衍以陰陽主運顯於諸侯。"又："自齊威、宣之時，騶子之徒，論著終始五德之運，及秦帝，而齊人奏之，故始皇采用之。"《史記·孟荀列傳》："自鄒衍與齊之稷下先生如淳于髡、慎到、環淵、接子、田駢、鄒奭之徒，各著書言治亂之事，以干世主，豈可勝道哉！"又："(鄒衍)深觀陰陽消息……《終始》《大聖》之篇十餘萬言。……序今以上至黃帝，學者所共術，大並世盛衰。……稱引天地剖判以來，五德轉移，治各有宜，而符應若茲。……(燕昭王)師之，作《主運》。"嚴安說："臣聞鄒衍曰：政教文質者，所以云救也，當時則用，過則舍之，有易則易也。"(《漢書·嚴安傳》)劉向《七略》："鄒子有終始五德……"，劉向《別錄》："鄒子書有《主運》"，《漢書·藝文志》陰陽家"《鄒子》四十九篇"，"《鄒子終始》五十六篇"。鄒衍講"主運"，講"五德終始"，講"黃帝以來""五德轉移"，他又有大九州、大瀛海的新說，這在當時，的確足以轟動一時。《漢書·藝文志》有《春秋鄒氏傳》，這部書一向失傳。齊人有《春秋公羊傳》，專講春秋一統，"通三統""質文改制"，符合鄒衍的主張。這《鄒氏傳》是否和鄒衍有關，也可研究。

總之,這是稷下一派最新的學説,適合當時時代的要求,爲新興地主階級統一中國作好思想上的準備。在鄒衍之前,稷下學派最特出的一點是黄老之學的興起。

黄老之學比較早的文獻材料,要推莊周的《莊子》。司馬遷説莊周著書,"大抵率寓言",莊周自己也特地寫了一篇《寓言》,説明"寓言"的作用。什麽叫"寓言"呢?司馬貞引劉向《别録》説:"作人姓名,使相與語,是寄辭於其人,故莊子有《寓言篇》。"可見莊周慣伎是造作人名,給他裝上自己的語言,這就叫做"寓言"。現在查看《莊子》書裏的人名,例如"景"與"罔兩""光耀"和"無有",這是真的人嗎?不是的;"妸荷甘""老龍吉""弇堈弔",這也真的有其人嗎?不是的。没有這個人,那末這個名字下面的語言是誰的話呢?這當然是莊周自己的話了。《史記》索隱司馬貞引劉向《别録》説莊周是"宋之蒙人",但是《古今樂録》説"莊周齊人,湣王聘以相位",莊周謝。

莊周有没有到過齊國,和稷下有没有關係,現在無從説明。他的書不是他一個人的手筆,外篇、雜篇,有的是出於他的門徒之手,這部書既説老子,又談黄帝,證明這是黄老之學比較早的文獻材料。然而這裏的所謂"黄帝""老子"究竟是否歷史上的真人真事呢?顯然不足取信。

稷下先生們:

宋鈃(即宋牼,見《孟子·告子》。宋榮子,見《莊子·逍遥游》《韓非子·顯學》。宋子、子宋子,見《荀子·解蔽》《荀子·正論》),《漢書·藝文志》小説家有"《宋子》十八篇",班固説"孫卿道宋子,其言黄老意"。又名家有"《尹文子》一篇",班固説"説齊宣王,先公孫龍";顔師古説"劉向云與宋鈃俱游稷下"。宋鈃原是墨家,所以《荀子》並提"墨翟宋鈃",但有很多話語和現存的《老子》内容相同,現存的《老子》有些似是從宋鈃的話是抄來的。

尹文,《漢書·藝文志》顔師古説:"劉向云與宋鈃俱游稷下。"

慎到，趙人，即慎滑釐（見《孟子·告子》），《史記·孟荀列傳》"學黃老道德之術"。《漢書·藝文志》法家有"《慎子》四十二篇"。《荀子·非十二子篇》以"慎到田駢"並稱，《解蔽》又謂："慎子蔽於法而不知賢。"《天論篇》又曰："慎子有見於後，無見於先。"

田駢，"齊人，學黃老道德之術"（見《史記·孟荀列傳》）。《漢書·藝文志》道家有"《田子》二十五篇"，班固說："名駢，齊人，游稷下，號天口駢。"《呂氏春秋·不二篇》"陳駢貴齊"，高誘注："齊生死，等古今也。"《莊子·天下篇》與彭蒙、慎到並列。

接子，又作捷子（見《漢書·古今人表》），《莊子·則陽篇》："季真之莫爲，接子之或使。二家之議，孰正於其情，孰偏於其理。"成玄英疏："季真，接子，齊賢人，俱游稷下。"《鹽鐵論》謂：湣王之末，"慎到、接子亡去，田駢如薛，而孫卿適楚"。《漢書·藝文志》道家有"《捷子》二篇"。

環淵，《史記·孟荀列傳》："自鄒衍與齊之稷下先生，如淳于髡、慎到、環淵、接子、田駢、鄒奭之徒，各著書言治亂之事，以干世主。"又云："慎到，趙人；田駢、接子，齊人；環淵，楚人；皆學黃老道德之術，因發明序其指意。故慎到著十二論，環淵著上下篇，而田駢、接子皆有所論焉。"應劭《風俗通·姓氏篇》環氏"出楚環列之尹，後以爲氏。楚有賢者環淵，著書上下篇"。張澍輯注曰："環淵，亦即蜎淵也。"《漢書·藝文志》道家有"《蜎子》十三篇"，班固注"名淵，楚人，老子弟子"，顏師古曰"蜎，姓也"。錢穆疑環淵即關尹，謂"環關、淵尹，特方音之一轉移耳，非兩人也。凡先秦之稱關尹，即漢世之所謂環淵"。（見《考辨》一九三頁）考《莊子·天下篇》關尹、老聃並稱，而次序則在墨翟、禽滑釐、宋鈃、尹文、彭蒙、田駢、慎到之後，這裏的老聃顯然和內篇所說的老聃不同。足見環淵、老聃，與莊周時代相及。《呂氏春秋·不二篇》"關尹貴清",今本《老子》"天得一以清,天無以清將恐裂"(第三十九章),"清靜爲天下正"(第四十五章)。今本《老子》,疑即出於環淵。一向傳説關令尹喜强老子著書,這是漢代方士騙人的妄言。

綜上所述,這些著名的稷下先生,都和黄老道德之術有關。換句話說,黄老道德之術,就是從這批人發展起來的。

"黃老道德之術",似乎黄在前,老在後。實際上,恰恰相反,是老在前,黄在後。檢查莊周的書,提"老聃"這名詞的17處,3處在内篇;提"黄帝"這名詞的16處,3處在内篇;提到"老子"這名詞的只有4處,在外篇、雜篇,不在内篇。"老子"這名詞,指的是老聃,説明在莊周書裏説"老聃"時比説"黄帝"爲多,而這"老聃"也就是"老子"。但在莊周書裏,明白説"老子"的,畢竟是少數。《莊子·外物篇》有一段故事,説:

> 老萊子之弟子出薪,遇仲尼,反以告。老萊子曰:"是丘也,召而來。"

在這段對話裏,老萊子教訓了孔丘,這是莊周依據《論語》裏楚狂接輿、荷蓧丈人兩事合並造作了老萊子這個形像,成爲後來孔子見老聃而師事的張本。這個"老聃",顯然不是《天下篇》裏在墨翟、禽滑釐之後和關尹並稱的"老聃"。内篇裏的"老聃":一,"老聃死,秦失弔之"(《養生主》);二,"無趾語老聃曰孔丘"(《德充符》);三,"陽子居見老聃曰"(《應帝王》)。這三條裏的"老聃"的話,《老子》這本書裏是没有的,可見莊周寫内篇時還没有《老子》這本書。莊周這三段所説的當然不是事實,全是寓言。莊周書裏的《漁父》,叙説孔子見漁夫一大篇對話,這當然又是寓言。在這裏,漁父又教訓了孔子一頓,漁父"鬚眉交白",這不是孔子見老子的又一個故事嗎?孔子見老子,而且師事老子,這是莊周捏造出來的寓言,後來司馬遷信以爲真,編寫《老子列傳》把它落實下來，大大進行了欺騙。這一件事情，早就給韓愈看破了，他說：

> 老者曰：孔子，吾師之弟子也。……爲孔子者習聞其說，樂其誕而自小也，亦曰吾師爾嘗云爾。不惟舉之於其口，而又筆之於其書。(《原道》)

韓愈的斥責，指的就是莊周和司馬遷，這是必須予以澄清的。

戰國年代所說的漁父，都是老翁，是隱者，換句話說，也就是"老子"。"老子"這名詞，本來就和"丈人""太公"等同，指的是前輩先生。這些漁夫真的姓名是什麼呢？有"鶩魚於大淵之中"的詹何(見《淮南子·覽冥訓》；又《列子·湯問》"詹何以獨繭爲綸，芒針爲鉤，荊條爲竿，剖粒爲餌，引盈車之魚於百仞之淵，汩流之中"；《御覽》七六七引《博物志》"詹何之釣"云云，語亦大同。詹何這名字的聲音，和老聃的聃字相近)。有和詹何並稱的便蜎(見《文選》枚乘《七發》，"若莊周、魏牟、楊朱、墨翟、便蜎、詹何之倫")，這便蜎又稱蜎蠉(見《文選注》，"《淮南子》：雖有鉤針芳餌，加以詹何、蜎蠉之數，猶不能與罔罟爭得也。宋玉與登徒子偕受釣於玄淵；《七略》蜎子名淵；三文雖殊，其人一也")，又稱玄淵，又稱蜎子，也就是齊人涓子(見《御覽》七三六、八三四、九三六引《列仙傳》，六七〇引《集仙錄》)，也就是前面所說的環淵。這個環淵，原是楚人，後來入齊稷下，所以也就變爲齊人了。

詹何，環淵，都是江湖之上隱於漁釣的老人，詹何的聲音成爲老聃，環淵的聲音成爲關尹。漢代人說關令尹喜強老子著書五千言，現在看來，這五千言的《老子》，就是環淵和詹何這兩個在江湖之上隱漁的老頭子共同寫成的，其時間可能和宋玉先後同時，而其地點則在楚齊之間。楚懷王二十一年東遷郢陳之後，南齊東楚，地域相接，這就和稷下鄰近了。

在《孟子》書裏，看到"大丈夫"，看到"薄其稅斂"，這是戰國年代的話。《老子》書裏也說"是以大丈夫處其厚，不居其薄"，也説"民之饑，以其上食税之多"，分明這是戰國後期的書。《老子》説"大國""小國"，説"侯王"，説"萬乘之主"，説"域中有四大，而王居其一焉"，説"將欲取天下"，説"以奇用兵"，説"偏將軍""上將軍"，這分明是在戰國後期。又説"江海，爲萬谷王"，説"上善若水，水善利萬物而不爭"，説"川谷之於江河"，説"天下柔弱，莫過於水，而攻堅强者莫之能勝"，這也足以説明著者是熟悉水上生活的人。

《老子》一書，有些話和宋鈃相同（參考《先秦諸子繫年考辨》三四一頁），有的和慎到相同（例如"不敢爲天下先"，"欲先民必以身後之""是以聖人後其身而身先"，這和《荀子·天論》所説"慎子有見於後，無見於先"内容正同），有些從《莊子·天下篇》抄來（例多不備舉），有的抄《胠篋篇》。《老子》第四十五章説"大巧若拙，大辯若訥"，《胠篋篇》説"故曰大巧若拙"。這裹只説"故曰"，没有説"故老子曰"，可見《老子》成書是在《天下篇》《胠篋篇》成書之後。

總的來説，《老子》這部書和環淵、詹何有關，毫無疑問是在莊周成書之後。《荀子·天論》説"老子有見於詘，無見於信"，今本《老子》説的"曲則全，枉則直"，"柔弱勝剛强"，"强梁者不得其死"，"大成若缺""大直若屈"，"天之道，不爭而善勝"，這些内容，充滿在《老子》書中，荀卿可能知道這些内容的，所以他作出了上述的批評。荀卿是稷下的晚輩，宋鈃、慎到、環淵，都在稷下，比他較早。荀卿能够看到《老子》這本書，這是很自然的。到韓非、吕不韋時，這本書已經廣泛流行，韓非因此寫作《解老》《喻老》。這樣，這本書説是出於河上丈人之手，也是可以置信的。所謂"河上丈人"，不就是詹何、環淵之流嗎？

現存的《戰國策》有兩條引《老子》的話：一，《齊策四》"齊宣王見顔斶章"："老子曰：雖貴必以賤爲本，雖高必以下爲基。是以侯王稱孤寡不穀，是其賤之本與？"二，《魏策一》"魏公叔痤爲魏將章"："故老子曰：'聖人無積，既以爲人己愈有，既以與人己愈多。'公叔當之矣。"這兩條，可能是《老子》成書之後，辯士引用說證前事的。公叔、顏斶都在《老子》成書之前。由此可見，班固認爲"《黃帝君臣》十篇，起六國時，與《老子》相似"，他也看出《老子》一書確是六國時代的產物了。

樂彥引《老子・道經》有"月中仙人宋無忌"，這句話，今本《老子》沒有。"宋毋忌、正伯僑、羨門高皆燕人，爲方仙道，形解銷化，依於鬼神之事"，有人說"火之精曰宋毋忌，蓋其人火仙也"（見《封禪書》及注），這個本子有宋無忌，可能是漢代方士所傳的本子，說明這"老子"已經成爲"神仙中人"了。

馬王堆漢墓出土的《老子》乙本，卷前有四篇古逸書，篇題是《經法》《十大經》《稱》《道原》，共有一萬一千多字。是有關黃帝的書，然而文字浅近平衍，不像《老子》那樣警策銳利，不像先秦文章的風格。唐蘭認爲這就是《漢書・藝文志》所載而已經失傳的《黃帝四經》，並引《隋書・經籍志》道經部的話，"漢時諸子道書之流有三十七家……其《黃帝》四篇、《老子》二篇，最得深旨"。證明《黃帝》四篇和《老子》二篇並提，這就是當時流行的所謂黃老之學，而這四篇，也就是《黃帝四經》（見《文物》1974年第10期49頁）。這是很有理由的。

《隋書・經籍志・道家》說：

> 自黃帝以下，聖哲之士，所言道者，傳之其人，世無師說。漢時，曹參始薦蓋公能言黃老，文帝宗之，自是相傳，道學眾矣。

由此可見，有關黃帝的書，除班固《藝文志》所說是六國時人假託之外，有些是在西漢初年，曹參、蓋公、文帝之後，才相傳行。現在看這四篇：《經法篇》裏有"帝王者執此道也"的話，"帝王"兩字並稱，這還不見於《老子》書中；又說"王天下者，有玄德"，"玄德"

是《老子》書裏的語言,這明明是從《老子》那裏抄来的;又說"文武並位,命之曰上同","上同"還沿用了《墨子》的術語。由此可知,這些材料斷然是在《老子》成書之後。

《十大經》假托黃帝,有力牧、果童、高陽、太山之稽等事。又說:"黃帝於是辭其國大夫,上於博望之山。談卧三年以自求也。單才(戰哉)。闆冉乃上起黃帝曰:可矣。""博望之山"和莊周書裏所說的"具茨之山""昆侖之虛"的故事,寓言性質有什麼不同?很明顯"國大夫"的名稱,又哪裏是黃帝年代應有的史實呢?可見《十大經》是後出的材料,絲毫沒有疑問。

《十大經》"姓爭"一段有"黔首乃生","黔首"遠在古代是沒有這個名稱的,秦初並天下,始皇二十六年"更名民曰黔首"(《史記·秦始皇本紀》),這哪裏是黃帝時代應有的名稱呢?《十大經》"觀"的一段,有"不達天刑,不襦不傳";"兵容"一段,復有"聖人不達刑,不襦傳"的話。"襦傳"的"襦",與"繻"相同。"繻傳"的制度見《漢書·終軍傳》,終軍棄繻入關,事在漢武帝時。馬王堆這份材料,在文帝初元十二年二月(前168年)就已入土。可見"襦傳"的制度,當是秦末漢初建立起來的。根據"黔首"和"襦傳"這兩件事,可以證明,這所謂《黃帝四經》,是秦末漢初所寫作的東西。它的思想內容,是秦末漢初時期一種思潮的反映。

《韓非子·六反篇》有幾句話,說:"故先聖有諺曰:不蹪於山而蹪於垤。"這在《淮南子·人間訓》裏就說:"堯戒曰戰戰栗栗,日慎一日,人莫蹪於山而蹪於垤。"在所謂《太公兵法》裏就說:"黃帝曰:兢兢業業,日慎一日,人莫蹪於山而蹪於垤。"同樣一句話,由《韓非》而《淮南》而《太公兵法》,一說"先聖",一說"堯",一說"黃帝","堯"和"黃帝",都可以說是"先聖",但究竟屬於哪一個呢?所以,《黃帝四經》裏的"黃帝",也只可以這樣說說而已,總是寓言,哪裏可以信以為真!

《黃帝四經》既講"道",又講"法"。第一篇《經法》,開頭一句,就是"道生法"。一般人看來,這就是法家由道家產生出來的證據了。然而歷史事實完全不是這樣。有了墨家,然後有名家;有了名家,然後有法家。"老"和"黃"是由墨、名、法混同產生的。《莊子‧天下篇》末尾說"惠施、桓團、公孫龍,辯者之徒",這是從墨辯來的所謂名家。申不害"之學主刑名"(見《史記‧老莊申韓列傳》),劉向《別錄》說"申子學號刑名者,循名以責實"(《史記‧張儀列傳》索隱引),這所謂"刑名",實際上是"形名"。"形名"也就等於"名實"。《戰國策‧韓一》韓昭侯對申不害說"聽子之謁,而廢子之道乎?又亡其行子之術,而廢子之謁乎?"韓昭侯指出申不害的要點是"道術",這個"道術"也就是韓昭侯所說的"子嘗教寡人循功勞,視次第",也就是申不害在韓推行的"循名責實"的"法"。司馬遷批評申不害說"申子卑卑,施之於名實",申不害的"循名責實",他所推行的"法",和名家爭辯不休的精神,實在並無二致。《莊子‧天下篇》說:"天下之治方術者多矣。"又說:"古之所謂道術者,果惡乎在?""方術""道術"都是所謂"術",換句話說也就是所謂"法"。"法"和"術"連合起來,便是所謂"法術"。司馬遷說韓非"喜刑名法術之學","刑名法術"的次序,也就是"名"和"法"的次序,由此可知"名家"和"法家"的關係了。

"刑名法術"是一句話,"黃老刑名"又是一句話。《史記‧儒林傳》:"武安侯田蚡為丞相,絀黃老刑名百家之言。"於是有人把兩句話結合起來,說"黃老刑名法術"。其實,這句話必須加以具體分析。在西漢武帝年代黃老盛行的時候,用黃老統帥刑名法術,自然是可以的,若根據歷史發展的現實來看,則"刑名"是"名","法術"是"法","老"是"老","黃"是"黃",有它發展的過程,不能混為一談。司馬談《論六家要旨》(見《史記‧太史公自序》)次序是"陰陽、儒、墨、名、法、道德",道德在儒、墨、名、法之後,這是歷史發展的次序,這是很對的。他說:

> 道家使人精神專一，動合無形，贍足萬物。其為術也，因陰陽之大順，采儒墨之善，撮名法之要，與時遷移，應物變化，立俗施事，無所不宜，指約而易操，事少而功多。

明白交代了道家是後起的事。司馬遷說他的父親"太史公習道論於黃子"（見《太史公自序》），黃子就是黃生（集解徐廣引），《儒林傳》"黃生好黃老之術"，顏師古說黃生就是在景帝之前和轅固生爭論說"湯武非受命，乃弒也"的人（見《漢書·司馬遷傳》注）。他是學這一套的，這在當時實際上是一套最最時髦的比較先進的一套學問。所以司馬談在《論六家要旨》裏最最推崇的沒有超過道家。最後說：

> 在所欲用耳，何事不成？乃合大道，混混冥冥，光耀天下，復反無名。

司馬遷繼承他父親做太史公，編寫《史記》"論大道則先黃老而後六經"（班固語，見《漢書·司馬遷傳》贊），這是當時社會風氣。在漢武帝沒有"罷黜百家，表彰六經"之前，情況就是這樣，黃老刑名法術之學，盛極一時。漢武帝聽從丞相衛綰的建議，罷黜"或治申、商、韓非、蘇秦、張儀之言"的"所舉賢良"，事在初即位的"建元元年（公元前140年）冬十月"（見《漢書·武帝紀》），這時司馬遷還沒有出生，司馬遷編寫《史記》是他晚年的事。漢武帝死後一年，司馬遷也就死了，這是昭帝始元元年（公元前86年）。司馬遷的《史記》是在"罷黜百家"之後寫的，然而他對於"黃老刑名法術之學"還是相當重視，寫《老莊申韓列傳》說申不害"本於黃老而主刑名"；韓非"喜刑名法術之學，而其歸本於黃老"。如前所說，申不害的"術"，主要是"循名責實"，對"黃老"沒有多大關係。韓非雖然有《解老》《喻老》，做了一些說明性的工作，主要方面都並不在此，雖然也有幾處提到了黃帝，關係也不太大。所以司馬遷所說的"本於""歸於本",完全是憑空增添上去的話。這也像他敘述莊周說"其學無所不窺,然其要本歸於老子之言"一樣,莊周說了許多關於老聃的寓言,而自己的學風,很明顯地有些區別於"關尹老聃"(見《天下篇》),後人采取一部分《莊子》裏的語言,編寫《老子》,這明明是《莊子》産生《老子》之言,哪裏是莊周的"要本歸於老子之言"呢?可見司馬遷筆下這樣的寫,是受了當時黃老之說盛行的影響,把當時誇耀一世的"黃老",憑空橫加到莊周、申不害、韓非名字之下去的,哪裏是歷史事實的真相呢!

"黃帝……所言道者,傳之其人,世無師說,……漢時,曹參始薦蓋公能言黃老"(《隋書·經籍志》,見前注),蓋公是什麽人呢?蓋公是"善修黃帝老子之言"的樂臣公(一作巨公)的學生,《史記·樂毅列傳》說:

> 樂氏之族有樂瑕公、樂臣公,趙且爲秦所滅,亡之齊高密。樂臣公善修黃帝、老子之言,顯聞於齊,稱賢師。

司馬遷又說:

> 樂臣公學黃帝、老子,其本師號曰河上丈人,不知其所出。河上丈人教安期生,安期生教毛翕公,毛翕公教樂瑕公,樂瑕公教樂臣公,樂臣公教蓋公。蓋公教於齊高密、膠西,爲曹相國師。(《史記·樂毅列傳》贊)

這樣,黃老之學的來龍去脈,說得很清楚了。這裏值得注意的是"河上丈人"這名字,"丈人"不就是"老子"的同義詞嗎?"丈人"而在"河上",這和隱於漁釣的詹何、環淵,有沒有關係呢?隱者不要別人知道自己的姓名,由於年高,稱爲"丈人",稱爲"老子",這是沒有問題的。毛翕、樂瑕、樂臣、蓋公,四個都以"公"爲名,這也不是偶然的吧!年高的人,稱之"四公",這也和"老子""丈人"一致的了。所以這個"黃老"之學,實際上是由秦漢之際,當時一批隱居於東方的老頭子們傳開來的。

這裏引起注意,不要忘記順便附帶交代一件事:秦始皇東游,張良與客狙擊博浪沙中,逃到下邳,夜半在橋上受到一個老年人,自稱是濟北穀城山下黃石的,給他一編書,早晨打開一看,原來是《太公兵法》(見《史記·留侯世家》)。張良後期的作風,受"黃老之學"的影響很深。老年人、黃石、太公,這和"河上丈人""老子"性質沒有什麼不同,而邳下、濟北,地區都在東方,這是值得研究的事。一心一意要爲韓報仇的張良,和一心一意志在存韓的韓非,是先後同鄉,都是韓國的公子。韓在戰國時期又稱爲鄭,《韓非子·外儲說左》有一句說:"鄭人有相與爭年者……曰:'我與黃帝之兄同年。'"這本來是一句笑話,不值得鄭重提出討論。然而在韓地,一般人的頭腦裏都知道古代有黃帝,可見"黃帝"這名字,在中原地帶、黃河流域中部流行相當普遍。韓非講的主要是"法術",講黃帝不是他的重點,在《五蠹篇》裏,講上古之世、中古之世,始終沒有提到黃帝,但在下文却有"雖有十黃帝不能治也"的話,可見"黃帝"這名字,在韓國是一般人都知道的。

漢代初年,張良受"黃老"影響很深,曹參招請蓋公,"避正堂,舍蓋公,其治要用黃老術,相齊九年,齊國安樂,大稱賢相"。蕭何死後,代爲相國,"清淨極言合道"(見《史記·曹相國世家》),完全是"黃老"思想的表現。曹參死後,陳平爲左丞相。陳平是"陽武戶牖鄉人",地點在汴州陳留縣東北,離戰國時韓地不遠。陳平少時"好讀書,治黃帝老子之術"(《漢書·陳平傳》),呂太后死,平與周勃合謀誅諸呂,迎主代王恒爲孝文皇帝,這完全是陳平的主張(《史記·陳丞相世家》)。漢文帝時,《老子道德經》有河上公注(見《經典叙錄》),漢文帝本人就是相信"黃老"思想的人。他的皇后竇猗房,"趙之清河觀津人"(在冀州棗强),就是後來的竇太后。她是"黃帝老子"言的愛好者,史傳說她"好黃帝老子言,帝及太子諸竇不得不讀黃帝老子,尊其術"(見《史記·外戚世家》《漢書·外戚傳》)。召轅固生問《老子》書,轅固生回答這是"家人言耳",竇太后大怒,轅固生險的送了性命(見《漢書·儒林傳》)。

黃帝老子的思想从漢初到文帝一代,四十多年裏,統治階級始終依照辦事,這時達到了頂峰。長沙王太傅洛陽人賈誼,懂得"寥廓忽荒,與道翱翔,其生兮若浮,其死兮若休"(《漢書·賈誼傳》),完全是"黃老"思想的表現。同時司馬遷的父親司馬談"習道論於黃子"(《漢書·司馬遷傳》見前),處士王生"善爲黃老言"(見《漢書·張釋之傳》),濮陽(衛)人汲黯,"學黃老言,治官民,好清靜"(《漢書·汲黯傳》)。後來褚少孫補寫《史記·日者列傳》還說"司馬季主者,楚賢大夫,游學長安,通易經術、黃帝、老子,博聞遠見"。司馬季主是否漢代,而褚少孫却這樣說,可見當時"黃老"思想風靡於朝野上下。從公元前179—前141文景之際,大約四十年,是"黃老"之學盛極一時的年代,名爲"黃老",實際上黃帝之言更占優勢。

"黃老"之學,被認爲是政治設施上的指導思想,被認爲是人生哲學方面的崇高準則,這是一回事,把"黃老"作爲神仙來對待,則又是一回事,特別是對黃帝。

自從稷下學派的末期,鄒衍"論著終始五德之運""以陰陽主運顯於諸侯"(《史記·封禪書》),又有大九州之説,在地理上廣開眼界,靠在海邊的燕齊兩國,產生了一批"怪迂、阿諛、苟合之徒","燕齊海上之方士"。秦始皇、漢武帝都相信他們帶有欺騙性的大話,封禪、求仙,鬧得"不亦樂乎"。漢興六十餘歲,正是漢武帝初繼位的時候,裝作老聃那樣長壽的李少君抓到機會對漢武帝説:

祠竈則致物，致物而丹沙可化爲黃金，黃金成以爲飲食器則益壽，益壽而海中蓬萊仙者可見，見之以封禪則不死，黃帝是也。

又説：

臣嘗游海上，見安期生。安期生食巨棗，大如瓜。安期生，仙者，通蓬萊中，合則見人，不合則隱。

既是不死的黃帝，又是仙者的安期生。這安期生是琅琊人，在秦始皇東游時曾經見過秦始皇，和秦始皇談了三日三夜。他和寫作《雋永》八十一首的蒯通是老朋友，曾經一道去見過項羽，他的老師是河上丈人。他是精通黃帝老子之學的河上丈人的學生（以上見皇甫謐《高士傳》，《御覽》卷五〇七引），這樣一來，黃帝老子之學，完全變爲神仙方士的一套了。

李少君病死，漢武帝"以爲化去不死"，又以齊人少翁爲"文成將軍"，又拜"故與文成將軍同師"的膠東宮人欒大"爲五利將軍"。欒大也説"臣嘗往來海中，見安期、羨門之屬"。欒大"貴震天下"，於是"海上燕齊之間，莫不自言有禁方，能神仙"，神仙方士之説，真是盛極一時。

公元前一一六年六月，漢武帝得寶鼎汾水上，這年改稱元鼎。"齊人公孫卿曰今年得寶鼎，其冬辛巳朔旦冬至，與黃帝時等"。公孫卿通過漢武帝的"嬖人"，送給漢武帝一道"札書"，説"黃帝得寶鼎，仙登於天"的事。漢武帝看了很高興，召問公孫卿，公孫卿説"受此書申公，申公已死"。漢武帝問："申公是什麼人呢？"公孫卿説：

申公齊人，與安期生通，受黃帝言，無書，獨有此鼎書，曰"漢興復當黃帝之時"。曰"漢之聖者在高祖之孫且曾孫也。寶鼎出而與神通，封禪。封禪七十二王，惟黃帝得上泰山封"。申公曰:"漢主亦當上封,上封則能仙登天矣。"

公孫卿對漢武帝吹了一套,騙得漢武帝得意忘形地説:"嗟乎!吾誠得如黃帝,吾視去妻子如脱躧耳!"於是對神仙、封禪,更加感到興趣,鬧了許多怪事。"年九十餘"的"齊人丁公"也來向漢武帝打氣説:"封禪者,合不死之名也。秦皇帝不得上封,陛下必欲上。""齊人之上疏言神怪奇方者以萬數","濟南人公玉帶上黃帝時明堂圖"。公孫卿又説:"黃帝就青靈臺,十二日燒,黃帝乃治明廷。明廷,甘泉也。""方士有言黃帝時爲五城十二樓,以候神人於執期,命曰迎年。"所有這些,漢武帝都一切照辦,簡直像許多方士手中牽綫的木偶那樣千依百順,無所不從。然而,"今上封禪,其後十二歲而還,徧於五岳四瀆矣,而方士之候祠神人,入海求蓬萊,終無有驗"。所有這些,司馬遷一一看在眼裏,記在心裏,詳情細節,都很清楚,瑣屑不遺地記在《封禪書》中,自説:

> 余從巡祭天地諸神名山川而封禪焉,入壽宮侍祠神語,究觀方士祠官之意。……然其效可睹矣。(以上全據《封禪書》)

冷眼旁觀,心中有數,他最後説了這樣一句的俏皮話,看來雖然他曾參預共事,實際上他是不同意的。

關於黃帝的事,到此已成强弩之末,以後也無可再説的了。至於老子,則漢以後還有道教的興起,騎在青牛背上的老子一變而爲太上老君,這是另一個課題,這裏不多説了。

司馬遷的《史記》在司馬遷死後缺了十篇,《孝景本紀》《今上本紀》都没有傳本。現在《史記》裏的《孝武本紀》是元成年間,褚少孫采録司馬遷的《封禪書》補進去的。所以現存的《史記》重複了這兩段材料。《今上本紀》既不傳,當時司馬遷怎樣下筆,我們無從知道,但據《封禪書》來看,司馬遷對漢武帝確實心懷不滿,顯然含有諷刺的意味。開端第一卷《五帝本紀》，不從唐虞寫起，而從黃帝寫起，表面上似乎是在推尊黃帝，仔細推敲他自己所說的話，一則曰："百家言黃帝，其文不雅馴，薦紳先生難言之。"再則曰："儒者或不傳。"三則曰："非好學深思，心知其意，固難爲淺見寡聞道也。"四則曰："擇其言尤雅者，著爲本紀書首。"（並見《五帝本紀》贊）他這樣叮嚀反覆，鄭重其事的作出交代，可以知道他對黃帝這件事，本身存在懷疑。和《封禪書》對看一下，不難明白，他的開宗明義第一章，首先抬出黃帝，實際上就是對於漢武帝提出抗議。司馬遷曾從孔安國問古文（《漢書·儒林傳》），他是學古文《尚書》的，他知道"《尚書》獨載堯以來"（《五帝本紀》贊），所以他的自序說"於是卒述陶唐以來，至於麟止，自黃帝始"。可見"自黃帝始"，不是《史記》真正的開始，真正的開始，是從唐堯起的，這就是他所說的"總之不離古文者近是"（《五帝本紀》贊）。他既鄭重其事，他又閃爍其詞，指示我們要"好學深思"，才能"心知其意"，否則是要迷惑不清的。有人一向說《史記》是"謗書"，是"無韻之離騷"，從黃帝這問題來看，的確可以窺見一些真實。

班固批評司馬遷："論大道則先黃老而後六經。"（《漢書·司馬遷傳》）桓譚也說："昔老聃著虛無之言兩篇，薄仁義，非禮學，然後世好之者尚以爲過於五經，自漢文景之君及司馬遷皆有是言。"（見《漢書·揚雄傳》贊）兩家的話，實際上都停留在表面的現象上，沒有體會到司馬遷的真意。司馬遷寫《五帝本紀》、寫《封禪書》他的命意所在，我們分析如上，他對於"孔子""老子"的安排，自有他的用意。孔子列入"世家"，老子歸於"列傳"。在《孔子世家》裏沒有一字涉及老子，記的都是踏踏實實的事迹；在《老莊申韓列傳》裏，記老子的共四百五十四字，采取《大戴禮》孔子問禮的一段，把老子抬高了地位，又錄"關令尹喜強爲我著書"一事，說明"上下篇五千餘言"的來歷，然後用幾個"或曰"把老萊子、太史儋撮合在一起,并作一人。有人説是,有人説非,最後斷言"老子,隱君子也",這樣含含糊糊的叙述了一番,這完全是敷衍塞責的態度。和《孔子世家》相比,虛虛實實,明白昭著,簡直不可同年而語了。至於司馬遷對於孔子的態度,在《孔子世家》後面的贊語中,表現得再尊敬也没有:

> 高山仰止,景行行止。
> 讀孔氏書,想見其爲人。
> 諸生以時習禮其家,余祇迴留之,不能去云。
> 中國言六藝者折中於夫子,可謂至聖矣!

司馬遷親自把"至聖"兩字給孔子戴上了桂冠,試問在司馬遷的心目中,哪裏還有第二個可比得上孔子的呢?哪裏可以根據一些不明不白的一些現象,斷定司馬遷完全推崇黄老而輕視"六經"呢?後來歐陽修説:"孔子修書以堯舜爲斷,而子長上述黄帝。"歐陽修説這句話,表示他對司馬遷也有意見,其實這都是不對的。

1979.7.6

《法言·重黎》篇:"或問黄帝終始。曰:托也。"注謂"假黄帝也"。揚雄這話,真是一針見血之語。

1979.12.18

# 論縱橫家

## 一、"縱橫"兩字的含義

縱橫兩字,出現在文籍裏最早的記載,該是《詩經·齊風·南山篇》裏的"蓺麻如之何?衡從其畝"。這裏的"衡從其畝",在《韓詩》中則作"從橫其畝",韓嬰的解説是"南北曰從,東西曰橫",這是地域方位上的名稱。一橫一豎,經緯交錯,這就是"從橫"的意義。引申爲橫裏縱裏,既代表矛盾着的雙方,又代表着整個的全面。古代詩人從勞動人民中産生出來,知道栽麻的方法,是要"衡(橫)獵(躐)之,從(縱)獵之,種之然後得麻"(見《詩》毛傳)。賈勰《齊民要術》也説:"凡種麻,耕不厭熟,縱橫七遍以上,則麻無葉也。""橫獵""從獵""縱橫七遍",這就是"衡從其畝"的意思,就是説要在這塊田地上橫裏縱裏不厭其勞的全面深耕,這是勞動人民在生産實踐中得來的經驗,這該是"縱橫"兩字最早的含義。由此可見,"縱橫"兩字,既代表全面,又代表矛盾。正體現着全面之中有矛盾,矛盾包括在全面之中的道理。"縱橫"兩字的本義是如此。詩人説"蓺麻如之何?衡從其畝",接着又説"取妻如之何?必告父母"。父母代表雙方,衡從代表全面,這也可以證明這"縱橫"兩字既包括雙方,又指的是全面的意思。

戰國時期，在莊周書裏，出現了"從說""橫說"的語詞。《徐無鬼篇》說："女商曰：先生獨何以說吾君乎？吾所以說吾君者，橫說之則以《詩》《書》《禮》《樂》，從說之則以《金板》《六弢》。"這裏的"從說""橫說"，代表着既是這樣說，又是那樣說，等於我們今天所說的"橫說""竪說"，等於說千方百計的說。戰國末期，"從橫"兩字又與"卬曲"兩字同義，馬王堆出土帛書別本《戰國策》第十四篇有一段話說：

> 功（攻）秦之事成，三晉之交完於齊，齊事從橫盡利：講而歸，亦利；圍而勿舍，亦利；歸息士民而復之，使如中山，亦利。功（攻）秦之事敗，三晉之約散，而靜（爭）秦，事卬曲盡害。

這裏的"從橫"兩字和下面的"卬曲"兩字一俯一仰並舉，"卬"即"昂"字，"仰"字是直身的意思。"曲"是屈曲，是彎腰的意思。既直身，又彎腰，這叫做"卬曲"。用"卬曲"來比附"從橫"，可見"從橫"的意思，既等於"橫直""橫竪"，又等於這邊那邊（正面反面）的兩方面（"反正"）。"從橫盡利"等於說"無論怎樣都是利"；"卬曲盡害"，也是等於說"無論怎樣都是害"。

西漢初年，"從橫"兩字又與"修短"兩字連稱。《淮南鴻烈·要略篇》說："晚世之時，六國諸侯……力征爭權……故縱橫修短生焉。""修短"即"長短"，淮南王劉安的父親名長，所以諱"長"作"修"。"從橫"兩字和"長短"兩字連稱，"長短"是意義相反的字，張晏說："蘇秦張儀之謀，趣彼為短，歸此為長，《戰國策》名'短長術'。"（見《漢書·張湯傳》注）"彼""此"雙方，也是對立的名稱，和"從""橫"同樣表示對立的意義。西漢初年，又有"長短縱橫術"的名稱（見《漢書·主父偃傳》），用"長短"和"縱橫"連稱，意義也是一致的。這說明彼此雙方，在對立的時候，如何出謀劃策，求得適當的處理，這一套本領，就叫做"縱橫修短"，也就是

"長短縱橫術"。而擅長這套本領的,便享有"縱橫家"的稱號。

"縱橫家"這名稱,不是很早就有的,給後世稱爲"縱橫家"的那些人,當他活着正在活動的時候,並沒有人稱他是"縱橫家",在他自己也並不知道幹的是"縱橫家"的這一回事。到他成爲歷史上的著名人士時,後來研究歷史的人,根據它的活動事實,給他題上名字戴着帽子,稱呼他叫"縱橫家",這是後來的事。在《莊子・天下篇》《淮南鴻烈・要略》、司馬談《論六家要旨》,都沒有"縱橫家"這名字,直到劉歆的《七略》、班固《漢書・藝文志》,才出現"縱橫家者流"這句話,這已是到了西漢末年東漢初年的時候了。

"縱橫"這兩個字,到被說成"縱橫家"的時候,於是這"縱橫家"就成爲"謀士"或"策劃者"的代名詞。在彼此雙方對立的時候,無論在哪一方面,凡是擅長出謀劃策的人,一定要具備條件,主要的是善於詞令應對,善於分析情況,目的在於取得"轉禍爲福,因敗成功"的勝算。

班固在《漢書・藝文志》裏,指出"縱橫家"這批人,起源於古代"行人之官","行人之官"的任務是"使於四方",能夠"專對",能夠"權事制宜,受命而不受辭"。這是說"行人之官",局限於要能言善辯,"長於詞令"這一點。由於"善於詞令",有些話必然要添油加醬,鋪張粉飾,不完全和事實相符,所以班固又指出它的缺點,是"上詐諼而棄其信"。這裏"詐諼"兩個字,雖然含有貶義,但多少道破了一些"縱橫家"的實況。

## 二、縱橫家的由來

作爲政治上活動人物的名詞縱橫家這一事實來說,這是春秋以後戰國秦漢一段時期裏的事。《韓非子・五蠹篇》說:

> 從衡之黨，借力於國。從者，合衆弱以攻一強也；衡者，事一強以攻衆弱也。

這正是指六國抗秦、秦攻六國這一時期的事，所以"縱橫"這個名稱和事實只是局限於戰國後期、秦和六國對立的時候。章先生說："縱橫家之得名，因於從人橫人，以六國抗秦爲縱，以秦制六國爲橫，其名實不通於異時異處。"（《諸子學略說》）但是，雖然合從連橫這一件事，高潮是在戰國後期，而它的發生發展，自有它的來源。

從"謀士""策劃者"這一點來說，我國歷史上最早而有名的"謀士"，大概要推呂尚（姜太公）爲第一。"呂尚蓋嘗窮困"（見《史記·齊太公世家》），可能是沒落的奴隸主出身，"游説諸侯，無所遇"（見《史記·齊太公世家》），到了晚年，幫助了奴隸主貴族姬昌（周文王）"陰謀""傾商"，有很多的"陰謀""奇計"作爲後世的"兵權""本謀"（並見《史記·齊太公世家》）。其次要推管仲，"管仲貧困"（見《史記·管晏列傳》），可能也是沒落的奴隸主出身，後來幫助呂尚的子孫齊桓公"九合諸侯，一匡天下"。"管仲之謀"（見《史記·管晏列傳》），表現了他出色的功績。他的本領，司馬遷說他"善因禍而爲福，轉敗而爲功。貴輕重，慎權衡"。呂尚是周代齊國開國之君，管仲是齊國著名的相，他們本人都是卓越的"謀士"。

春秋時期，黃河中游的鄭國是介於大國之間的一個小國，北有晉、南有楚，東西有齊秦，四邊的威脅很是強烈，沒有得力的外交人才，很難應付暴力。魯僖公三十年（前630年），晉、秦圍鄭，燭之武的一番話，説得秦穆公取消了敵意。魯襄公二十五年（前548年）、魯襄公三十一年（前542年），子產兩次到了晉國，兩次的對話，都使得對方無可辯駁。這在詞令方面，他們是有一手的。在春秋時期，外交專對，不僅這兩個人，而這兩個則是傑出的代表。

既要是"謀士",又要擅"詞令",在春秋時期的社會環境裹,有此趨勢,有此需要。這個時期奴隸主貴族階級逐漸崩潰,新興地主階級逐漸上升,在奴隸主貴族階級沒落而分化出來的,在一群奴隸中發展起來的,他們爲新興地主階級服務的一批人逐漸增多。春秋時期,一批善於外交專對的人,顯露了頭角,這個趨向,逐漸變化而爲"游說",而爲"縱橫"。

春秋後期,在齊國的近鄰魯國,出現了儒法兩家爭奪青少年的情況,這就是東漢王充《論衡·講瑞篇》所說"少正卯在魯,與孔子並。孔子之門,三盈三虛"的事實。《家語》說少正卯"言僞而辯",又說"談說足以飾褒榮衆",觀儒家的醜詆,可以知道法家少正卯確是既有計謀,又是擅長詞令的人才,然而結果給儒家孔丘害死了。孔丘這個人,名爲儒家,實際上是個陰謀家,給他說得好聽一些,也應該是一個"謀士"。《墨子·非儒下》有這樣一段記載:

> 孔某之齊,見景公。景公說,欲封之以尼谿……晏子曰:"不可……"於是厚其禮,留其封,敬見而不問其道。孔某乃恚,怒於景公與晏子,乃樹鴟夷子皮於田常之門,告南郭惠子以所欲爲,歸於魯。有頃,聞齊將伐魯,告子貢曰:"賜乎,舉大事,於今之時矣!"

孔丘教他的門徒"不學《詩》,無以言",要學習講話的技術,他自己"干七十二君","察言觀色,慮以下人"(並見《論語》),"搖唇鼓舌,以迷天下之主"(見《莊子·盜跖》)。他本人就是一個官迷祿蠹的縱橫家,實際上已經開了游說之端。《法言·學行篇》說:"仲尼駕說者也,不在兹儒乎?如將復駕其所說,則莫若使諸儒金口而木舌。"可見揚雄早就把儒家孔丘看作是縱橫家的。孔丘的門徒,"子張學干祿"(《論語·爲政》),子夏說"學而優則仕"

(《論語·子張》),"子貢一出,存魯,亂齊,破吳,彊晉而霸越"(見《越絕書·陳成恒内傳》《史記·仲尼弟子列傳》),幹的都是靠游説以取得富貴利祿。特别是子貢,在孔丘門徒之中,最是有錢,給人們很大的影響。這種風氣一開之後,一班好逸惡勞的人,紛紛借着學習作爲仕宦的敲門磚,而關鍵則着重於游説。

> 王登爲中牟令,……中牟有士曰中章、胥己者,其身甚修,其學甚博,……王登一日而見二中大夫,予之田宅。中牟之人,棄其田耘、賣宅圃而隨文學者,邑之半。(《韓非子·外儲説左上》)

這件事在趙襄王時,大約是前 474—前 425 間的事。

> 寧越,中牟之鄙人也,苦耕稼之勞,謂其友曰:"何爲而可以免此苦也?"其友曰:"莫如學。學三十歲則可以達矣。"寧越曰:"請以十五歲。人將休,吾將不敢休;人將卧,吾將不敢卧。"十五歲而周威公師之。(《吕氏春秋·不苟論·博志》)

這件事在周威公時,大約是前 440—前 426 間的事。這兩件事發生的時間這樣相近,發生的地點又都在現在河南地區的中牟縣,由此推測,可知當時中國的中原地區的社會風氣,就是有這樣一種捨棄農業勞動,轉向讀書求仕的情況,證明子夏所説"學而優則仕"的風氣,該是很普遍的了。

周代初期,"學"和"仕"是一致的,所以有"學而優則仕"在前,"官學事師"的話(見《禮記·曲禮》)。到了戰國時代,"學"和"仕"已經不是一致的了。(《諸子學略説》:"當戰國時,仕學分途久矣。")由"學"入"仕",一定要通過游説。

早在孔丘再傳弟子法家吳起擔任楚國令尹的時候(約前 384—前 381),在楚國境内已經有"馳説之言縱横者"(見《史記·吳起列傳》)。(吳起能夠做到"破橫散縱,使馳説之士無所開其口",見《史記·范雎蔡澤列傳》,又見《戰國策·秦策三》)可見"縱橫之説",在吳起那個時代,已是盛行。商鞅(前390—前338)變法的年代,秦國曾有"辯智""游宦""文學私名"的人(見《商君書·外内篇》:"奚謂淫道?爲辯知者貴、游宦者任、文學私名顯之謂也")。可見,游説之風,也已經流行到了秦國。在莊周(前365—前290)著書的年代,當時奔走游説之風已很盛行,所以莊周這一派人寫了一篇《讓王》,表示要"重生""棄榮""不屈於世累"(見郭象注),這可以從反面得到證實。和莊周的年代,相差不了多少,宋人宋鈃(前360—前290)"周行天下,上説下教,雖天下不取,强聒而不舍"(見《莊子·天下篇》);齊人淳于髡(前385—前305)竟是在魏王面前既是"説從",又是"説衡",不顧前後矛盾,横説竪説,賣弄自己的辯才。《吕氏春秋·離謂篇》説:

> 齊人淳于髡,以從説魏王。魏王辯之,約車十乘,將使荆,辭而行,又以爲從未足也,復以衡説,其辭若然。魏王乃止其行而疏其身。失從之志(依王念孫校),而又不能成衡之事,是其所以固也。(《淮南子·道應訓》同)

淳于髡,原是齊國的贅婿,生活在齊威王、宣王的時候,是當時稷下學派中的一個卿,又曾一日而見七士於宣王(見《戰國策·齊策》)。身死之後,"弟子三千爲縗絰"(見《太平寰宇記》卷十九引《史記》)。可見是一個相當活躍的人物。值得注意的是,這個時候正是蘇秦、張儀活動的時候,蘇秦"揣情摩意",淳于髡"承意觀色",從横之説,已經成爲風氣。淳于髡雖然不是縱橫家,却也沾染了縱横的風氣。生活在那個時候的孟軻,"後車數十乘,從者數百人",游説於齊宣王、梁惠王之間,雖然不是縱橫家,實際上也是和縱橫家一樣的貨色。當時的縱橫家游説和後來的賢良對策、科舉取士,在方式上,自下干上和自上取下,有顯著的區別,論其實質,同是一路的貨色。"學成文武業,貨與帝王家",自身兜售和高價收買,原來是同一件事的兩個側面。

## 三、"縱橫家"的代表人物

縱橫家的代表人物,當然是蘇秦、張儀。《法言·淵騫篇》:

> 或問:"儀、秦學乎鬼谷術而習乎縱橫言,安中國者各十餘年,是夫?"曰:"詐人也!聖人惡諸!"

蘇秦張儀都被稱爲縱橫家,然而兩個人的具體行動却截然相反。蘇秦"合縱擯秦",張儀"爲秦連橫";蘇秦是"從人",張儀是"橫人"。"橫人"這名詞,蘇秦說趙肅侯時曾經提到,說:

> 夫衡人者,皆欲割諸侯之地以予秦。(見《史記·蘇秦列傳》《戰國策·趙策二》,"衡人"作"橫人")

"從人"這名詞,在張儀嘴裏也曾提到,或者說"爲從者",他說:

> 夫從人,飾辯虛辭……
> 
> 合從者,一天下,約爲昆弟,刑白馬以盟於洹水之上,以相堅也。而親昆弟、同父母,尚有爭錢財。而欲恃詐僞反覆蘇秦之餘謀,其不可成亦明矣。(並見《史記·張儀列傳》《戰國策·魏一》)
> 
> 夫爲從者,無以異於驅群羊而攻猛虎……
> 
> 凡天下所信約從、親堅者蘇秦……(並見《史記·張儀列傳》《戰國策·楚一》)

蘇秦"縱而不橫",張儀"橫而不縱"。然而在《漢書·藝文志》裏都屬於"縱橫家"這一流。劉歆、班固所說的"縱橫家",實際上是一個共名，並不專指他究竟是"縱"或者是"橫"。這樣説的"縱橫家"，實際是"謀略之士"的代名詞，實際上指的是"謀士"。凡是謀士，總是"滑稽多智"的（語見《史記·樗里子傳》），這就避免不了一方面是智士，一方面却給人説是詐人。在這裏值得注意的是：

"横人"……"皆欲割諸侯之地以予秦"。
"縱人"……"飾辯虛辭""詐偽反覆""無以異於驅群羊而攻猛虎"。

"横人"説"縱人"是"詐偽反覆"，而這"詐偽反覆"，"縱人"却没有指斥"横人"。其實以張儀爲代表的"横人"，他本身就是一個"詐偽反覆"的具體表現者。欺騙楚懷王"請獻商於之地六百里"，結果以"六里"當作"六百里"（並見《史記·楚世家》《張儀列傳》），這是一個最最典型的例子。司馬遷批評他們兩個，同樣説"此兩人真傾危之士哉"，又説"張儀之行事甚於蘇秦"，説蘇秦遭受惡名是因爲蘇秦先死，張儀"振暴其短"（並見《史記·張儀列傳》論贊）。由此可見，"詐偽反覆"這個惡名，是張儀加給蘇秦的，蘇秦却没有以此加給張儀，而張儀的"詐偽反覆"實際上是超過了蘇秦，看司馬遷"甚於蘇秦"這一句，完全可以知道。

"詐偽反覆"這評價，既然應該是蘇張所共有，也應該説是"謀士"的共有，换句話説，應該是凡是謀士，凡是縱橫家，没有一個不是"詐偽反覆"的。司馬遷説得好，"方秦之强時，天下尤趨謀詐哉"（見《史記·樗里子甘茂列傳》論贊），司馬遷用"謀詐"兩字並言，而後來的揚雄則説"習乎縱橫言"的蘇秦、張儀都是"詐人"，班固在《漢書·藝文志》裏也提到了"詐諼"，這些都是值得考慮的。説"詐人"是貶義詞，説"詐偽反覆"也是貶義詞，而説"謀詐"，則並没有帶有貶義。"謀詐"兩字，應該和"權變"兩字同一内容。"權謀變詐"四字可以連在一起來説。這"權謀變詐"，意思是足智多謀,機動靈活。司馬遷在《樗里子甘茂列傳》後面的贊語中,把樗里子、甘茂、甘羅這三人的"智""奇計",統統說是"亦戰國之策士"。這裏所說的"策士",是指出謀劃策的人,當然就是"謀士",而這"謀士",須要用"智",會得出"奇計",當然非足智多謀、機動靈活的人不能。司馬遷批評蘇秦兄弟三人,"其術長於權變"(見《史記·蘇秦傳》),又說蒯通"善爲長短說,論戰國之權變"(見《史記·田儋列傳》),可見"權變"兩字不是貶義詞,也可見"謀詐"兩字決不是貶義詞,又可以知道前面我們所說的"凡是謀士,凡是縱橫家,沒有一個不是'詐僞反覆'的"這句話是完全符合實際的。

　　張儀指責蘇秦是"詐僞反覆",而自己的"詐僞反覆"更有甚於蘇秦,這也是不足爲怪的。蘇秦、張儀兩個人的出身可能同是小奴隸主階級,他們爬起來同樣爲當時新興地主階級服務。蘇秦自己說沒有"雒陽負郭田二頃",家裏的"兄嫂妻妾",如"周人之俗,治產業,力工商,逐什二以爲務",自己却"釋本而事口舌"(並見《史記·蘇秦列傳》);張儀雖然是"魏氏餘子","餘子"就是"庶子",當然是小小的、沒落了的奴隸主,人家說他"家貧無行",懷疑他"盜相君之璧"(並見《史記·張儀列傳》),可能他們兩個都是沒落的奴隸主階級出身,都是共同向新興地主階級靠攏來!蘇秦合縱擯秦失敗,受到當時一些人的"惡聲";張儀爲秦連橫最後得到成功,當時不見有人向他指摘。但是六國"合縱擯秦",在戰國後期由於秦國的威脅一天天增長,而六國的合縱成爲一時的共同要求。因此蘇秦在失敗之後,還給六國"游士"繼承他的主張,他的計謀,給更多的人效法,使得"天下由此宗蘇氏之從約""名顯諸侯"(《史記·蘇秦列傳》)。而"蘇秦縱橫"這句話,一直到西漢初年漢武帝劉徹的筆下,還會鄭重其事的提出來,這應該說是歷史條件造成的事實罷。

　　另外蘇秦曾對趙肅侯說"不待兩軍相當,而勝敗存亡之機,固已形於胸中矣"(見《史記·蘇秦列傳》),張儀曾經對魏襄王説"嫁禍安國,此善事也"(見《史記·張儀列傳》)。蘇秦重視在自己的"胸中"掌握好"勝敗存亡之機",張儀重視"嫁禍"於人來安自己能輔之"國"。兩個人的一生行事,看這兩句話,就可以知道他們的大概。同屬"謀士",而情況有這樣的不同。

"蘇秦縱橫",在漢初是頗爲流行的"顯學",然而爲什麽"縱橫家"這個名詞,到劉歆、班固的時候才會出現?劉安的《淮南要略》、司馬談的《論六家要旨》都没有提到"縱橫家"三字,這是什麽緣故?

古代叙述學術派别的,最早《莊子·天下篇》,曾經出現"百家之學"這名詞,也曾説過"百家往而不反",都没有用"家"字來標明哪一派。墨翟、禽滑釐只説是"墨者",不説是"墨家";惠施、公孫龍,只説是"辯者",不説是"名家";孟軻書裏也只説"墨者夷之""神農之言者許行",而夷子亦説"儒者之道"(並見《孟子·滕文公》),並没有説"墨家""農家""儒家"。用"家"字來稱某一學派,出現時間是並不太早的。

《淮南·要略》叙述學術流派發生發展的先後次序:①"太公之謀";②"儒者之學";③"節財薄葬簡服";④"管子之書";⑤"晏子之諫";⑥"縱橫修短";⑦"刑名之書";⑧"商鞅之法"。《要略》把"縱橫修短"排列在"儒""墨""管""晏"之後,"刑名""商鞅"之前,而説"縱橫修短"所以産生的原因,是因爲"六國諸侯……恃連與國……剖信符,結遠援,以守其國家……"的緣故。説明它的産生原因,是和"太公之謀"一脉相通的。

《論六家要旨》只説"陰陽、儒、墨、名、法、道德,此務爲治者也",没有提到"縱橫",更不要説"縱橫家",這是什麽緣故?我們知道司馬談指出"務爲治者"有這六家,司馬遷在他的《自序》裏便追叙他父親的話,説是《論六家要旨》標明開始用"家"字來稱某一學派,是從他們父子兩個在《論六家要旨》這段文字裏開始。

只説"陰陽之術""儒者""墨者",没有説"陰陽家""儒家""墨家",下面對於"名""法""道"則加上"家"字,説"法家""名家""道家",我們注意這一點。我們知道"法家""名家""道家"發生的次序要後一些,正因爲"法家""名家""道家"發生的次序在後,占有了"家"字的稱呼,後來的人,也就把"陰陽之術""儒者""墨者"的稱呼,改稱爲"陰陽家""儒家""墨家"了。這六家裏爲什麽没有"縱橫家"呢?從"務爲治者"這句話來探索,可以知道,擅長"縱橫長短之術"的一派"謀士",司馬談是不把他們作爲"務爲治者"來看待的。在司馬談的眼光里看來,"務爲治者"是需要有一套學問的。他從學術思想發展的先後來叙述這六家,"治曆明時""曆象日月星辰,敬授民時"的"陰陽之術",發展得最早,其次則是"儒家",其次則是"墨家",此後才有"名家""法家",最後才有"道家"。特別指出"道家……因陰陽之大順,采儒墨之善,撮名法之要",説明是最後才產生的。這是非常重要的一段説明。正因爲這司馬談世爲天官,懂得文史星曆,所以説得非常中肯。他在這裏絕口不提"縱橫家",更值得我們重視。爲什麽他不提"縱橫家"呢?他認爲"縱橫家"不是"務爲治者",所以擯斥在外,不得參加"六家"的行列,這是很明顯的。

前面説過"縱橫家"的實質是出謀劃策的"謀士",主要的是能言善辯,會得在緊要關頭作出決策。這是要有臨時應付的一套真本領,也是要在一個很短的時間裏得到使用,而不能像"務爲治者"那樣必須有一套需要通過長時間的實施才能見效的。擅長這一套本領的人,固然要有廣博的知識,更需要的,是要有當機立斷的機智。司馬談没有把它列入"六家",而《淮南·要略》把它列在"儒""墨""管""晏"之後,"刑名""商鞅"之前,把它看作是"太公之謀"的繼承,是有他一定的道理的。淮南王劉安"陰謀叛變""招致賓客方術之士數千人",編寫這部《淮南鴻烈》,特別是在最後的《要略》裏,强調"縱橫修短"和"太公之謀",説明他們自己就要做像這樣足智多謀的人。

蘇秦生於東周雒陽,而"東事師於齊"(見《史記·蘇秦列傳》),專心學習"太公陰符之謀"(見《戰國策·秦一》),最後也死在齊國,他是"太公之謀"的繼承者。他自己說過"別白黑所以異,陰陽而已矣"(對趙肅侯講的話,見《史記·蘇秦列傳》,又見《戰國策·趙二》),他講究"進取",講究"改革",講究"轉禍爲福,因敗成功",對於當時的地理形勢、社會情況又很熟悉。既通兵謀,又明道術,張儀說他"蘇秦熒惑諸侯,以是爲非,以非爲是"(見《史記·張儀列傳》)。他這一套本領,確有他傑出的地方,在長久時間之內,他專有"蘇秦縱橫"的稱號,決非偶然。他合縱擯秦的計劃,在他活着的時候,雖然遭到失敗,但是他的影響却很大很久而且是很深。舊社會裏一代代干祿求進的人,可以說沒有一個不曾受他的影響。無怪有人要說"人間異事,皆附蘇秦;海內奇言,盡歸方朔"(見王國維《清真先生遺事·尚論三》)了。

## 四、"縱橫家"的影響

歷史的車輪,由分裂走向統一,這是自然的規律。人心所向,大勢所趨,不以人們的意志爲轉移。在戰國年代,七雄力政,縱橫家應運而起,這是必然的趨勢。秦漢統一之後,縱橫家失去了條件,也就沒有他們回旋的餘地。所以在中國的歷史上,真正用"縱橫家"這名詞來區別人物的,是有它時間上的局限的。不過,這僅僅是從表面看問題,我們如果從實質來看,從"謀士"和"出謀劃策"這一點來看,那末無論在什麽時候,這個"謀士"和"出謀劃策"的事實,都是沒有一個時候沒有的。

前面,我們曾經提到"謀士""策劃者"最早要推吕尚(姜太公),這句話還需要補充。其實,最早的不是吕尚,而是伊尹。在劉歆的《七略》裏，道家小說家這兩家開首第一個都是伊尹。道家的第一項，是"《伊尹》五十一篇"；小說家的第一項，是"《伊尹說》二十七篇"。伊尹"去亳適夏"（《尚書序》），"五就桀，五就湯"（見《淮南子·泰族訓》），"伊尹以割烹要湯"（見《孟子·萬章》），伊尹"負鼎佩刀以干湯"（見《魯連子》），伊尹"負鼎俎，以滋味說湯"（見《史記·殷本紀》），"伊尹從湯言素王及九主之事"（見《史記·殷本紀》），《呂氏春秋·本味篇》也有記載伊尹說湯的事實。《孫子·用間》："昔殷之興也，伊摯（即伊尹）在夏。周之興也，呂牙（即呂尚）在殷。故明君賢將，能以上智爲間者，必成大功。"那個時代沒有"縱橫家"這名稱，現在看來就用後來的"縱橫家"這名稱説伊尹也是名實相符的。"伯仲之間見伊呂"，從《尚書序》《孫子·用間》來看，伊尹不但是"縱橫家"，而且還是做過間諜的。伊尹、呂尚在《七略》同屬道家，管仲的"《管子》八十六篇"也入道家，實際上伊尹、呂尚、管仲都是"謀士"，同樣可以加以"縱橫家"的名稱。所以，伊尹是我國歷史上最早的謀士，這是沒有問題的。這是戰國以前的事。

戰國時期，蘇秦張儀當然是首屈一指的"縱橫家"，其他記錄在《戰國策》裏的，那些劉向所説的"救危扶傾""出奇策異智，轉危爲安，運亡爲存"的"高才秀士"，都應該在"縱橫家"之列，這也沒有問題。後來被列入儒家的魯仲連，被列入法家的韓非，以及范雎、蔡澤、頓弱這批人，都是當時的"謀士"，都是出謀劃策的人，這也應稱作縱橫家。

秦始皇統一六國，"縱人""橫人"無所用其技。但是，仔細考核例如李斯這人，原是荀卿的門徒，"欲西入秦，辭於荀卿"，自稱"此布衣馳騖之時而游説者之秋也"，"斯將西説秦王"。到了秦國，秦王"聽其計"。後來，秦國下令逐客，李斯也在被逐之列，路上上了一封諫書，秦始皇把他追了回來，"卒用其計謀"（見《史記·李斯列傳》）。現在看來，他這樣的具體表現，和《戰國策》裏所收錄的"縱橫家"沒有什麼不同,所以李斯也應該是一個"縱橫家"。李斯是法家,然而早期則是一個"縱橫家",這也和韓非相似。韓非是法家,然而他的書有《說難》,有《儲說》,《戰國策》裏也有他的名字,由於"急於存韓,不得不兼修縱橫家"(《諸子學略說》)。從"縱橫家"來的法家當權得位之後,都要敵視"縱橫家",這情況不是從漢代公孫弘、張湯開始,就從吳起、商鞅起就已經有此先例了,韓非、李斯更是顯而易見。李斯做了丞相,在零陵地方做着縣令的一個叫信的人,寫了一篇文章責難李斯。這篇文章到東漢初期還流傳着,劉歆《七略》把它列入"縱橫家"(見《漢書·藝文志》)。可見秦雖統一,縱橫家却沒有消滅。零陵令信怎樣責難李斯,今天我們無法知道,然而當時李斯沒有聽說對他怎樣,可見李斯這個法家,還沒有做得徹底。

　　秦亡之後,楚漢紛爭,漢代初興,七國叛變,在這些年代裏,"縱橫家"當然又獲得了活動的條件。蒯通、主父偃、邊通、鄒陽、徐樂、莊安這批人,不必說,都明標着是縱橫家(見《漢書·藝文志》),自稱"高陽賤民""高陽酒徒,非儒人也"的酈食其,初見劉邦,穿的是儒服,讀的却是"六國縱橫"(見《史記·酈食其列傳》)。後來,"說陳留,下敖倉,說齊,罷歷下軍"(見《法言·重黎篇》),實際也是"縱橫家"。"名爲有口辯士"的陸賈,像儒生那樣喜歡"說稱《詩》《書》",劉邦兩次派他出使南越,說尉佗,後來又說陳平,"爲陳平畫呂氏數事,陳平用其計"(見《史記·陸賈列傳》)。他是一個十足的謀士。他的書二十三篇,《七略》列入儒家,實際上也是"縱橫家"。諭意南越的嚴助,漢武帝曾經告誡他"毋以蘇秦縱橫",他的死,也是給法家張湯誅死的,他實在就是"縱橫家"。班固的《漢書》"列傳"把他和朱買臣、吾丘壽王、主父偃、徐樂、嚴安、終軍、王襃、賈捐之等九人同列。傳的開始,說漢武帝"善助對,由是獨擢助爲中大夫。後得朱買臣、吾丘壽王、司馬相如、主父偃、徐樂、嚴安、東方朔、枚皋、膠倉、終軍、嚴葱奇等,並在左右"。朱買臣等這些人中,嚴安就是莊安,膠倉就是聊倉,這兩人和主父偃、徐樂,在《藝文志》裏都有著作,都列入"縱橫家",可見朱買臣等這些人都和"縱橫家"有些關係。"毋以蘇秦縱橫"這句話,漢武帝雖然是對嚴助説的,根據同列一傳這點來説,似乎不可以説和這些人一點兒關係也沒有吧!還有一個淮南王劉安手下"英雋以百數"的"冠首"伍被(見《漢書·伍被列傳》),開始不同意劉安的反謀,後來替劉安策劃造反,"言發兵權變"(見《漢書·淮南王列傳》),結果給法家輕易殺了。伍被是劉安手下第一個謀士,班固把他與蒯通一道敍述,當然是"縱橫家"(見《漢書·伍被列傳》)。平原君(原作"老"字,宋祁説"老,一作君")朱建,有書七篇,《七略》把它和"《吾丘壽王》六篇"同列儒家。這兩種書都已亡佚,沒有流傳下來。我們從"《魯仲連子》十四篇""《陸賈》二十三篇""《莊助》四篇"都列入儒家,而莊助實在就是嚴助,陸賈實際上就是"縱橫家"這點來看,可以知道朱建、吾丘壽王也應該看作是"縱橫家"。朱建"爲人辯有口"(見《史記·酈生陸賈列傳》),曾經由陸賈的關係,替吕后的幸臣辟陽侯審食其游説惠帝劉盈的幸臣閎籍孺,爲審食其出謀劃策,營救審食其。後來漢文帝劉恒追究這件事,迫而自殺(事見《史記·酈生陸賈列傳》),不像是一個儒家。吾丘壽王,漢武帝劉徹説他"子在朕前之時,知略輻湊,以爲天下少雙,海内寡二"(見《漢書·吾丘壽王傳》),這個人雖然事實失傳,看來也是一個"縱橫家"。

政權統一的時代,像在漢武帝劉徹面前的那批人,縱橫口辯沒有什麼可以發展,但是在文章詞賦這方面還是有些可以表現的。從東方朔、枚皋這些人的身上,都可以看出一些"縱橫家"的氣質。到了西漢後期,谷永,班固説他"諒不足而談有餘"(見《漢書·谷永傳》贊);樓護"爲人短小,精辯論議……與谷永俱爲五侯上客,長安號曰'谷子云筆札,樓君卿唇舌'"(見《漢書·游俠傳》)。用"筆札""唇舌"來討好上司,拉攏同列,作爲自己熱衷趨利的階梯,這在政權統一穩定的形勢下,一般士大夫必然會走上這樣的一條路,這是變相的"縱橫家"。谷永、樓護這條路,開了後來漫長的封建社會裏無數文人干祿求進,都是走的這一條路。這樣看來,"縱橫家"的影響實在是太大了。在奴隸社會,在封建社會,一般所謂"謀士",都是爲統治階級服務的,歸根到底,也是完全爲自己個人私利服務的。毛主席教導我們,"一定的文化是一定社會的政治和經濟在觀念形態上的反映"(《新民主主義論》)。我們研究"縱橫家"的來龍去脉,深深地感到過去舊社會的一批知識分子,長時期被私有制的觀念形態所束縛。無論是儒家、法家、縱橫家,總是刻上了時代的烙印,跳不出自私自利的圈子,這是多麼可憐的事啊!

1976.4.8.下午

# 文子其人其書考[1]

## 一、人的問題

《漢書·古今人表》列文子於中中,《藝文志》列《文子》於道家,注"老子弟子,與孔子並時",均不著其名,至今無人能確指其人姓名。或謂"計然",或謂"文種",按之皆非也,今分五節考之:

### (一)文子非田文

《戰國策》兩稱"文子",俱在《魏策》。一則曰:

> 魏文子、田需、周宵相善,欲罪犀首。犀首患之,謂魏王曰:"今所患者,齊也,嬰子言行於齊王,王欲得齊,則胡不召文子而相之?彼必務以齊事王。"王曰:"善。"召文子而相之。犀首以倍田需、周宵。

一則曰:

> 犀首見梁君,曰:"臣盡力竭知,欲以爲王廣土取尊名,

---

[1] 本文原以《文子考》《文字考(續)》《文子考(續九十七期)》的標題分三次發表于《蘇中校刊》第九十五九十六合刊、第九十七期及第九十九期。現將三者合爲一篇,更名爲《文子其人其書考》。

田需從中敗君，王又聽之，是臣終無成功也。需亡，臣將侍；需侍，臣請亡。"王曰："需，寡人股掌之臣也，爲子之不便也，殺之亡之，毋謂天下何？內之，無若群臣何也。今吾爲子外之，今毋敢入子之事。入子之事者，吾爲子殺之亡之，胡如？"犀首許諾。於是東見田嬰，與之約結，召文子而相之魏，身相於韓。

兩文高誘無注，鮑彪均以"文子"爲田文。案其言是也。以名冠子而爲稱，《策》文不乏其例。如"嬰子"之爲田嬰，"盼子"之爲田盼，"噲子"之爲子噲，"章子"之爲匡章。其他未能確知名或姓者，尚有《趙四》之"服子"，《魏一》之"季子"，《宋衛》之"臧子"，《齊六》之"達子""向子"。《策》文所舉之"文子"確係田文無疑。

田文相魏，《史記·孟嘗君傳》謂在齊湣王滅宋之後，云：

湣王滅宋益驕，欲去孟嘗君。孟嘗君恐，迺如魏。魏昭王以爲相。西合於秦、趙，與燕共伐破齊。齊湣王亡死。

《策》文所云，乃田嬰未死時事。蓋犀首約結田嬰，召其子而相之也。田嬰之死，據《史記》本傳，知在齊閔王之世，則此次文之相魏，蓋襄王時也。

既知"文子"之即田文，當繼續討論者，即著書九篇之文子，是否即田文也。

《古今人表》列文子於中中，又於中中列孟嘗君，班固之意，非一人明甚。且《文子》書載文子與老子問答者十五處。老子年代，有前後兩說之不同。主前說者，胡適、唐蘭、黃方剛，謂老子較孔子爲前，其生年約在西曆紀元前五七〇年左右。主後說者梁啓超、張季同，謂老子大約生於墨子生後二十年，卒於孟子生前十年，合西曆前四六〇年至三八〇年。田文生卒，無明文可據，張守節《史記正義》謂其卒年在齊襄王時，核之《史記》本傳，

"齊襄王新立，畏孟嘗君，與之連和"，知齊襄王時，田文確仍存在。田單破燕復齊，迎立襄王，《通鑒》係於赧王三十六年，合西曆前二七九年。假定即以是年爲文之卒年，上推主後說者之三百八十年，亦有百年之久，文豈壽考若是？抑亦烏能早年即與耆宿之老子商討哉？可知"文子"與田文決非一人也。

（二）文子非《墨子》佚文中之文子

武進顧實著《漢書藝文志講疏》引劉向《別錄》，以爲"文子"即《墨子》佚文中之文子。案司馬貞《史記·孟荀列傳》索隱引《別錄》云：

> 今按《墨子》書有文子，文子即子夏之弟子，問於墨子。

今本《墨子》無此文，孫詒讓以爲劉錄之佚文，疑"文子"當爲"禽子"，云：

> "文子"，今書未見，它書載子夏弟子，亦無文子。唯《史記·儒林傳》云："如田子方、段干木、吳起、禽滑釐之屬，皆受業於子夏之倫。"則疑"文子"當爲"禽子"。

又謂：

> 《耕柱篇》："子夏之徒問於子墨子曰，'君子有鬥乎？'子政或兼據彼文也。"

今案《耕柱篇》原文：

> 子夏之徒問於子墨子曰："君子有鬥乎？"子墨子曰："君子無鬥。"子夏之徒曰："狗豨猶有鬥，惡有士而無鬥矣？"子墨子曰："傷矣哉！言則稱於湯文，行則譬於狗豨，傷矣哉！"

"子夏之徒"是否即禽滑釐，此須解決之問題也。考《備城門》《備高臨》《備梯》《備穴》《備蛾傳》五篇，皆墨子因禽滑釐之問而作答者。《備水》《備突》兩篇,孫氏疑前後有脫文。禽滑釐問墨子答之語,或正在脫中。以上列五篇準之,此義當可成立。然則墨家之最務守備者,莫禽滑釐若矣。禽滑釐初見墨子,崇鬥而疑非攻,漸染既久,由崇鬥之念,進而務守備,所謂"知鬥則修備",於情於理,均無不合。可知"文子"當爲"禽子"之訛。"子夏之徒",實指禽滑釐而言。孫氏之言,實可信據。"文子"與《墨子》佚文中之文子,又風馬牛不相及也。

### (三) 文子非文種

近人江瑔,以"文子"爲文種,《讀子卮言》第十三章舉五事爲證:

> 1. 道家之學,萃於荆楚……老子爲楚人,文子亦生於楚,故得執業於老氏之門。

> 2. 楚平王不道,國事日非,誅逐忠良,賢士裏足,老子之道既不行,乃西入秦,關尹喜隨之俱行。伍員太宰嚭亦遁而至吳。文種、范蠡則奔入越。平王之禍,似皆知之,……於是文種與范蠡遂同爲越臣,共成越霸之功。

> 3. 太宰嚭曾問孔子於子貢,《越絕書》亦載"子貢一出,存魯,亂齊,破吳,彊晉,霸越",文種即是時人。

> 4.《呂覽》高誘注謂:"蠡爲楚三户人。"張守節作《史記正義》亦引之曰:大夫種姓文,字子禽。荆平王時,爲宛令,之三户之里,范蠡從犬竇蹲而吠之,從吏恐,文種慚,令人引衣而障之云云。是文種曾爲楚之宛令,其時又適爲平王,與原書合。其與平王問答,當即其時。文種爲老子高足,姓字必顯於時,范蠡知其負奇才而屈於宛令,故設計以要之,種亦自以言不見聽於王,不忍坐觀其敗,乃決然舍去。……此杜道堅所以謂文子爲楚人,而云平王不用其言,遂有鞭尸之禍也。

5. 范蠡以勾踐之爲人，可以共患難，不可以共安樂，乃飄然遠引。……又自齊遺大夫種書曰：蜚鳥盡，良弓藏；狡兔死，走狗烹。此數語今《文子》原書亦載之，大抵《文子》此書，成於范蠡遺書之後，屬鏤未賜之前。故於往日之事，每回溯及之，既述及平王問答語，復睠睠於古人之良箴，不覺筆之於編。此尤爲"文子"即文種之證。否則奚爲脗合若是？

江氏之言，視若有據，核之事實，無一足信。謂"文種生於楚，故得執業於老氏之門"，無論司馬遷謂老子"以自隱無名爲務"，未嘗招收學徒，即收學徒，楚人多矣，安見文種必執業老氏之門？江氏依班《志》注文，揣測附會，其不可信一也。《史記》稱老子"居周，久之，見周之衰，迺遂去，至關，關令尹喜曰：'子將隱矣，彊爲我著書。'"無論是言可信之程度如何，其未言老子去楚，明甚。江氏誣謂"國事日非，誅逐忠良，賢士裹足，道既不行，乃西入秦"，一若楚不見用，乃憤而出關者，是亦異於《史記》所云矣！其不可信二也。杜道堅"（楚）平王不用其（文子）言，遂有鞭尸之禍"，今本《文子纘義》無此語，不知江氏何所據而云然？且杜道堅南宋人，去周秦千餘年，其言烏足據者？其不可信三也。"狡兔得而獵犬烹，高鳥盡而良弓藏，功成名遂身退，天道然也"，語見《文子·上德》，與《史記·越世家》詳略不同，其爲抄襲《史記》、緣飾《老子》之語，灼然可見。誰謂蒙讒之文種，而能爲此恬退之辭者？否則"見幾而作，不俟終日"，何待屬鏤之賜耶？其不可信四也。綜上四端，"文子"之非文種，又不待言。

### （四）文子非計然

以"文子"爲計然，——亦作計倪，又作計鈃、計硯，音相近，字之異也。——始於元魏時之李暹。暹之言曰：

文子姓辛，葵邱濮上人，號曰計然，范蠡師事之。

其言殆據《范子》。晉徐廣作《史記音義》，宋裴駰作《史記集解》，引《范子》之言曰：

> 計然者，葵丘濮上人，姓辛氏，字文子，其先，晉國亡公子也。嘗南游於越，范蠡師事之。

《通志·氏族略》宰氏注引《范蠡傳》：

> 范蠡師計然，姓宰氏，字文子。

馬國翰據之，疑辛爲宰字之誤，又高似孫《子略》引辛作章。孫星衍作《文子序》，信而據之，江瑔《讀子卮言》則反對是說。案，范蠡用計然之策以霸越，雪會稽之恥，《國語》載之，《史記·越世家》《貨殖傳》亦載之，其事當可信，然此僅可知范蠡之師爲計然，計然之字爲文子，未云《文子》即計然所作也。《漢書·藝文志》"兵權謀"載《范蠡》二篇，無"范子"之稱，《隋書·經籍志》亦無是書，至《唐書·藝文志》始列《范子計然》十五卷，注："范蠡問，計然答。"而馬總《意林》則云《范子》十二卷，鄭樵《通志·氏族略》又云越有范蠡，著書曰《計然》。今案《范子計然》《四庫》未見著錄，殆已失傳。就玉函輯佚，除其不可信者觀之，"熟悉物情，而善觀時變"，命意與世傳《文子》迥異。且其書晚出，安知非出後人之手。魏晉作僞之風盛，《范子》之言難於徵信，此其一也。《范子》之言即可恃，然謂計然即文子，未謂作《文子》之文子也。李暹貿然牽合爲一，謬不待言，此其二也。古來無有以字爲書名者，即尋常稱謂，亦大都冠其姓於子字之上，如《孟子》《莊子》。即有以名冠子如前所舉之嬰子、文子，究係少數，不可據爲典要。從未聞以字之類於某子，徑以爲稱，且以爲書名者。李暹以計然之字文子謂即作《文子》之文子，以爲例與《孟子》《莊子》同，謬不待言，此其三也。班氏號爲博聞，其志《藝文》，既列《范蠡》二篇，又列《文子》九篇，其作《人表》，既列文子，又列計然,如"文子"確係計然,班氏何以不明白言之?由此可知"文子"之與計然,全無關係也!

(五)"文子"與文義、文摯

"文子"非田文,非文種,非計然,亦非《墨子》佚文中之文子,然則"文子"果何人耶?

考戰國前姓文者,除文種外,僅文義、文摯,他無聞焉。文義事見《墨子・所染》:

> 吳闔閭染於伍員、文義,越句踐染於范蠡、大夫種。

《呂氏春秋・尊師》襲之,則作文之儀:

> 吳王闔閭師伍子胥、文之儀,越王句踐師范蠡、大夫種。

高誘注:"文,氏;之儀,名。"孫詒讓謂有之字者,如庾公差,《孟子》云"之斯";專諸,《史記》云"設諸",音之緩急也。

文摯事見《呂氏春秋・至忠》:

> 齊王疾痏,使人之宋迎文摯。文摯至,視王之疾,謂太子曰:"王之疾必可已也,雖然王之疾已,則必殺摯也。"太子曰:"何故?"文摯對曰:"非怒王,則疾不可治;怒王,則摯必死。"太子頓首強請曰:"苟已王之疾,臣與臣之母以死爭之於王,王必幸臣與臣之母。願先生之勿患也。"文摯曰:"諾。請以死爲王。"與太子期而將往,不當者三,齊王固已怒矣。文摯至,不解屨登床,履王衣,問王之疾,王怒而不與言。文摯因出辭以重怒王,王叱而起,疾乃遂已。王大怒不說,將生烹文摯。太子與王后急爭之而不能得,果以鼎生烹文摯。爨之三日三夜,顏色不變,文摯曰:"誠欲殺我,則胡不覆之以絶陰陽之氣。"王使覆之,文摯乃死。

此事後益怪誕,未能置信。竊謂作《文子》之文子設爲文義尚可立足,惜書缺有間,無從積極證明也。

張季同據《韓非子·内儲》,謂文子爲齊稱王以後人——見《關於老子年代的一假定》——《韓非子》原文:

> 齊王問於文子曰:"治國何如?"對曰:"夫賞罰之道,利器也,君固握之,不可以示人。若如臣者,猶獸鹿也,唯薦草而就。"

所云齊王,不知確指何人。威王乎?宣王乎?湣王乎?未可知也。"文子"云云,安見不如《策》文所云,指田文而言?且《内儲說》《外儲說》等篇,據盧文弨所考,知爲戰國末雜家說,同時諸書,無稱道者,可信之程度,至爲低微,烏能信以爲實,而含糊輕斷哉?

## 二、書的問題

王充《論衡·自然篇》曰:

> 以孔子爲君,顏淵爲臣,尚不能譴告,況以老子爲君,文子爲臣乎? 老子、文子,似天地者也。

王充生於黄老盛行後之東漢,推尊文子,至於此極。《文子》之書,宜若淵懿奧衍,耐人探索矣。然今觀之,文氣卑弱,陳義膚淺,雅不類周秦以上手筆。梁啓超《漢志諸子略各書存佚真偽表》列《文子》於"全佚"一項,而"後人僞托或補竄"一項中著《文子》,自注:"原書依托,今本唐人撰。"以余觀之,梁氏之言殆不虛,然謂爲唐人所撰,則非也。

自來疑《文子》者,首推柳宗元,其《辨文子》斥之爲"駁書",疑"人之增益,或衆爲聚斂以成之"。陳振孫、黄震、高似孫、宋濂、胡應麟、姚際恒均無異詞。陳振孫謂："自班固時已疑其依托,況未必當時本書乎?"黃震以爲注者徐靈府所撰。宋濂謂："殆文姓之人,祖老聃而托之者。"胡應麟謂："或李暹輩潤益於散亂之後。"至姚際恒,則直以爲即李暹爲之。

今案其書,襲《易》者九處:

| | |
|---|---|
| 1. 天設日月,列星辰,張四時,調陰陽。日以暴之,夜以息之,風以乾之,雨露以濡之。其生物也,莫見其所養而萬物長;其殺物也,莫見其所喪而萬物亡。此謂神明。是故聖人象之。(《文子·精誠》) | 雷以動之,風以散之,雨以潤之,日以暄之,艮以止之,兌以説之,乾以君之,坤以藏之。(《易·説卦》)<br>是故天生神物,聖人則之。天地變化,聖人效之。天垂象,見吉凶,聖人象之。(《易·繫辭》) |
| 2. 寂然無聲,一言而大動天下,是以無心動化者也。(《文子·道德》) | 《易》,無思也,無爲也。寂然不動,感而遂通天下之故。(《易·繫辭傳》) |
| 3. 故大人與天地合德,與日月合明,與鬼神合靈,與四時合信。(《文子·精誠》) | 夫大人者,與天地合其德,與日月合其明,與四時合其序,與鬼神合其吉凶。(《易·文言》) |
| 4. 虙犧氏之王天下也。(《文子·精誠》) | 古者包犧氏之王天下也。(《易·繫辭傳》) |
| 5. 天之道,抑高而舉下,損有餘補不足,江海處地之不足,故天下歸之奉之。聖人卑謙,清靜辭讓者見下也,虛心無有者見不足也。(《文子·九守》)<br>天之道,衰多益寡;地之道,損高益下。(《文子·上德》)<br>鬼神之道,驕溢與下;人之道,多者不與;聖人之道,卑而莫能上也。(《文子·上德》) | 謙亨,天道下濟而光明,地道卑而上行。天道虧盈而益謙,地道變盈而流謙。鬼神害盈而福謙,人道惡盈而好謙。(《易·彖》)<br>地中有山,謙;君子以裒多益寡,稱物平施。(《易·象》)<br>損,損下益上,其道上行。(《易·象》)<br>益,損上益下,民説無疆。(《易·象》) |

(續表)

| | |
|---|---|
| 6. 高莫高於天也,下莫下於澤也。天高澤下,聖人法之;尊卑有叙,天下定矣。(《文子·上德》) | 上天下澤,履。君子以辨上下,定民志。(《易·象》)<br>天尊地卑,乾坤定矣。卑高以陳,貴賤位矣。(《易·繫辭》) |
| 7. 雷之動也,萬物啓。雨之潤也,萬物解。大人施行,有似於此。(《文子·上德》) | 天地解而雷雨作,雷雨作而百果草木皆甲坼。(《易·彖》) |
| 8. 火上炎,水下流,聖人之道,以類相求。(《文子·上德》) | 子曰:同聲相應,同氣相求。水流濕,火就燥。雲從龍,風從虎。聖人作而萬物覩。本乎天者親上,本乎地者親下,則各從其類也。(《易·文言》) |
| 9. 三王,殊事而同心,異路而同歸。(《文子·精誠》)<br>聖人之從事也,所由異路而同歸。(《文子·精誠》) | 《易》曰:憧憧往來,朋從爾思。子曰:天下何思何慮? 天下同歸而殊塗,一致而百慮,天下何思何慮?(《易·繫辭》) |

襲《孟》者八處:

| | |
|---|---|
| 1. 夫所謂大丈夫者,……(《文子·精誠》) | 此之謂大丈夫。(《孟子》"景春曰"章) |
| 2. 夫憂民之憂者,民亦憂其憂;樂民之樂者,民亦樂其樂。故憂以天下,樂以天下,然而不王者,未之有也。(《文子·精誠》) | 樂民之樂者,民亦樂其樂;憂民之憂者,民亦憂其憂。樂以天下,憂以天下,然而不王者,未之有也。(《孟子》"齊宣王見孟子於雪宫"章) |
| 3. 求之有道,得之在命。(《文子·符言》) | 孟子曰:"求則得之,舍則失之,是求有益於得也,求在我者也。求之有道,得之有命,是求無益於得也,求在外者也。"(《孟子》) |

(續表)

| | |
|---|---|
| 4. 蚯蚓無筋骨之強，爪牙之利，上食晞塊，下飲黃泉，用心一也。（《文子·上德》） | 夫蚓，上食槁壤，下飲黃泉。（《孟子》"匡章曰"章）（案此又同《荀子》） |
| 5. 混混之水濁，可以濯吾足乎？泠泠之水清，可以濯吾纓乎？（《文子·上德》） | 有孺子歌曰："滄浪之水清兮，可以濯我纓；滄浪之水濁兮，可以濯我足。"（《孟子》"不仁者"章） |
| 6. 求諸人，不如求諸己。聲自召也，類自求也，名自命也，人自官也，無非己者。（《文子·上德》） | 今國家閒暇，及是時般樂怠敖，是自求禍也。禍福無不自己求之者。（《孟子》"仁則榮"章） |
| 7. 使君子小人各得其宜，即通功易事而道達矣。（《文子·微明》） | 子不通功易事。（《孟子》"彭更"章）勞心者治人，勞力者治於人，天下之通義也。（《孟子》"神農之言"章） |
| 8. 賢者在位，能者在職。（《文子·上德》） | 賢者在位，能者在職。國家閒暇，及是時明其政刑。雖大國，必畏之矣。（《孟子》"仁則榮"章） |

襲《莊》者十三處：

| | |
|---|---|
| 1. 孔子問道。老子曰："正汝形，一汝視，天和將至；攝汝知，正汝度，神將來舍，德將爲汝容，道將爲汝居。瞳兮若新生之犢，而無求其故，形若枯木，心若死灰，真其實知而不以曲故自持，恢恢無心可謀。明白四達，能無知乎？"（《文子·道原》） | 齧缺問道乎被衣，被衣曰："若正汝形，一汝視，天和將至；攝汝知，一汝度，神將來舍。德將爲汝美，道將爲汝居。汝瞳焉如新生之犢而無求其故。"言未卒，齧缺睡寐。被衣大說，行歌而去之，曰："形若槁骸，心若死灰，真其實知，不以故自持。媒媒晦晦，無心而不可與謀。彼何人哉！"（《莊子·知北游》） |

(續表)

| | |
|---|---|
| 2. 老子曰："機械之心藏於中,即純白之不粹。神德不全於身者,不知何遠之能懷。"(《文子·道原》) | 爲圃者忿然作色而笑曰："吾聞之吾師,有機械者必有機事,有機事者必有機心。機心存於胸中,則純白不備;純白不備,則神生不定;神生不定者,道之所不載也。"(《莊子·天地》) |
| 3. 故兵莫憯乎志,鏌鋣爲下;寇莫大於陰陽,而枹鼓爲細。(《文子·道原》) | 兵莫憯於志,鏌邪爲下;寇莫大於陰陽,無所逃於天地之間。(《莊子·庚桑楚》) |
| 4. 若乃未始出其宗者,何爲而不成?死生同域,不可脅陵,又況官天地,府萬物,返造化,含至和,而己,未嘗死者也。(《文子·精誠》) | 而況官天地,府萬物,直寓六骸,象耳目,一知之所知,而心未嘗死者乎!(《莊子·德充符》) |
| 5. 聽於無聲,視於無形,不拘於世,不繫於俗。故聖人所以動天下者,真人不過;賢人所以矯世俗者,聖人不觀。(《文子·精誠》) | 視乎冥冥,聽乎無聲。冥冥之中,獨見曉焉;無聲之中,獨聞和焉。(《莊子·天地》) |
| 6. 夫哀樂者,德之邪;好憎者,心之累;喜怒者,道之過。故其生也天行,其死也物化,靜即與陰合德,動即與陽同波。(《文子·九守》) | 故曰："聖人之生也天行,其死也物化。靜而與陰同德,動而與陽同波。"(《莊子·刻意》) |
| 7. 既闇且聾,人道不通,故有闇聾之病者,莫知事通,豈獨形骸有闇聾哉!心亦有之,塞也。(《文子·符言》) | 連叔曰："然瞽者無以與乎文章之觀,聾者無以與乎鐘鼓之聲。豈惟形骸有聾盲哉?夫知亦有之。"(《莊子·逍遥游》) |

(續表)

| | |
|---|---|
| 8. 知之淺不知之深，知之外不知之內，知之粗不知之精，知之乃不知，不知乃知之，孰知知之爲不知，不知之爲知乎？（《文子·微明》） | 齧缺問乎王倪曰："子知物之所同是乎？"曰："吾惡乎知之！""子知子之所不知邪？"曰："吾惡乎知之！""然則物無知邪？"曰："吾惡乎知之！雖然，嘗試言之。庸詎知吾所謂知之非不知邪？庸詎知吾所謂不知之非知邪？"（《莊子·齊物論》） |
| 9. 天下之物，無貴無賤，因其所貴而貴之；物無不貴，因其所賤而賤之，物無不賤。（《文子·自然》） | 北海若曰："以道觀之，物無貴賤；以物觀之，自貴而相賤；以俗觀之，貴賤不在己。以差觀之，因其所大而大之，則萬物莫不大；因其所小而小之，則萬物莫不小。"（《莊子·秋水》） |
| 10. 老子曰："身處江海之上，心在魏闕之下，即重生，重生即輕利矣。"（《文子·下德》） | 中山公子牟謂瞻子曰："身在江海之上，心居乎魏闕之下，奈何？"瞻子曰："重生。重生則利輕。"（《莊子·讓王》） |
| 11. 故知生之情者，不務生之所無以爲；知命之情者，不憂命之所無奈何。（《文子·下德》） | 達生之情者，不務生之所無以爲；達命之情者，不務知之所無奈何。（《莊子·達生》） |
| 12. 不言之辯，不道之道，若或通焉，謂之天府。取焉而不損，酌焉而不竭，莫知其所由出，謂之搖光。（《文子·下德》） | 孰知不言之辯，不道之道？若能有知，此之謂天府。注焉而不滿，酌焉而不竭，而不知其所由來，此之謂葆光。（《莊子·齊物論》） |
| 13. 道之所以至妙者，父不能以教子，子亦不能受之於父。（《文子·上仁》） | 臣不能以喻臣之子，臣之子亦不能受之於臣。（《莊子·天道》） |

襲《荀》者四處：

| | |
|---|---|
| 1. 因高爲山，即安而不危；因下爲淵，即深而魚鱉歸焉。<br>2. 跬步不休，跛鱉千里。<br>3. 積薄成厚，積卑成高。君子日汲汲以成煇，小人日怏怏以至辱。<br>4. 山致其高，而雲雨起焉。水致其深，而蛟龍生焉。君子致其道，而德澤流。（《文子·上德》） | 積土成山，風雨興焉；積水成淵，蛟龍生焉；積善成德，而神明自得，聖心備焉。故不積頤步，無以至千里；不積小流，無以成江海。騏驥一躍，不能十步；駑馬十駕，功在不舍。鍥而舍之，朽木不折；鍥而不舍，金石可鏤。螾無爪牙之利，筋骨之強，上食埃土，下飲黃泉，用心一也。蟹六跪而二螯，非蛇蟺之穴無可寄托者，用心躁也。（《荀子·勸學》） |

襲《中庸》者三處：

| | |
|---|---|
| 1. 正上下，明親疏，存危國，繼絕世，立無後者，義也。（《文子·精誠》） | 繼絕世，舉廢國，治亂持危，朝聘以時，厚往而薄來，所以懷諸侯也。（《中庸》） |
| 2. 聖人不慙於景，君子慎其獨也。（《文子·精誠》） | 莫見乎隱，莫顯乎微，故君子慎其獨也。（《中庸》） |
| 3. 夫所謂大丈夫者，内強而外明。内強如天地，外明如日月；天地無不覆載，日月無不照明。（《文子·精誠》） | 仲尼祖述堯舜，憲章文武；上律天時，下襲水土。辟如天地之無不覆幬，辟如四時之錯行，如日月之代明。（《中庸》） |

襲《大學》者二處：

| | |
|---|---|
| 1. 自天子以下至於庶人。（《文子·道德》） | 自天子以至於庶人，壹是皆以修身爲本。（《大學》） |
| 2. 說之者眾而用之者寡，慕之者多而行之者少。（《文子·道原》） | 生財有大道：生之者眾，食之者寡；爲之者疾，用之者舒，則財恒足矣。（《大學》） |

襲《孝經》者兩處：

| 1. 絕國殊俗，莫不重譯而至，非家至而人見之也，推其誠心，施之天下而已。（《文子·精誠》） | 子曰："君子之教以孝也，非家至而日見之也。"（《孝經》） |
|---|---|
| 2. 處大，滿而不溢；居高，貴而無驕。處大不溢，盈而不虧；居上不驕，高而不危。盈而不虧，所以長守富也；高而不危，所以長守貴也。富貴不離其身，祿及子孫，古之王道具於此矣。（《文子·道德》） | 在上不驕，高而不危；制節謹度，滿而不溢。高而不危，所以長守貴也；滿而不溢，所以長守富也。富貴不離其身，然後能保其社稷，而和其民人，蓋諸侯之孝也。（《孝經》） |

襲《樂記》者一處：

| 人生而靜，天之性也；感物而動，性之欲也；物至而應，智之動也；智與物接，而好憎生焉；好憎成形，而智出於外，不能反己，而天理滅矣。（《文子·道德》） | 人生而靜，天之性也；感於物而動，性之欲也。物至知知，然後好惡形焉。好惡無節於內，知誘於外，不能反躬，天理滅矣。（《樂記》） |

襲《淮南》者四處：

| 1.《老子》曰："有物混成，先天地生，惟象無形，窈窈冥冥，寂寥淡漠，不聞其聲。吾強為之名，字之曰道。"夫道者，高不可極，深不可測，苞裹天地，稟受無形，原流泏泏，沖而不盈，濁以靜之，徐清。施之無窮，無所朝夕，卷之不盈一握，約而能張，幽而能明，柔而能剛，含陰吐陽，而章三光。山以之高，淵以之深，獸以之走，鳥以之飛，麟以之游，鳳以之翔，星歷以之行。以亡取存，以卑取尊，以退取先。 | 夫道者，覆天載地，廓四方，柝八極，高不可際，深不可測，包裹天地，稟授無形，原流泉浡，沖而徐盈；混混滑滑，濁而徐清。故植之而塞於天地，橫之而彌於四海；施之無窮，而無所朝夕。舒之幎於六合，卷之不盈於一握。約而能張，幽而能明，弱而能強，柔而能剛。橫四維而含陰陽，紘宇宙而章三光。甚淖而滒，甚纖而微。山以之高，淵以之深，獸以之走，鳥以之飛，日月之明，星曆以之行，麟以之游，鳳以之翔。 |

(續表)

| | |
|---|---|
| 古者三皇，得道之統，立於中央，神與化游，以撫四方。是故能天運地墭，輪轉而無廢，水流而不止，與物終始。風興雲蒸，雷聲雨降，竝應無窮，已雕已琢，還復於樸。無爲爲之而合乎生死，無爲言之而通乎德。恬愉無矜，而得乎和。有萬不同，而便乎生。和陰陽，節四時，調五行，潤乎草木，浸乎金石，禽獸碩大，毫毛潤澤，鳥卵不敗，獸胎不殰，父無喪子之憂，兄無哭弟之哀，童子不孤，婦人不孀，虹蜺不見，盜賊不行，含德之所致也。 | 泰古二皇，得道之柄，立於中央。神與化游，以撫四方。是故能天運地滯，轉輪而無廢，水流而不止，與萬物終始。風興雲蒸，事無不應；雷聲雨降，竝應無窮。鬼出電入，龍興鸞集，鈞旋轂轉，周而復幣。已雕已琢，還反於樸，無爲爲之而合於道，無爲言之而通乎德，恬愉無矜而得於和，有萬不同而便於性。神托於秋豪之末，而大宇宙之總，其德優天地而和陰陽，節四時而調五行。呴諭覆育，萬物群生，潤於草木，浸於金石。禽獸碩大，豪毛潤澤，羽翼奮也，角骼生也。獸胎不贕，鳥卵不毈，父無喪子之憂，兄無哭弟之哀，童子不孤，婦人不孀，虹蜺不出，賊星不行，含德之所致也。夫太上之道，生萬物而不有，成化像而弗宰，跂行喙息，蠉飛蠕動。待而後生，莫之知德；待之後死，莫之能怨。得以利者不能譽，用而敗者不能非，收聚畜積而不加富，布施稟授而不益貧，旋縣而不可究，纖微而不可勤。累之而不高，墮之而不下，益之而不衆，損之而不寡，斫之而不薄，殺之而不殘，鑿之而不深，填之而不淺。忽兮怳兮，不可爲象兮。怳兮忽兮，用不屈兮。幽兮冥兮，應無形兮；遂兮洞兮，不虛動兮。與剛柔卷舒兮，與陰陽俯仰兮。 |
| 天常之道，生物而不有，成化而不宰。萬物恃之而生，莫之知德；恃之而死，莫之能怨。收藏畜積而不加富，布施稟受而不益貧。忽兮怳兮，不可爲象兮；怳兮忽兮，用不詘兮；窈兮冥兮，應化無形兮；遂兮通兮，不虛動兮。與剛柔卷舒兮，與陰陽俛仰兮。 | |

(續表)

| | |
|---|---|
| 老子曰:"大丈夫恬然無思,惔然無慮,以天爲蓋,以地爲車,以四時爲馬,以陰陽爲御,行乎無路,游乎無怠,出乎無門。" | 昔者馮夷、大丙之御也,乘雲車,入雲蜺,游微霧,騖怳忽,歷遠彌高以極往。經霜雪而無迹,照日光而無景。扶搖抮抱羊角而上,經紀山川,蹈騰昆侖,排閶闔,淪天門。末世之御,雖有輕車良馬,勁策利鍛,不能與之爭先。是故大丈夫恬然無思,澹然無慮,以天爲蓋,以地爲輿,四時爲馬,陰陽爲御,乘雲陵霄,與造化者俱。縱志舒節,以馳大區。可以步而步,可以驟而驟。令雨師灑道,使風伯掃塵,電以爲鞭策,雷以爲車輪。上游於霄霓之野,下出於無垠之門,劉覽偏照,復守以全。經營四隅,還反於樞。故 |
| 以天爲蓋,則無所不覆也;以地爲車,則無所不載也;四時爲馬,則無不使也;陰陽御之,則無不備也。是故疾而不搖,遠而不勞,四支不動,聰明不損,而照見天下者,執道之要,觀無窮之地也。 | 以天爲蓋,則無不覆也;以地爲輿,則無不載也;四時爲馬,則無不使也;陰陽爲御,則無不備也。是故疾而不搖,遠而不勞,四支不動,聰明不損,而知八紘九野之形埒者,何也?執道要之柄,而游於無窮之地。是故天下之事,不可爲也,因其自然而推之;萬物之變,不可究也,秉其要歸之趣。夫鏡水之與形接也,不設智故,而方圓曲直弗能逃也。是故響不肆應,而景不一設,叫呼仿佛,默然自得。(《淮南子‧原道訓》) |
| 故天下之事不可爲也,因其自然而推之;萬物之變不可救也,秉其要而歸之。是以聖人内修其本,而不外飾其末,厲其精神,偃其知見,故漠然無爲而無不爲也,無治而無不治也。所謂無爲者,不先物爲也;無治者,不易自然也;無不治者,因物之相然也。(《文子‧道原》) | |

（續表）

| | |
|---|---|
| 2. 老子曰："夫得道者，志弱而事強，心虛而應當。志弱者，柔毳安靜，藏於不取，行於不能，澹然無爲，動不失時，故貴必以賤爲本，高必以下爲基。托小以包大，在中以制外，行柔而剛，力無不勝，敵無不陵，應化揆時，莫能害之。欲剛者，必以柔守之；欲強者，必以弱保之。積柔即剛，積弱即強，觀其所積，以知存亡。強勝不若己者，至於若己者而格，柔勝出於己者，其力不可量，故兵強即滅，木強即折，革強即裂，齒堅於舌而先斃，故柔弱者，生之幹；堅強者，死之徒。先唱者，窮之路；後動者，達之原。（《文子·道原》） | 故得道者，志弱而事強，心虛而應當。所謂志弱而事強者，柔毳安靜，藏於不敢，行於不能，恬然無慮，動不失時，與萬物回周旋轉，不爲先唱，感而應之。是故貴者必以賤爲號，而高者必以下爲基。托小以包大，在中以制外，行柔而剛，用弱而強，轉化推移，得一之道，而以少正多。所謂其事強者，遭變應卒，排患扞難，力無不勝，敵無不凌，應化揆時，莫能害之。是故欲剛者，必以柔守之；欲強者，必以弱保之。積於柔則剛，積於弱則強。觀其所積，以知禍福之鄉。強勝不若己者，至於若己者而同；柔勝出於己者，其力不可量。故兵強則滅，木強則折，革固則裂，齒堅於舌而先敝。是故柔弱者，生之幹也；而堅強者，死之徒也。先唱者，窮之路也；後動者，達之原也。（《淮南子·原道訓》） |
| 3. "布德不溉，用之不勤，視之不見，聽之不聞，無形而有形生焉，無聲而五音鳴焉，無味而五味形焉，無色而五色成焉，故有生於無，實生於虛。音之數不過五，五音之變，不可勝聽也；味之數不過五，五味之變，不可勝嘗也；色之數不過五，五色之變，不可勝觀也。音者，宫立而五音形矣；味者，甘立而五味定矣；色者，白立而五 | 是故視之不見其形，聽之不聞其聲，循之不得其身，無形而有形生焉，無聲而五音鳴焉，無味而五味形焉，無色而五色成焉。是故有生於無，實出於虛，天下爲之圈，則名實同居。音之數不過五，而五音之變，不可勝聽也；味之和不過五，而五味之化，不可勝嘗也；色之數不過五，而五色之變，不可勝觀也。故音者，宫立而五音形 |

（續表）

| | |
|---|---|
| 色成矣；道者，一立而萬物生矣。故一之理，施於四海；一之嘏，察於天地。其全也，敦兮其若樸；其散也，渾兮其若濁。濁而徐清，冲而徐盈，澹然若大海，汎兮若浮雲。若無而有，若亡而存。"<br>老子曰："萬物之總，皆閱一孔；百事之根，皆出一門。故聖人一度循軌，不變其故，不易其常，放準循繩，曲因其直，直因其常。夫喜怒者，道之邪也；憂悲者，德之失也；好憎者，心之過也；嗜欲者，生之累也。人大怒破陰，大喜墜陽，薄氣發瘖，驚怖爲狂，憂悲焦心，疾乃成積。人能除此五者，即合於神明。神明者，得其内也。得其内者，五藏寧，思慮平，耳目聰明，筋骨勁强，疏達而不悖，堅强而不匱，無所太過，無所不逮。"（《文子·道原》） | 矣；味者，甘立而五味亭矣；色者，白立而五色成矣；道者，一立而萬物生矣。是故一之理，施四海；一之解，際天地。其全也，純兮其若樸；其散也，混兮若濁。濁而徐清，冲而徐盈。澹兮其若深淵，汎兮其若浮雲；若無而有，若亡而存。萬物之總，皆閱一孔；百事之根，皆出一門。其動無形，變化若神；其行無迹，常後而先。是故至人之治也，掩其聰明，滅其文章，依道廢智，與民同出於公。約其所守，寡其所求，去其誘慕，除其嗜欲，損其思慮。約其所守則察，寡其所求則得。夫任耳目以聽視者，勞形而不明；以知慮爲治者，苦心而無功。是故聖人一度循軌，不變其宜，不易其常，故準循繩，曲因其當。夫喜怒者，道之邪也；憂悲者，德之失也；好憎者，心之過也；嗜欲者，性之累也。人大怒破陰，大喜墜陽，薄氣發瘖，驚怖爲狂。憂悲多恚，病乃成積；好憎繁多，禍乃相隨。故心不憂樂，德之至也；通而不變，靜之至也；嗜欲不載，虛之至也；無所好憎，平之至也；不與物散，粹之至也。能此五者，則通於神明；通於神明者，得其内者也。是故以中制外，百事不廢；中能得之，則外能收之。中之得則五藏寧，思慮平，筋力勁强，耳目聰明；疏達而不悖，堅强而不鞼，無所大過而無所不逮。（《淮南子·原道訓》） |

（續表）

| | |
|---|---|
| 4. 夫生生者不生，化化者不化。 | 夫化生者不死，而化物者不化。神經於驪山、太行而不能難，入于四海九江而不能濡。處小隘而不塞，橫扃天地之間而不究。不通此者，雖目數千羊之群，耳分八風之調，足蹀陽阿之舞，而手會綠水之趨。智終天地，明照日月，辯解連環，澤潤玉石，猶無益於治天下也。 |
| 不達此道者，雖知統天地，明照日月，辯解連環，辭潤金石，猶無益於治天下也，故聖人不失其所守。 | |
| 老子曰："靜漠恬憺，所以養生也。和愉虛無，所以據德也。外不亂内，即性得其宜。靜不動和，即德安其位。養生以經世，抱德以終年，可謂能體道矣。若然者，血脈無鬱滯，五藏無積氣，禍福不能矯滑，非譽不能塵垢，非有其世，孰能濟焉！有其才不遇其時，身猶不能脱，又况無道乎？ | 靜漠恬憺，所以養性也；和愉虛無，所以養德也。外不滑内，則性得其宜；性不動和，則德安其位。養生以經世，抱德以終年，可謂能體道矣。若然者，血脈無鬱滯，五藏無蔚氣，禍福弗能撓滑，非譽弗能塵垢，故能致其極。非有其世，孰能濟焉？有其人不遇其時，身猶不能脱，又况無道乎？且人之情，耳目應感動，心志知憂樂，手足之攢疾蓋、辟寒暑，所以與物接也。蜂蠆螫指而神不能憺，蚊虻噆膚而知不能平。夫憂患之來攖人心也，非直蜂蠆之螫毒，而蚊虻之慘怛也，而欲靜漠虛無，奈之何哉！ |
| 夫目察秋毫之末者，耳不聞雷霆之聲；耳調金玉之音者，目不見太山之形，故小有所志，則大有所忘。今萬物之來，擢拔吾生，攫取吾精，若泉原也。雖欲勿稟，其可得乎？ | 夫目察秋毫之末，耳不聞雷霆之聲；耳調玉石之聲，目不見太山之高。何則？小有所志，而大有所忘也。今萬物之來，擢拔吾性，攫取吾情，有若泉源，雖欲勿稟，其可得邪？今夫樹木者，灌以灤水，疇以肥壤。一人 |

(續表)

| | |
|---|---|
| 今盆水若清之經日,乃能見眉睫;濁之不過一撓,即不能見方圓也。人之精神難清而易濁,猶盆水也。(《文子・九守》) | 養之,十人拔之,則必無餘蘖,又況與一國同伐之哉!雖欲久生,豈可得乎?今盆水在庭,清之終日,未能見眉睫。濁之不過一撓,而不能察方員;人神易濁而難清,猶盆水之類也。況一世而撓滑之,曷得須臾平乎!(《淮南子・俶真訓》) |

甚至襲諸葛亮語:

| | |
|---|---|
| 非憺漠無以明德,非寧靜無以致遠,非寬大無以並覆,非正平無以制斷。(《文子・上仁》) | 夫君子之行,靜以修身,儉以養德,非淡泊無以明志,非寧靜無以致遠。夫學須靜也,才須學也,非學無以廣才,非志無以成學。(《諸葛亮・誡子書》) |

襲《顏氏家訓》語:

| | |
|---|---|
| 助祭者得嘗,救鬥者得傷。(《文子・上德》) | 王子晉云:"佐饗得嘗,佐鬥得傷。"(《顏氏家訓・省事》) |

其他未及一一標舉出處者,幾於指不勝屈,謂出後人之手,殆無疑義。餘杭先生作《菿漢微言》,據《文選・奏彈曹景宗注天監三年策秀才文》注,以爲張湛曾注《文子》,今本疑即張湛僞造,與《列子》同出一手。余謂《文子》《列子》文體迥異,不應一人之手,判然若是。或者張湛以前,已有成書,後更附益之耳。如云李暹所造,何以《梁目》已見著錄?如云徐靈府撰,何以《隋目》亦見著錄?魏徵《治要》,且曾采錄其書乎?馬總與柳宗元同時。柳氏斥爲駁書,刊其謬亂;馬氏《意林》,亦僅錄三十八條,且文詞與今本不類。可見當時學者,均已致疑。縱然帝皇之力,尊之爲經,無所用也。

總結上文：文子之名不傳，是否學於老子，尚難確信。王充後出，言無足據。今本《文子》，蓋道家者流，假文子之名，而雜湊僞造者也。

二十三、二十八　草畢

　　近人疑老子，疑《道德經》，以其致力之勤，漸知道家之學，爲秦漢間人混合衆説而爲之。老子之人既可疑，《老子》之書，亦斷非出於一人之手。其爲抄集，蓋無疑義。今視《文子》亦有同樣之感也。

十九日録後記　祖耿

# 整理後記

先師諸祖耿先生(1899—1989),江蘇無錫人,早年師從國學大師章太炎,生前爲南京師範大學教授。諸先生畢生從事傳統國學的教學與研究,出版有《戰國策集釋彙考》《太炎先生尚書說》等。先生去世後留下一大批未經正式發表的遺稿,其中有一部分内容屬於先秦學術與諸子思想研究範圍,本書就是根據諸祖耿先生留下的這一部分遺稿整理而成的。

這部分手稿主要有兩類:一類是諸祖耿先生20世紀80年代初爲南京師範學院中文系高年級學生開設"先秦學術概論"選修課時編寫的講義,以及與講義内容相關的一些初稿或原稿;另一類是一些與先秦學術及諸子百家思想相關的單篇研究文章,根據諸先生夾在這些文稿中的日曆活頁紙片來看,這些文章大致寫作於20世紀70年代後期到80年代初期。這次我們以留有諸先生批注的油印本講義爲底本,參校與之相關的原稿或初稿,整理爲本書中"先秦學術概論"部分,同時將其他比較完整的相關單篇論文附後。另外,諸先生早年在《蘇中校刊》上分三次連載的有關《文子》的考論,也予以收入。全書命名爲《先秦學術與諸子思想》。

整理過程中,我們對諸先生原文的内容及行文風格,均保持原貌,不做改動。所作的調整僅限於如下幾個方面:一,標點符號(如書名號等)按照通行的標準做了調整或補充。二,糾正了少數明顯的筆誤。三,核對了部分引文並做了必要的勘正。但有些引文係諸先生憑記憶對原文摘其要點略引,這種情況仍保持手稿原貌。四,補足了一些引文的出處,諸先生在有些引文後僅以括弧標"(見)",整理過程中我們在括弧中補上了引文的出處。由於諸先生的手稿是寫在一些不規則的稿紙或小紙片上,個別地方因紙片殘缺破損或字迹過於潦草難以辨識,油印稿也有個別地方字迹模糊無法辨識,因此整理中對個別闕文或無法辨識之處謹以"□"替代。

  本書的整理得到了諸祖耿先生後人和南京師範大學出版社徐蕾總編輯的大力支持。諸祖耿先生的女兒諸沁女士提供了諸先生手稿的掃描件並借閱原件,南京師大出版社崔蘭編輯自始至終對本書的整理提供指導與幫助,付旭陽編輯爲本書出版做了不少責編工作。南京師範大學文學院 2018 級古代文學專業碩士研究生承擔了部分原稿的電腦錄入工作。在此一並表示誠摯的謝意!

寇志强 徐克謙<br>2022 年 10 月